모든 길상吉祥이
그대와 함께 하기를

모든 길상吉祥이
그대와 함께 하기를

초판 1쇄 발행 2021년 4월 12일

지은이 만허滿虛 청화 青和
펴낸이 장현수
펴낸곳 메이킹북스
출판등록 제 2019-000010호

디자인 장지연
편집 안영인, 장지연
교정 강인영
마케팅 오현경

주소 서울특별시 금천구 가산디지털1로 142. 312호
전화 02-2135-5086
팩스 02-2135-5087
이메일 making_books@naver.com
홈페이지 www.makingbooks.co.kr

ISBN 979-11-91472-27-1(03220)
값 15,000원

ⓒ 만허滿虛 청화 青和 2021 Printed in Korea

잘못된 책은 구입하신 곳에서 바꾸어 드립니다.
이 책의 전부 또는 일부 내용을 재사용하려면 사전에 저작권자와 펴낸곳의 동의를 받아야 합니다.

홈페이지 바로가기

메이킹북스는 저자님의 소중한 투고 원고를 기다립니다.
출간에 대한 관심이 있으신 분은 making_books@naver.com으로 보내 주세요.

모든 길상 吉祥 이
그대와 함께 하기를

만허滿虛 / 청화靑和 지음

마음을 맑히는
청화스님의 명상법문 1

메이킹북스

머리말

 붓다는 우리가 사는 이 세상을 사바세계, 곧 모든 삶의 고통을 어쩔 수 없이 감내하고 살 수밖에 없는 괴로움의 바다(苦海)라고 설파하였다. 당연히 붓다의 이 같은 선언은 인간의 빈부와 귀천을 뛰어넘는, 생명체라면 누구나가 겪어야 하는 생로병사(生老病死)의 보다 근원적인 고통에 대한 지적이라 할 수 있다. 하지만 한 생명이 태어나 경험하게 되는 고통이 어찌 생로병사의 고통뿐이겠는가? 짧고도 무상한 인생을 살아가며 누구나가 경험하고 감내해야 할 삶의 고통은 그야말로 쉽게 헤아릴 수 없는 무량한 것이라 할 수 있다. 이 어찌 참으로 힘들고 고단한 삶의 역정(歷程)이 아니던가!

 참선 수행을 위주로 하는 선종(禪宗)의 화두(話頭) 가운데 '부모미생전본래면목 父母未生前本來面目'이라는 화두가 있다. "어머니 모태에 들기 전, 한 생명으로서 자신의 본래 실상의 모습은 과연 어떠한가?"라는 원초적 질문인 것이다. 그렇다. 우리는 자신이 본래 어떤 존재인지, 어디로부터 근원하여 이렇듯 길지 않은 희로애락의 인생을 사는지, 또 찰나에 숨을 거두고 죽어서 어디로 가는지, 어느 누구도 그 답을 알거나 말하지 못한다.

불교는 다른 종교와는 달리 유독 자신의 몸과 마음에 대한 실상을 참구(參究)하는 수행을 강조한다. 왜 그런가? 수행을 통해서만이 몸과 마음으로 이루어진 자신의 본래 실상과 참모습이 과연 무엇이고 누구인지를 깨달을 수 있고, '나'라고 주장하는 이 몸과 마음으로 어떤 행위를 실천해야만 나와 남이 함께 이롭고 행복한 가치 있는 삶인지 그 해답을 찾을 수 있으며, 궁극적으로는 무시이래(無始以來)로 생로병사를 반복하는 윤회의 굴레에서 벗어나 영원한 지복(至福)인 열반에 이를 수 있기 때문이다.

본 『명상법문1 모든 길상이 그대와 함께 하기를』은 사실 거창한 진리를 설하는 법문이라기보다는 필자가 절집에서 불법승 삼보를 예경하고 대중과 함께 공부하면서 평소 느끼고 경험했던 몸과 마음에 대한 단편적인 생각을 담은 글이다. 부처님의 가르침 중에서 모두가 알고 억념했으면 하는 내용에 필자의 생각을 일부 덧붙여 적은 것에 불과하다. 이미 삼보에 귀의한 분들이 이 책을 읽고 나서 신심을 더욱 키우고 신행과 수행에 대한 바른 견해를 정립하는 계기가 된다면 더할 나위 없는 보람이라 할 수 있다. 더 나아가 아직 불교와 인연이 없던 일반 독자가 이 책과 인연이 닿아 조금이나마 마음의 위안을 얻고 밝은 안목의 지혜를 득해 삶의 고뇌에서 벗어나는 선연의 계기가 되기를 기대한다. 이 책이 출판되기까지 물심양면으로 도움을 주신 모든 선연에 거듭 깊은 감사의 합장을 드린다.

  사두, 사두, 사두.

- 2021년 陽春之節에 沙門 청 화 합장

목 차

머리말	4
귀의삼보	10
유일한 의지처	12
담마는 나의 등불	16
불교는 괴로움의 소멸을	18
모든 길 중에서 가장 으뜸	21
수행의 궁극적 목적	23
수행에 필요한 세 가지 마음	26
믿음은 수행의 시작과 끝이다	29
중도적 불교 신앙	32
배움만큼 실천 수행을	43
바른 견해	46
세 가지 삿된 견해	48
수행의 일곱 가지 이익	60
수행도 길들여야 한다	62
일상적인 수행	64
한 걸음 또 한 걸음	66
스승과 도반과 도량	70
수행자의 발원과 기도	81

수행자의 첫 번째 덕목	84
무명과 아상	86
무아상과 하심	88
싸띠 수행	91
알아차림과 내려놓기	93
음식에 대한 바른 알아차림	96
수문장	99
선정과 지혜의 닦음	103
수행을 방해하는 다섯 가지 번뇌	105
세 가지 실천 수행	114
지계청정	116
자애명상	118
동체대비와 무연자비	121
항상 이웃의 고통을 생각해야	124
깊이 그대를 공경하나니	126
자타상환	129
작은 생명이라도	132
한 사람의 선한 마음과 행위	135
무량한 자비심이란?	138
염불 수행	139

진언 수행 ··· 155

경전에 대한 이해와 공부 ······································· 161

인욕 수행 ··· 168

느낌에 대한 통찰 ··· 171

몸에 대한 알아차림 ··· 173

세 가지 진리적 특성에 대한 깨달음 ··················· 175

무아에 대한 깨달음 ··· 179

무상의 진리를 깨달은 사람 ································· 184

번뇌는 단지 알아차려야 할 대상 ······················· 188

바르게 분별하라 ··· 190

탐욕의 목마름 ··· 192

인간의 탐욕 ··· 194

알아차리기 어려운 탐심 ······································· 196

갈애의 소멸 ··· 199

세상에서 가장 무거운 짐 ····································· 201

어리석음에 대한 자각 ··· 207

세상과 싸우지 않나니 ··· 212

성내는 마음 다스리기 ··· 215

기도와 발원 ··· 217

업에 대한 바른 견해 ··· 219

업의 상속자 ··· 223

업습과 성향	231
과거의 업, 현생의 업	235
오직 업만이 함께한다	238
죽음, 어떻게 맞이해야 할까?	240
생로병사에 관한 역학 조사	253
시차를 두고 나타나는 과보	275
기능에 따른 네 종류의 업	280
죽음에 이르는 네 가지 원인	291
귀천은 행위에 의해서	296
세 가지 굴레	299
윤회, 그 믿음과 불신에 대한 손익	302
천상으로 가는 길	304
다섯 가지 공덕행	307
공덕을 쌓는 세 가지 실천	311
쉽게 실천할 수 있는 일곱 가지 나눔	316
복과 지혜	319
복과 지혜를 함께 닦아야	321
작복의 때를 놓치지 말아야	325
작복과 수복	327
복도 아껴 써야 한다	329
타고난 복을 아는 것	331

귀의삼보

Namo tassa bhagavato arahato sammasambuddhassa

나모땃사 바가와또 아라하또 삼마 쌈 붓다싸 (3번)

모든 번뇌를 떠나 스스로 깨달음을 이루신 거룩한 부처님께 예경 올립니다.

Buddham saranam gacchami

붓당 사라낭 가차미

부처님께 귀의합니다.

Dhammam saranam gacchami

담망 사라낭 가차미

가르침에 귀의합니다.

Sangham saranam gacchami

상강 사라낭 가차미

승가에 귀의합니다.

부처님 제자가 되고자 하는 사람은 누구나 불법승 삼보에 귀의(歸依三寶)하여야 한다. 부처님 제자는 어느 특정한 사람, 혹은 특정한 가치와 규범, 특정 집단이 아닌, 오직 천신들과 인간의 스승(天人師)이신 붓다와 그분께서 가르치신 수승한 진리(法, Dhamma)만이 우리를 괴로움의 세계, 사바세계에서 지극한 피안의 세계인 열반으로 바르게 이끌어 줄 의지처가 됨을 굳게 믿어야 한다. 더불어 붓다와 담마를 의지하여 진리의 깨침과 전법도생의 수행을 실천하는 청정한 교단인 승가(僧伽, saṃgha)만이 오직 자신을 구제할 수 있음도 믿어야 한다. 불법승 삼보야말로 이 세상에서나 저세상에서나 우리들로 하여금 생사윤회의 고해를 건너게 해주는 가장 안전한 배이고, 세상의 어둠을 밝혀줄 태양과 같은 등불이며, 모든 고난을 피하고 쉴 수 있는 청정한 안식처이기 때문이다. 또한 영원한 즐거움과 행복을 제공해 주는 세상에 둘도 없는 값비싼 보배이고, 모든 악행을 멈추고 선근을 심어 복락을 얻게 하는 공덕의 밭이며, 세상의 모든 삿된 것으로부터 자신을 지켜주고 보호해 주는 신묘한 보호주(保護珠)이기 때문이다.

유일한 의지처

 혼탁한 세상이다. 현시대뿐만 아니라 인류의 역사는 언제나 혼탁했음을 부정할 수 없다. 탐진치 삼독심에 의해 오직 욕망만을 좇아 인간의 삶이 전개되고, 그러한 인간의 욕망에 의해서 인류의 역사가 성장·발전해 왔기 때문일 것이다. 21세기 풍족한 물질적 문명 속에서도 여전히 부족함을 느끼는 사람, 빈곤한 삶을 사는 사람들이 많다. 물질적 풍족함 속에서도 가난한 사람은 여전히 가난하여 살기가 고달프고, 부유한 사람들은 더 많은 것을 소유하기 위해 마찬가지로 살기가 고달프다. 빈곤한 사람이든 풍족함을 누리는 사람이든 모두가 고달프고 힘든 삶을 살아가기는 매한가지인가 보다.

 살아가는 시대적 환경이 혼탁하고 현실의 삶이 고달플수록, 사람들은 현실에서 느끼는 삶의 불안함과 괴로움을 해소하기 위해 그 무엇인가 의지할 만한 대상을 찾는 데 더욱더 심혈을 기울이게 되는 것 같다. 어떤 사람들은 특별한 종교적 믿음, 철학, 이념 등을 찾아 매달린다. 또 어떤 사람들은 점집과 같이 용하다는 곳을 기웃거리며 특별한 방편을 찾기도 하고, 어떤 사람들은 스포츠, 오락 등과 같은 취미를 찾아 즐기기도 하며, 극단적으로는 술과 마약, 도박과 섹스와 같은 감각적인 향락에 빠져 현실의 불안과 괴로움을 일시적으로나마 잊고자 애쓴다. 그런데 이렇듯 현실적인 삶의 불안함과 괴로움을 해소하려는 사람들이 찾고 의지하고자 하는 그 어떤 대상이, 도리어 사람들을 더욱 불안하고 괴롭게 만드는 역효과를 낳는 경우가 있다. 예컨대 어떠한 종교적 믿음에 극단적으로 매달려 스스로를 잘못된 길로 빠지게 함은 물론, 화목했던 가족 관계도 불화하게 되어 가정마저 해체되는 경우도 있고, 극단적인 이념에 심취해 세상을 오직 흑과 백으로만 분별하여 분열과 투쟁을 일삼으며 평화롭지 못한 삶을 사는 사람들도 있다. 쾌락에 지나치게 빠져들어 스스로 몸과 마음을 피폐하게 만드는 사람들도 있다. 모두가 참된 진리와 삶의 가치를 바르게 알지 못하는 어리석은 중생들의 그릇된 몸짓이고 무명한 업의 행로라 할 만하다.

부처님은 일찍이 인간의 불안과 괴로움에 대해 깊이 통찰하시고 그런 근본적인 불안함과 괴로움에서 벗어나는 길을 바르게 가르치셨다. 우리가 익히 알고 있는 네 가지 성스러운 진리(四聖諦)가 바로 부처님이 우리에게 가르쳐주신 삶의 불안과 괴로움에서 벗어나는 방법이자 길이었던 것이다. 사성제는 곧 인간의 삶은 근본적으로 불만족스러운 괴로움에 놓여 있다는 진리(苦聖諦), 그러한 인간의 근원적인 괴로움은 인간이 마음에서 일으키는 무한한 탐욕의 목마른 갈애가 원인이라는 진리(集聖諦), 이러한 인간의 갈애를 다스리고 소멸시킴으로써 괴로움에서 벗어나 궁극적으로 만족과 평안과 행복을 얻을 수 있다는 진리(滅聖諦), 그리고 이러한 것을 얻기 위해 우리가 닦고 실천해야 될 여덟 가지 수행의 진리

(道聖諦: 팔정도)를 가리킨다.

깜깜한 밤길을 걷는 데 반드시 필요한 것은 바로 길을 밝혀줄 밝은 등불이다. 밝은 등불만 있다면 아무리 어두운 칠흑 같은 길이라고 하더라도 우리는 그 불빛에 의지하여 가고자 하는 목적지까지 넘어지지 않고 무사히 도착할 수 있다. 부처님이 가르치신 사성제와 팔정도의 진리는 우리가 인생을 사는 데 어둡고 혼탁한 인생길을 밝게 밝혀주는 유일한 진리의 등불(法燈)이다. 우리가 삶의 불안과 괴로움에서 벗어나 만족을 얻고 자유와 평안을 얻어 행복한 삶을 살기 위해서는 반드시 부처님이 밝혀주시는 진리의 법등을 의지해야만 한다. 왜냐하면 진리의 등불, 법등만이 우리가 인생길에서 삿된 곳을 헤매거나 지옥과 같은 악도에 빠지지 않게끔 인도해줄 수 있기 때문이다.

우리는 부처님이 밝혀주신 사성제, 팔정도의 진리를 바르게 깨달아 바른 정견의 견해를 세우고, 계를 지켜 악업을 짓지 않고 남에게 비난받지 않는 청정한 삶을 살며, 또한 선정을 닦아 마음의 고요와 평정을 지키고, 통찰의 지혜를 닦아 나와 세상의 실상을 바르게 이해하는 바른 삶을 살아야 한다. 이러한 삶만이 혼탁한 이 세상에서 우리가 좀 더 행복한 삶을 영위할 수 있는 유일한 길이다. 아래와 같이 부처님이 모든 제자들에게 당부하신 가르침은 우리가 언제나 되새기고 실천해야 될 만고불변의 진리이다.

"아난다여, 그러므로 여기서 그대들은 자신을 섬으로 삼고(自燈明), 자신을 키의처로 삼아 머물고(自歸依), 남을 키의처로 삼아 머물지 말라.

법을 섬으로 삼고(法燈明), 법을 키의처로 삼아 머물고(法歸依), 남을 키의처로 삼아 머물지 말라."

- 『대반열반경(大般涅槃經 Mahaparinibbana Sutta, DN16)』

담마는 나의 등불

"참으로 나는 내가 바르게 깨달은 바로 이 법을 존경하고 존중하고 의지하여 머물 것이다."

- 『A4:21』

불자가 인생을 사는 데 있어서 믿고 의지할 대상은 오직 불법승 삼보 뿐이다. 삼보 중에서도 부처님이 가르치신 진리의 가르침, 곧 법(法, 담마 Dhamma)에 대한 믿음과 의지가 가장 중요한다. 왜냐하면 불법의 가르침을 주셨던 불보(佛寶)의 석존은 이미 이 세상에 머물러 계시지 않고, 부처님의 가르침을 좇아 수행하는 출가승인 승보(僧寶)는 아직 진리의 깨달음을 얻어 완전한 인격을 완성하지 못한 미완의 제자들이기 때문이다.

아무리 좋고 힘이 있을지라도 재화는 우리들의 온전한 믿음과 의지처가 될 수 없다. 재화는 우리가 삶을 사는 데에 단지 필요한 하나의 필요조건일 뿐이다. 부족함 없는 재화를 소유했어도 자신의 삶에 불행과 부족함을 느끼고 사는 사람이 많음이 이를 증명한다. 사람에 대한 믿음과 의지하는 것 역시 마찬가지이다. 위없는 스승이신 부처님처럼 온전한 인격을 갖추지 못한 사람은 언제든지 탐진치 삼독심을 드러내어 불선하고도 비윤리적인 행위를 저지를 수 있다. 당연히 그러한 사람을 믿고 의지했던 사람들은 그에게서 크나큰 실망감과 상실감을 느끼고 그에 대한 미움과 원망을 갖게 될 수 있다. 권력, 명예, 이념, 철학 등과 같은 그 밖의 여타 다른 것도 마찬가지일 것이다. 이 모든 것은 우리가 이 세상을 사는 데 필요한 한시적인 필요조건이고 덧없는 대상일 뿐이다. 우리가 이 세상뿐만 아니라 죽어서 새롭게 살게 될 사후에도 영원히 믿고 의지할 수 있는 불변의 대상이 결코 아닌 것이다. 오직 부처님이 가르치신 법보만이 우리를 이 현생뿐만 아니라 사후에 가게 될 저세상, 그리고 궁극적으로 끝없이 계속되는 생사윤회의 굴레와 고통에서 건져줄 수 있는 유일한 믿음의 대상이고 의지처이며 가장 값비싼 보배이다. 까닭에 우리는 세존께서 열반하시면서 제자들에게 마지막으로 부촉하신 "진리를 등불로 삼고(法燈明) 진리를 의지하라(法歸依)"는 유훈의 가르침을 언제 어느 때나 잊지 않고 억념하여 그 법을 배우고 실천하고자 노력해야만 한다.

불교는 괴로움의 소멸을

　불교는 괴로움의 소멸을 가르친다. 곧 인간의 이고득락(離苦得樂: 괴로움의 소멸과 열반의 성취)에 대한 가르침인 것이다. 붓다가 성도하신 이후 최초로 다섯 비구를 상대로 설하셨던 사성제(四聖諦)의 가르침은 바로 인간이 경험하게 되는 괴로움(苦聖諦: 苦, dukkha), 그러한 괴로움이 발생하게 되는 원인(集聖諦: 무명과 갈애), 그 원인의 소멸(滅聖諦: 열반, Nibbhana), 그리고 괴로움의 소멸을 위해 실천해야 될 바른 길(道聖諦: 팔정도)에 대한 가르침이었다. 이후 45년간 붓다께서 설법하신 모든 가르침 역시 그 궁극적인 내용은 오직 인간의 괴로움과 그러한 괴로움에서 어떻게 벗어날 것인가에 대한 가르침이었다고 해도 결코 과언이 아니다.

　괴로움(苦, 둑카 dukkha)은 곧 인간의 아픔이고 불편함이며, 불만족이고 불행이다. 그렇다면 붓다께서 가르치신 괴로움의 내용은 구체적으로 무엇을 말하는 것인가? 붓다는 인간이 경험하게 되는 괴로움의 종류를 크게 여덟 가지로 예를 드셨다. 바로 육체적인 괴로움인 태어남(生), 늙음(老), 병듦(病), 죽음(死)의 네 가지 괴로움과 정신적인 괴로움인 사랑하는 대상과 헤어짐으로 인해서 느끼는 괴로움(애별리고 愛別離苦), 싫어하고 미워하는 대상과 만남으로 인해서 느끼는 괴로움(원증회고 怨憎會苦),

자신이 원하는 것을 얻지 못하는 데서 느끼는 괴로움(구부득고 求不得苦), 그리고 우리의 몸과 마음이 존재함으로써 느끼게 되는 모든 육체적, 정신적인 괴로움(오음성고 五陰盛苦) 등이 그것이다. 이 중에서 생로병사의 괴로움(四苦)은 인간이라면, 아니 생명체라면 그 어느 누구도 피해갈 수 없는 근원적인 삶의 괴로움이다.

그렇다면 태어남이 왜 괴로움인가? 먼저 새 생명의 씨앗이 모태에 들어 10개월의 시간을 단지 엄마의 탯줄에 의존해 생명을 키워가는 그 자체가 괴로움이다. 비록 엄마의 자궁이라고는 하나, 그 공간은 마치 한 점의 빛도 들지 않는 깜깜한 어둠에 휩싸인 동굴과도 같다. 어린 새 생명이 그러한 깜깜한 동굴 같은 곳에서 10개월 동안 혼자 외로이 외부 세계와 단절된 채 오직 엄마와 연결된 탯줄을 통해 영양분을 공급 받으면서 위태롭게 목숨을 키워가고 있는 것이다. 어찌 외롭고 괴롭지 않을 수 있겠는가! 엄마가 뜻하지 않게 태아에게 해로운 음식을 섭취하거나 술과 마약, 독성의 약, 혹은 담배와 같은 나쁜 물질을 먹거나 흡입하는 경우 그 해로움은 온전히 태아에게 영향을 끼쳐 태아의 몸과 정신을 불구로 만들 수도 있다. 이 또한 태아에게는 언제나 두려움이고 괴로움이라 할 수 있다. 어디 그뿐이겠는가? 설령 운 좋게 엄마의 자궁에 새 생명을 의탁했다고 하더라도 부모의 이런저런 사정에 의해 단지 몇 주 만에 자신이 믿었던 부모에게 낙태라는 이름으로 끔찍하고도 잔인하게 목숨을 빼앗길 수도 있다. 이 또한 어찌 태어남의 큰 괴로움이 아닐 수 있겠는가! 천행으로 열 달을 무사히 엄마의 자궁에서 성장하였다고 하더라도 엄마의 뱃속을 벗어나 세상에 탄생하는 과정 또한 큰 괴로움이다. 자신을 낳는 엄마가 질러대는 산고의 소리를 처음부터 끝까지 들어야 하는 것도 괴로움이고, 무엇보다 탄생 과정에서 자칫 잘못하면 목숨을 잃을 수도 있고 불구가 될 수도 있으니 이 역시 큰 두려움과 괴로움이다. 근원적으로 따져보면 살면서 겪게 되는 온갖 삶의 괴로움과 늙음, 병듦, 죽음의 괴로움도 결국은 태어남으로 인해 이어지는 괴로움이라 할 수 있다. 이러한 사실을 깊이 통찰해 보면, 태어남이 곧 괴로움이라는 냉정한 붓다의 가르침은 그 누구도 부정할 수 없다. 참된 진실이고 진리이기 때문이다.

우리는 태어남을 축복이라 생각하여 기뻐하고 감사해 한다. 하지만 생사윤회의 굴레에서 보면 태어남이야말로 모든 괴로움의 출발점임을 알 수 있다. 붓다께서 성도하시고 나서 다시는 모태(母胎)에 들지 않는 불사(不死)의 길(열반)을 얻으셨다고 선언하신 것은 바로 이 같이 모든 괴로움의 시작인 생을 종식시켜 마침내 생사윤회의 굴레에서 벗어나셨기 때문이다.

모든 길 중에서 가장 으뜸

"모든 길 중에서 여덟 가지 바른 길(八正道)이 가장 으뜸이고, 모든 진리 중에서 네 가지 거룩한 진리(四聖諦)가 가장 으뜸이고, 모든 담마(Dhamma) 중에서 갈애(渴愛)의 소멸(Nibbana 열반)이 가장 으뜸이고, 두 발 가진 존재 중에서 부처님이 가장 으뜸이시다."

- 『법구경 273』

방대한 팔만사천의 부처님 가르침을 줄이고 줄여서 축약하면 사성제, 팔정도, 열반으로 축약할 수 있을 것이다. 위에 적은 『법구경』의 가르침은 바로 이를 증명하고 있다. 인도에서 시작된 불교는 석가모니 붓다의 열반 이후 현재까지 근 이천오백여 년이라는 장구한 세월을 흘러오면서 많은 시대적 변화와 복잡다단한 교리와 신앙의 다양화가 이루어져 왔다. 그럼에도 불구하고 사성제, 팔정도, 열반을 내용으로 한 붓다의 근본 교설은 변함없는 불교의 핵심적인 교리임과 동시에 가장 으뜸이 된 수승한 진리로 받아들여지고 있다. 우리는 붓다와 담마가 아닌 어느 특정한 개인(스님), 단체(종단), 집단의 가치와 규범, 신앙의 체제에 맹목적인 믿음을 갖고 그런 특정 대상만을 의지처로 삼아 불교를 신앙하고 수행하는 우를 범해서는 안 된다. 왜냐하면 우리가 만약 어느 한 순간 자신이 철석같이 믿고 의지하던 대상에 대해 깊이 실망하고 회의하는 처지에 놓이게 되면, 마침내 자신의 불교적 신앙과 수행마저 포기할 수 있는 위험성이 있기 때문이다.

특정한 모든 대상들은 부처님과 부처님의 법에 비해 완전하고 온전한 청정성과 진리성을 갖추지 못했다. 우리가 철석같이 믿고 의지하는 그 모든 대상은 한순간 오염되고 그릇된 허상을 드러내어 우리를 크게 실망시킬 수 있는 위험성을 내포한 덧없고 무상한 유위법(有爲法)에 지나지 않는 것이다. 까닭에 우리는 오직 붓다와 담마, 그리고 붓다와 담마를 귀의처로 삼아 수행하는 청정한 승가만을 의지하고 굳게 믿어 쉼 없는 수행을 이어가야 한다. 그래야만 우리는 이런저런 이유와 계기로 불교에 대해 깊이 실망하거나 퇴보하지 않고 부처님께서 일러주신 바른 수행의 길(正道, 中道: 팔정도)을 따라 마침내 생사윤회의 괴로움에서 벗어나 저 지고지순한 열반의 세계에 무사히 도달할 수 있다.

수행의 궁극적 목적

"이와 같이 나는 들었다. 한때 사리뿟따 존자는 마가다에서 날라까마가 까에 머물렀다. 그 때 잠부카다까 유행승이 사리뿟따 존자와 함께 환담을 나누었다. 유쾌하고 기억할 만한 이야기로 서로 담소를 한 뒤 한 곁에 앉았다. 잠부카다까 유행승은 사리뿟따 존자에게 이렇게 말했다.

"도반 사리뿟따여, '열반'이라고들 합니다. 도반이여, 도대체 어떤 것이 열반입니까?

도반이여, 탐욕의 멸진, 성냄의 멸진, 어리석음의 멸진, 이를 열반이라 합니다.

도반 사리뿟따여, 그러면 이러한 열반을 실현하기 위한 도가 있고 도 닦음이 있습니까?

도반이여, 이러한 열반을 실현하기 위한 도가 있고 도 닦음이 있습니다.

도반 사리뿟따여, 그러면 어떤 것이 이러한 열반을 실현하기 위한 도이고 어떤 것이 도 닦음입니까?"

도반이여, 그것은 바로 여덟 가지 구성 요소로 된 성스러운 도(八支聖道)이니, 바른 견해, 바른 사유, 바른 말, 바른 행위, 바른 생계, 바른 정진, 바른 마음 챙김, 바른 삼매입니다. 도반이여, 이것이 열반을 실현하기 위한 도이고 도 닦음입니다.

도반 사리뿟따여, 열반을 실현하기 위한 이러한 도는 참으로 경사스러운 것이고 이러한 도 닦음은 참으로 경사스러운 것입니다. 참으로 그대들은 방일하지 말아야 하겠습니다."

- 『열반경, Nibbana Sutta, S38:1』

불교의 신앙과 수행의 근본 목적은 거창한 관념적인 깨달음을 얻는 것에 있지 않다. 불교의 신앙과 수행의 근본 목적은 지금 이 현실 세계에서 내가 겪고 있고 경험하고 있는 괴로움(苦, dukkha)에서 해탈하는 것, 우리를 불행한 중생의 삶으로 이끌고 고통스러운 생사윤회를 반복하게 하는 탐욕, 성냄, 어리석음과 같은 탐진치 삼독심의 완전한 소멸에 있다. 불교는 지금 나에게 일어나는 고와 탐진치를 어떻게 소멸할 것인가? 더 나아가 나와 같은 고통을 받고 있는 수많은 생명들을 어떻게 고통으로부터 벗어나게 할 것인가? 하는 것을 근본적인 문제와 화두로 삼는 종교이다.

이것을 좀 더 세밀하게 말하면, 불교는 어떻게 나와 세계를 바르게 볼 것인가? 어떤 마음을 개발할 것인가? 어떻게 사유할 것인가? 어떻게 말해야 하는가? 어떤 행위를 해야 하는가? 생존을 위해 어떻게 바르게 생계를 이어갈 것인가? 무엇을 위해 바르게 노력을 할 것인가? 어떻게 알아차리고 살 것인가? 어떻게 마음을 집중할 것인가? 하는 문제 등을 바르게 가르치고, 또한 그 구체적인 실천의 길을 제시하고 인도하는 종교라는 것이다. 이러한 측면에서 본다면, 불교는 어떠한 절대적이고 유일적인 신이나 존재에게 맹목적으로 기대는 일반적인 의미에서의 종교의 틀을 벗어난 격외(格外)의 종교라고도 할 수 있다.

불교는 우리가 어떻게 행복하게 살아갈 것인가에 대한 바른 길과 방법을 제시한다. 그 구체적인 길이 바로 바른 견해(正見), 바른 사유(正思惟), 바른 언어(正語), 바른 행위(正業), 바른 생계(正命), 바른 정진(正精進), 바른 알아차림(正念), 바른 삼매(正定)를 내용으로 하는 팔정도이고, 이러한 팔정도를 의지해 성취하고자 하는 궁극적인 목적이 바로 탐욕과 성냄과 어리석음이라고 하는 탐진치 삼독심에서 완전히 벗어난 열반의 성취이다. 이것이야말로 막연한 깨달음에 집착하지 않는 진실한 불교, 관념적이지 않은 불교의 온전한 참모습이다.

수행에 필요한 세 가지 마음

붓다의 가르침을 배우고 닦고자 신심과 원력을 일으킨 수행자는 항상 세 가지 마음을 잃지 말아야 한다.

첫 번째, 출리심(出離心)이다.

출리심은 곧 벗어나고자 하는 마음이다. 무엇으로부터 벗어나고자 하는 마음인가? 오염된 마음인 탐진치 삼독심과 같은 불선한 번뇌의 마음에서 벗어나고자 함이요, 삼독심에 의지하여 살아감으로써 선업보다는 악업을 짓는 것에 길들여지고 익숙한 감각적 욕망을 좇는 범부의 삶에서 벗어나고자 함이며, 그러한 범부의 삶에서 겪고 경험하게 되는 모든 삶의 괴로움에서 벗어나고자 함이다. 궁극적으로는 열반을 성취하여 무시무종(無始無終)으로 계속 이어지고 있는 생사윤회의 굴레에서 벗어나고자 하는 성스러운 마음이 바로 출리심이다. 출리심을 일으킴으로 인해 수행의 분명한 목적이 정해지고, 수행의 첫걸음을 내딛게 되며, 게으름 없는 수행의 구체적인 실천이 뒤따르게 된다.

두 번째, 보리심(菩提心)이다.

보리심은 궁극적인 진리(보리, 해탈, 열반)를 성취하려는 마음, 깨달음을 구하려는 마음을 가리킨다. 당연히 이러한 보리심은 출리심에서 비롯되는 마음이다. 출리심이 중생의 오염된 마음과 그러한 마음을 의지해 사는 삶이 결과적으로 괴로움임을 자각하여 그러한 마음과 삶에서 벗어나고자 하는 각성의 마음이라면, 보리심은 한 걸음 더 나아가 실천적으로 자신의 몸과 마음을 청정히 닦아 마침내 깨달음의 진리를 성취하겠다는 원력의 마음이며 구도심(求道心)이다. 이러한 보리심이야말로 수행자가 항상 굳게 지녀야 할 가장 기본적인 마음이며, 제일의 가치로 삼아야 할 가장 으뜸의 마음이다. 왜냐하면 수행자가 한순간이라도 구도심을 잃어버리는 순간, 그는 다시금 세속적인 가치와 욕망에 휩쓸려 괴로움을 불러오는 범부의 삶으로 회귀할 수 있기 때문이다.

세 번째, 공덕심(功德心)이다.

공덕심은 곧 선한 마음으로 선업을 실천하여 공덕(功德, 복덕)을 쌓으려는 마음임과 동시에 이러한 공덕으로 나와 남을 이롭게 하고자 하는 **(自利利他)** 자비의 마음이다. 이러한 공덕심 또한 결여돼서는 안 될 수행자의 가장 기본적인 마음 가운데 하나이다. 까닭에 수행자는 언제나 이러한 공덕심을 잃지 말아야 할 뿐만 아니라, 항상 이러한 공덕심을 의도적으로 일으키고 성장시키도록 애써 노력해야 한다. 수행자는 이러한 공덕심에 의지하여 악업을 단절하고 선업을 닦아 나가려고 노력한다. 나눔의 보시를 실천하고, 계율을 지키며, 선정과 지혜를 닦고 계발하는 것 등은 수행자의 대표적인 공덕행에 해당한다. 그 밖에 몸으로 항상 봉사와 선행을 실천하고, 입으로 항상 선한 말을 하며, 항상 남을 위해 이해와 관용과 자비와 연민과 같은 선한 마음을 일으키고 베푸는 것도 수행자의 훌륭한 공덕행에 해당한다.

믿음은 수행의 시작과 끝이다

"믿음은 도의 으뜸이고 공덕의 어머니이니(信爲道元功德母),
일체의 모든 길이 선법을 기르고(長養一切諸善法),
의심의 그물을 끊고 애욕에서 벗어나게 하여(斷除疑網出愛流),
열반의 무상도를 깨닫게 한다(開示涅槃無上道)."

-『화엄경』

불교는 하늘과 인간의 스승이신 붓다와 붓다께서 가르치신 담마와 붓다를 스승으로 모시고 담마를 수행하는 청정한 수행 공동체인 승가를 믿음의 대상으로 삼는다. 이러한 불법승 삼보야말로 불자들의 분명한 신앙의 대상과 귀의처이다. 까닭에 불교 신앙과 수행은 이러한 삼보에 대한 굳건한 믿음(信, 삿다 saddha)에서 시작된다. 만약에 삼보에 대한 믿음이 굳건하지 못하고 미미한 상태라면, 불교에 대한 바른 신앙과 수행은 절대로 계속적으로 실천될 수 없다. 그렇다면 우리는 어떻게 삼보에 대한 믿음을 튼실하게 키우고 굳건하게 세울 수 있을까?

첫 번째, 담마에 대한 바른 배움과 이해이다. 이를 위해서 열심히 경전을 수지독송(受持讀誦)하고 사경(寫經)해야 한다. 또한 불교의 교리에 대한 정확한 이해를 위해 불서를 구입해 꾸준히 읽고 공부해야 한다. 법회와 강좌가 열리는 법당을 찾아 스님들과 법사님들의 설법을 듣고 배워야 한다. 담마에 대한 배움과 이해가 없으면 절대로 굳건한 신심이 생겨날 수도, 지속될 수도 없는 까닭이다. 담마에 대한 배움과 이해는 붓다가 가르치신 불교의 핵심 교리인 사성제, 팔정도, 연기법, 존재의 실상인 무상, 고, 무아, 공성, 인과법, 윤회, 해탈과 열반 등에 대한 이해와 정견을 갖게 하고 삼보에 대한 신심을 더욱 굳건하게 다지게 한다.

두 번째, 배우고 아는 만큼 꾸준히 실천해야 한다. 불교의 신앙과 수행의 관건은 실천(精進)에 달려있다. 삼보에 대한 굳은 신심을 바탕으로 한 바른 노력(正精進, 위리야 viriya) 없이는 그 어느 것도 이룰 수 없기 때문이다. 기본적으로 신도가 지켜야 할 5계를 지키며 청정한 윤리 도덕적인 삶을 살아야 하고, 팔정도와 육바라밀과 열 가지 선법(十善法) 등을 수행해야 하며, 매일 삼보에 대한 예배와 발원과 공양과 보시를 실천해야 한다. 시간을 정해 놓고 매일 예불과 기도, 독경과 사경, 염불과 주력, 선정 수행과 지혜 수행, 참회와 발원 등을 수행해야 한다. 이러한 실천 수행은 우리의 몸과 마음을 청정하고 선하게 이끌고, 공덕을 쌓게 하며 신심을 키우고 다지는 중요한 요소가 된다. 건강한 몸을 유지하기 위해 매일 적당한 음식물을 섭취해야 하듯이, 흔들리지 않는 믿음을 성취하고 향상시켜 나가기 위해서는 매일매일 이러한 수행의 실천을 게을리해서는 안 된다. 그 어느 유혹과 경계에도 흔들리지 않는 굳건한 신심만이 불교 신앙의 궁극적 목적인 저 열반의 피안에 우리들을 온전히 도달할 수 있게 한다.

불교 수행의 출발점은 삼보에 대한 믿음에서 출발한다. 수행의 제일 선두에서 믿음이 이끌면 자연스럽게 노력이 뒤따르게 된다. 나아가 이러한 노력이 지속될 때, 불교의 기본 수행인 선정 수행과 지혜 수행을 비롯한 염불 수행, 주력 수행, 사경 수행 등 모든 수행 등이 게으름 없이 지속될 수 있다.

중도적 불교 신앙

　불교에 귀의하여 신앙의 첫걸음을 걷고자 하는 초심자들이 느끼게 되는 첫 번째 어려움은 불교 신앙을 어디서부터 어떻게 시작해야 바른 신앙의 길을 걸을 수 있는가 하는 점이다. 왜냐하면 만나는 스님마다 또는 이미 오래전부터 불교를 신앙해 왔다는 불자들마다 초심자에게 제각각 다른 신앙의 방향과 길을 안내하는 경우가 많기 때문이다. 어느 스님은 기도와 염불만을 권하기도 하고, 또 어느 스님은 독경이나 사경을 강조하기도 한다. 혹 어느 고참 불자는 자신의 경험을 내세우며 특정한 다라니 독송과 주력, 절을 통한 참회를 제시하기도 한다. 또는 선행을 통한 공덕을 쌓는 것이 중요하다고 말하기도 하고, 이것저것 다 필요 없이 화두를 들고 무조건 참선만을 해야 한다고 가르치기도 한다. 절대적 유일신을 믿는 타종교처럼 무조건 믿고 기도만 하면 무엇이든지 다 이루고 얻을 수 있다는 비교적 단순 명료한 신앙 형태와는 달리, 불교는 이처럼 저마다 다른 다양한 신행의 길을 제시하고 있는 것이다. 불교에 대한 깊이 있는 이해와 배움이 부족한 초심자들에게 이러한 불교의 신행 형태는 자못 불교 신앙에 대한 혼란과 어려움을 동시에 느끼게 한다.

　그러나 초심자의 경계를 벗어나 불교에 대한 이해와 배움이 어느 정도 깊어지면 이러한 불교 신앙의 다양성이 결국은 불교 신앙의 궁극적 목적을 향한 하나의 길이었음을 인식할 수 있게 된다. 어쩌면 이러한 불교 신앙의 다양성은 타종교와 다른 불교의 또 다른 특성 가운데 하나라고도 할 수 있다. 불교 신앙의 다양성, 그리고 그러한 다양성이 갖는 불교 신앙의 바른 의미와 올바른 실천의 길은 과연 어떤 것인지 살펴보도록 하자.

모든 종교는 그 종교가 추구하는 각기 다른 교의와 신앙의 목적을 내세우고 있다. 따라서 종교를 믿는 사람들은 그 종교가 가르치고 있는 교의와 믿음을 통해서 신앙의 목적을 이루기 위해 성심의 노력을 기울인다. 현세에서의 평안한 삶과 행복을 믿음의 근본 목적으로 삼을 수도 있고, 천당이니 극락이니 하는 사후의 또 다른 삶을 목적으로 할 수도 있다. 또는 진리의 체득을 통해 스스로가 높은 정신적 경지를 체득함을 목적으로 하는 경우도 있다. 처음 종교를 접하는 사람들은 무엇보다 먼저 본인이 믿고자 하는 해당 종교가 가르치고 추구하는 신앙의 근본 목적과 방향에 대해서 명확히 배우고 인식할 필요성이 있다. 그것은 곧 한 여행자가 여행을 떠나기에 앞서 목적지를 미리 정하고, 그 여행지에 가기 위해서 어떤 길을 선택해 길을 나서는가 하는 문제와 같은 의미라 할 수 있다. 본인이 믿는 종교가 궁극적으로 추구하는 신앙의 목적과 방향을 알지 못하고 맹목적 믿음에만 의지하여 신앙을 하고자 한다면, 그는 마치 목적지와 목적지를 향해 가는 길을 알지 못한 채 먼 길을 나서는 어리석은 사람과 같은 사람이라 할 수 있다. 이렇듯 신앙의 궁극적 목적과 방향을 알지 못하는 사람은 십여 년간 성실한 신앙의 생활을 실천한다고 해도 결국 개인의 구원은 물론, 그 어떤 종교적 가치도 결코 이루어 낼 수 없다. 신라의 원효 대사도 『발심수행장(發心修行章)』에서 다음과 같은 말씀으로 어리석은 사람의 신행을 경책하셨다.

"비록 열심히 수행(신행)해도 어리석은 사람은 동쪽으로 가고자 하면서도 서쪽을 향해 간다. 지혜로운 사람의 소행이 쌀을 찌어 밥을 짓는 것이라면, 어리석은 사람의 소행은 모래를 찌어서 밥을 짓고자 하는 것과 같다."

아무리 열심히 신행을 하더라도 신앙의 바른 목적과 방향을 모르고 맹목적 믿음에만 의지하여 신행하는 사람은 그 모든 소행이 결국은 모래를 찌어 밥을 짓고자 하는 것처럼 어리석은 행위에 지나지 않는다는 말씀이다. 우리는 주위에서 종교를 믿으면서도 종교를 갖지 않은 사람들보다 더 어리석고 못난 언행을 일삼음으로써 비난의 손가락질을 받는 사람들을 쉽게 목격할 수 있다. 믿음은 있되 바른 신앙의 목적과 가치를 모르는 사람이거나, 거짓 믿음으로 또 다른 세속적 욕심을 채우고자 하는 사이비 또는 위선적 종교인이라 할 수 있을 것이다.

그렇다면 불교에서 제시하고 있는 신앙의 궁극적 목적과 방향은 무엇일까? 원효 대사의 가르침처럼, 모래를 찌어서 밥을 짓고자 하는 어리석은 신행을 벗어나 불교가 추구하고 있는 바른 종교적 가치를 성취하기 위해서는 무엇보다 먼저 불교가 가르치고 있는 신앙의 궁극적 목적과 신행의 바른 방향을 배우고 이해해야만 한다. 불교 신앙의 궁극적 목적은 한마디로 무명과 갈애의 타파, 그리고 진리에 대한 깨침을 통해 궁극적으로 해탈과 열반에 이르는 것이라 할 수 있다. 생사윤회의 근원적 원인이 되는 무명과 갈애의 번뇌를 타파하고 참된 진리의 깨침을 통해 밝은 반야지혜를 성취하는 것, 이것이 곧 불교 신앙의 궁극적 방향이고 목적이며, 모든 불자들이 이루어야 될 신앙의 최종 도착점인 것이다. 불교에서는 진리에 대한 깨침을 약간의 작은 의미의 차이는 있을 수 있으나 '각(覺)', '성불(成佛)', '해탈(解脫)', '열반(涅槃)' '견성(見性)' '확철대오(廓徹大悟)' 등으로 다양하게 표현하고 있다. 이러한 진리의 깨침은 이미 이천오백여 년 전 석가모니 부처님께서 몸소 실증해 보여주셨고, 그 깨침의 내용인 진리를 우리들에게 친절히 가르쳐 주셨다.

그렇다. 하늘의 신을 비롯해 모든 인간의 스승이신 부처님과 별처럼 빛나는 역대 조사 스님들이 이미 모범적으로 깨달아 보여주셨듯이, 불법승 삼보에 귀의한 모든 불자들의 신앙과 수행의 귀착점은 바로 이러한 진리의 깨침에 있는 것이다. 우리가 염불을 하든 다라니와 주력을 하든, 또는 참회와 선행의 공덕을 쌓든, 참선을 하고 온갖 만행의 수행을 하든 그 모든 신행과 수행의 궁극적 목적은 바로 이러한 진리의 깨침을 향하고 있음을 이해해야 하는 것이다. 진리의 깨침, 그것은 곧 우리들 마음의 본성을 깨닫는 것이고, 또 마음의 본성을 깨닫는다 함은 탐진치 삼독심으로 오염된 중생의 마음으로부터 벗어나 본래 구족한 맑고 깨끗한 불성·신성의 마음을 되찾는 것을 의미한다. 이렇듯 진리를 깨달아 나와 남을 함께 이롭게 하는 보살의 삶을 살 때, 우리의 삶은 새로운 환희와 행복이 가득한 정토세계의 인생을 살 수 있게 되는 것이다. 그런데 여기서 우리가 억념해야 될 사항은 불교 신앙의 궁극적 목적이 비록 궁극적인 진리의 깨침에 있지만, 그 진리의 깨침을 혼자서만 이루고자 해서는 안 된다는 사실이다. 나의 깨침도 중요하지만 큰 자비심으로 남도 함께 깨닫게 도와야 하고, 그들 또한 괴로운 중생의 삶에서 벗어나도록 노력해야 한다는 것이다. 결국 불교 신앙의 궁극적 이상은 나와 남의 동시적 깨달음(自他一時成佛道)을 추구하는 것에 있다고 볼 수 있다. 이러한 나와 남의 동시적 깨달음을 추구해 가는 불교적 이상을 대승 불교에서는 '위로는 진리를 구하고(上求菩提), 아래로는 중생을 제도한다(下化衆生)'라는 실천 이념으로 정리하여 수행의 좌표로 내세우고 있다.

불교 신앙의 궁극적 목적이 나와 남의 동시적 깨달음을 추구함에 있다면, 이의 성취를 위해 우리들이 실천해야 될 구체적 신행의 길은 무엇일까? 이러한 물음에 대한 대답을 우리는 이미 앞서 살펴보았다. 기도와 염불, 주력과 다라니 독송, 참회와 공덕 쌓기, 팔정도와 육바라밀의 실천, 위빠사나와 참선 수행 등이 바로 깨달음을 위해 우리가 실천할 수 있는 다양한 신행의 내용이고 실천 수행이다. 그런데 이렇듯 다양하게 제시되고 있는 신행의 길을 불교에서는 그 내용에 따라 크게 두 가지로 정리하여 가르치고 있다. 하나는 불보살님의 위신력과 가피력에 의지하여 신행을 이끌어 가는 '타력의 문(他力門, 易行道)'이요, 다른 하나는 자기 자신의 내재적 불성과 능력을 믿고 스스로의 의지적 노력을 통해 깨달음을 이루고자 하는 '자력의 문(自力門, 難行道)'이다. 모든 불자는 어떠한 신행을 하든 간에 결국 이 두 관문을 통하여 개인의 구원은 물론 깨달음과 열반의 세계로 나아가게 되는 것이고, 신앙의 궁극적 목적지에 도달하게 되는 것이다.

신을 믿는 모든 종교의 신앙의 출발점은 자신이 귀의한 어떠한 신이나 절대자에 대한 믿음과 그 믿음의 대가로 신과 절대자의 가피(加被)와 가호(加護), 또는 은총과 은혜를 얻고자 하는 것에 있다고 해도 과언은 아니다. 만물을 창조했다고 믿는 신, 또는 전지전능하고 불가사의한 신통력을 소유했다고 믿어지는 어떠한 절대자를 믿고 따름으로써 사람들은 그 믿음의 대가로 현세에는 개인적 소원을 이루거나 복락을 얻고, 사후에는 천당에 태어나거나 영생을 얻기를 기대한다는 말이다. 이러한 믿음의 출발점은 결국 자신이 삶과 죽음, 그리고 행과 불행을 마음대로 할 수 없는 한 연약한 인간일 뿐이라는 한계를 자각하고 인정하는 것이고, 따라서 연약한 자신의 한계를 초월하여 삶과 죽음, 행과 불행을 마음대로 할 수 있는 어떠한 초월적 신과 절대자를 찾고 의지하여 자신의 부족함을 대신하여 채우고자 하는 것이라 할 수 있다. 이 같이 어떠한 신과 절대자를 의지하여 자신의 구원을 이루고자 하는 기초적 신앙의 길을 불교에서는 '타력문(他力門)', '이행도(易行道)', 혹은 '타력신앙(他力信仰)'이라 부른다. 물론 불교에서의 타력의 의미는 여러 가지 면에서 신을 믿는 종교와 많은 차이점을 가지고 있다고 볼 수 있다. 신을 믿는 종교와 삼보를 신앙 대상으로 하고 있는 불교는 그 신앙의 목적과 믿음의 출발점이 크게 다르기 때문이다.

불교에서의 타력은 곧 불보살님의 공덕과 지혜와 자비, 그리고 가피와 가호의 힘을 의미하는 것이고, 타력신앙은 결국 이러한 불보살님을 의지하여 개인의 구원을 이루며 나아가 진리의 깨침을 이루고자 하는 비교적 쉬운 내용의 불교 신앙의 길(易行道)을 말한다. 비록 불교 신앙의 궁극적 목적이 진리의 깨달음에 있다고 해도 그러한 고원한 진리는 아둔한 근기의 사람들이 누구나 쉽게 깨달을 수 있는 것은 아니다. 더군다나 감각적 욕망을 수순하여 속세의 삶을 사는 대부분의 사람들은 고원한 진리의 깨침보다는 현세적 삶의 풍족함과 평안을 더 희망한다. 무시이래로 탐진치 삼독심을 본심으로 하여 살고 있고, 오랜 숙업의 업습을 지니고 있으며, 감각적 쾌락의 삶에 길들여져 있는 범부들은 결국 이러한 중생으로서의 한계를 벗어나 개인의 구제와 진리의 깨달음에 나아가기 위해 불보살님의 자비와 가호에 적극적으로 의지할 수밖에 없는 것이다. 결국 타력신앙의 출발은 우리가 불보살님의 본원(本願)과 자비, 신통과 가피를 믿고 의지하는 것에서 비롯된다고 볼 수 있다. 모든 불보살님은 세 가지 형태의 몸(三身 = 法身·報身·化身)을 나투어 중생의 제도와 구원을 근본적 서원으로 삼으신 성인이시고, 그러한 원력을 이루시기 위해 무량한 자비를 중생들에게 차별 없이 베푸시는 분들이다. 또한 그러한 원력과 자비를 베푸시기에 충분한 여섯 가지 신통력(六神通: 神足通, 天眼通, 天耳通, 他心通, 宿命通, 漏盡通)을 비롯해 무량한 불가사의한 능력과 신묘한 힘을 갖추고 계시다. 타력신앙은 바로 이러한 불보살님을 의심 없이 믿고 의지하는 데서 출발하는 것이다.

한국 불교의 대표적 타력신앙 대상은 관세음보살님의 자비원력(慈悲願力)에 의지하는 관음신앙, 지장보살님의 본원력(本願力)에 의지하는 지장신앙, 문수보살님의 지혜력(智慧力)에 의지하는 문수신앙, 보현보살님의 행원력(行願力)에 의지하는 보현신앙, 아미타불의 원력(願力)에 의지하는 미타신앙, 약사여래불의 병고중생을 위한 구원력(救援力)에 의지하는 약사

신앙, 미래불인 미륵부처님의 구원의 약속을 따르는 미륵신앙 등을 들 수 있다. 한국 사암에서 형상으로 모신 불상이나 탱화, 혹은 사리를 모신 탑 등은 바로 이러한 타력신앙의 대상인 불보살님을 형상화한 것이라고 볼 수 있다. 또한 일상적으로 실천하는 예불과 염불, 정근과 주력, 기도와 참회 등은 바로 숙업의 업장을 소멸하고 불보살님의 공덕과 가피를 얻기 위한 타력신앙의 중요한 신행문(他力門)이다. 숙세의 업장이 두텁고 타고난 근기(根機)와 복력(福力)이 미약하며, 어리석음과 번뇌의 뿌리가 깊은 일반적 사람이라면 결국 불보살님의 위신력에 의지한 이러한 타력의 신행문을 통하여 개인의 구제와 수행의 첫걸음을 나설 수밖에 없는 것이다.

어느 목적지를 가고자 할 때 우리는 다양한 이용 수단을 활용할 수 있다. 비행기와 열차를 탈 수도 있을 것이고 버스나 택시와 승용차, 혹은 가까운 거리라면 자전거나 도보로도 갈 수도 있을 것이다. 미찬가시로 산보에 귀의한 물자가 개인의 구원과 진리의 깨침을 향해 나가는 데 있어서도 어느 한 가지 수단과 방법만을 고집할 필요는 없다. 다양한 신행 방법과 수단을 실천하여 궁극적 신앙의 목적지에 도달할 수 있기 때문이다. 문제는 어느 방법을 선택해 신앙의 길을 나서는가 하는 점인데, 이는 각 개인의 타고난 근기와 처지와 역량에 따른 선택 사항일 뿐이다.

불교 수행에 있어 자력의 수행문(自力門)은 타력의 신행문과는 달리 자기 자신이 곧 불보살님과 같은 무량한 지혜와 자비를 구족한 불성의 존재, 무한한 공덕과 능력을 갖춘 진리의 주인공임을 굳게 믿는 것에서 출발한다. 부처님은 모든 중생이 부처님과 차별 없는 평등한 불성의 존재임을 가르치셨다. "여래의 구족한 지혜가 그대들 몸속에 있다"라는 『화엄경』의 가르침과 『열반경』의 "일체중생이 모두 불성을 지니고 있다"라는 경구는 이를 단정적으로 표현하고 있다. 타력의 신행문이 불보살님의 가피력을 의지하여 신앙의 길을 나서는 것과는 달리, 자력문은 바로 이러한 자기 자신의 내면에 구족한 불성과 공덕을 의지하여 불교 신앙의 궁극적 목적인 진리의 깨침을 이루고자 하는 비교적 어려운 수행의 길(難行道)을 의미한다. 부처님이 이미 그리하셨듯이 결국 자력문, 자력신앙은 오로지 불보살님의 위신력에 기대기보다는 스스로의 강건한 노력과 굳센 의지로 진리를 성취하고자 하는 수행의 길이라 할 수 있다. 이러한 자력의 힘을 믿고 의지해 수행하는 대표적인 것이 바로 계정혜 삼학에 대한 배움과 닦음을 기본으로 한 팔정도, 육바라밀, 사마타, 위빠사나, 간화선 등의 수행을 꼽을 수 있다.

불보살님의 자비공덕과 가피에 의지하려는 타력신앙과 자신의 내면적 불성과 진리적 가치를 믿고 스스로 진리를 체득하고자 노력하는 자력신앙이 불교 신앙의 두 가지 특성임을 살펴보았다. 그런데 여기서 우리가 바르게 인식해야 할 점은 타력신앙과 자력신앙 중 어떤 신앙의 문이 더 수승한 문이고 낮은 문이냐를 따져 분별하고 차별하려고 해서는 안 된다는 것과 또 한편으로는 어느 한 신행문만을 고집해서도 안 된다는 사실이다. 타력신앙은 타력신앙대로, 자력신앙은 자력신앙대로 그 가치와 필요성이 분명히 존재하기 때문이다. 현재 한국 불교의 신앙 형태를 살펴보면 재가 불자 대부분은 타력신앙에 의존하려는 경향이 많고, 반면에 출가대중은 자력신앙에 좀 더 가치를 두려는 경향이 많음을 알 수 있다. 물론 경우에 따라서는 두 가지 형태의 신앙문을 함께 실천해 가는 대중도 있다. 타력신앙을 위주로 신행을 이끌어 가는 경우에 있어 우리가 반드시 명심해야 하는 사항은 개인의 복락만을 구하려는 맹목적 믿음, 즉 기복적 불교 신앙에만 안주해서는 안 된다는 사실이다. 우리가 비록 근기와 복력이 부족하여 불보살님의 가피력에 의지한 타력신앙의 신행을 하더라도 우리는 점차적으로 개인의 구복을 떠나 불교의 교의에 따른 바른 삶의 가치를 실천하고, 나아가 부처님이 가르치신 참다운 진리의 깨침을 성취할 수 있도록 자기 변화와 신앙의 발전을 이루어 내도록 노력해야만 한다. 이러한 자기 변화와 신앙의 발전 없이 오직 맹목적 믿음만을 강조하여 불보살님의 가피력만을 얻고자 한다면, 이러한 형태의 타력신앙은 아주 낮은 단계의 신앙일뿐더러 부처님의 가르침과도 어긋난 어리석은 믿음에 지나지 않는다. 반면에 자력신앙의 경우에 있어서도 우리가 주의해야 할 점은 불교를 너무 이성적으로, 혹은 교의적으로만 이해하고 해석하려는 경향과 타력신앙의 가치와 필요성을 도외시하거나 타력신앙의 여러 가지 신행과 종교적 의례를 낮게 평가하려는 차별적 시각을 가져서는 안 된다는 사실이다. 예컨대 자력신앙의 한 형태인 참선을 하는 경우에 있어 스스로가 진리를 깨치면 된다는 아상에 빠져 불보살님에 대한 믿음과 경외심을 하찮게 여기거나 삼보에 대한 예불과 참회, 기도와 염불 등과 같은 불교 신앙의 기본적 종교 의례를 게을리 하는 것과 같은 어리석음을 범해서는 안 되는 것이다. 삼보에 대한 믿음과 경외심은 모든 불자들이 반드시 가져야 할 기본적인 마음가짐이다. 불보살님에 대한 예경과 예불, 참회와 기도 등과 같은 불교적 의례 또한 모든 불자들이 실천해야 할 기본적 신행이다. 이 같은 불자로서의 기본적 마음가짐과 신행을 도외시한다면 이는 불자의 올바른 자세가 아닌 것이다.

삼보에 귀의한 불자가 부처님 법을 배우고 실천함에 있어 굳이 타력이니, 자력이니 하는 분별과 구분을 논할 필요는 없다. 다만 우리가 굳이 이렇듯 타력과 자력을 나누고 이에 대한 논의를 해보는 것은 우리들이 어떠한 불교적 신앙의 자세와 모습을 견지하는 것이 바람직한가를 성찰해 보기 위함이다. 결국 불교 신앙의 가장 바람직한 신앙의 모습은 타력과 자력을 조화롭게 실천해가는 것이라 할 수 있다. 타력적 신앙을 실천하는 경우에 있어서는 개인적 믿음과 기복에만 머물지 말고 상구보리하고 하화중생하는 원력의 보살의 삶을 실천할 수 있도록 믿음을 향상시켜야 하고, 마침내는 자력적 수행의 길로 한 걸음 더 나아가 신앙의 궁극적 목적인 진리의 깨침에 도달할 수 있도록 신앙의 발전을 거듭 이루어야 한다. 반면에 자력의 수행을 실천함에 있어서는 그릇된 자만심과 독선적 아집에 빠짐을 경계하고 삼보에 대한 믿음과 예경심을 더욱 깊이 가져야 하며, 자력수행의 밑거름인 복력과 불보살님의 가호 또한 중요하게 인식하여 타력적 요소의 신행 역시 게을리하면 안 된다. 타력신앙과 자력신앙에서 있을 수 있는 신행의 단점을 극복하고 두 신앙문의 장점을 살린 불교 신앙의 조화로운 중도적 실천, 이것이 곧 우리 불자들이 견지해야 할 바른 신앙과 신행이라 할 수 있다.

배움만큼 실천 수행을

　불교에서의 진리에 대한 배움은 그 무엇을 듣고 얻어서 채우려는 것이 아니라, 부처님의 가르침을 듣고 배움으로써 도리어 자신의 오염된 마음을 비우고 맑게 만드는 것이라 할 수 있다. 그런데 간혹 부처님 가르침을 듣고 배우고자 하는 사람들 가운데는 이러한 배움의 이치를 모른 채, 도리어 불교의 배움을 단지 또 다른 지식을 쌓고 얻는 것으로 잘못 이해하고 받아들이는 경우가 있다. 까닭에 이러한 사람들은 이런저런 불교의 경전과 논서를 찾아 열심히 읽고, 여기저기를 분주하게 찾아다니면서 법문을 들어 불교적 지식만을 축적하는 데 만족해할 뿐, 본인 스스로가 부처님 가르침에 바르게 의지하여 오염된 마음을 청정하게 비우고 맑히는 실천 수행에는 게으른 경우가 많다. 오직 지식으로만, 머리로만, 입으로만 불법을 이해하고 말할 뿐이다.

　부처님께서는 설법을 듣는 사람들의 근기를 다음과 같이 네 가지 종류의 질그릇에 비유하셨다. 첫 번째 질그릇은 바닥에 구멍이 숭숭 뚫린 그릇의 비유이다. 이런 그릇에는 그 어떤 물을 부어도 바로 다 새어 버린다. 이는 그 어떤 것을 가르쳐 주어도 그 사람에게는 아무런 소용이 없다는 것을 비유하고 있다. 곧 지극히 어리석고 무지한 사람에 대한 비유라 할 수 있다. 두 번째 그릇은 금이 가 있는 질그릇의 비유이다. 이러한 그릇은 물을 부으면 조금씩 새어 나간다. 구멍이 숭숭 뚫린 그릇처럼 물이 바로 새어버리지는 않지만, 조금씩 새어 나가 결국에 다 새어버리는 것은 마찬가지이다. 이는 곧 가르침을 들어도 이해력이 부족하여 기억을 계속 유지하지 못하는 아둔한 사람들을 비유하고 있다. 세 번째 그릇은 물이 가득 담겨 있는 질그릇의 비유이다. 이러한 그릇에는 이미 물이 가득 담겨져 있기에 더 이상 다른 물을 담을 수가 없다. 이런 사람은 기존에 배웠던 지식과 견해로 꽉 차 있기 때문에 새로운 가르침을 주어도 더 이상 배우고 받아들이지 못하는 사람들을 비유하고 있다. 네 번째 그릇은 구멍도 안 뚫리고 금도 안 간, 온전한 그릇으로 완전히 비어있는 그릇의 비유이다. 이러한 사람은 마음이 순수하고 지적 수준 또한 높으며, 마음마저 겸손하여 새로운 가르침을 주면 마치 솜이 물을 흡수하듯, 모든 가르침을 바르게 이해하고 받아들이는 현명한 사람을 비유하고 있다.

부처님께서 말씀하신 저 질그릇의 비유처럼, 사람은 저마다 고유하게 타고난 성향과 근기가 다를 수밖에 없다. 이는 곧 전생부터 자신이 쌓아오고 익힌 차별적인 업식(業識)때문이다. 그런데 타고난 업식을 한순간에 바꾸고 변화시킬 수는 없다. 단지 오랜 의지적인 수행과 노력으로만 점차적으로 변화시키고 조금씩 고쳐 나갈 수 있을 뿐이다. 비록 선천적으로 타고난 성향과 근기가 다르다고 해도 우리가 부처님 가르침을 배우는 데 있어서 제일 중요한 것은 듣고 배우고 이해한 만큼 적극적으로 실천하고자 하는 의지적인 노력이다. 불법에 대한 배움을 단지 머릿속의 지식으로만 담아놓고 입으로만 불법을 말해서는 곤란하다. 만약 자신이 배우고 이해한 만큼 실생활에서 적극적으로 실천하고자 하는 의지적인 노력을 게을리 한다면, 이는 마치 한평생 다른 사람이 키우는 양의 숫자를 세는 것과 같아서 자신에게 아무런 이익도 가져다주지 못한다.

부처님의 가르침을 배우는 데 그 많은 양의 『팔만대장경』 속 가르침을 하나도 빼놓지 않고 다 배울 필요는 없다. 아니, 다 배우려고 해도 그 양이 워낙 방대하기에 짧은 인생 동안 다 배울 수 없을지도 모른다. 부처님이 중생들의 차별적인 근기에 따라 가르침을 각기 달리 설하셨기에 그것을 경전으로 나타내자면 『팔만대장경』처럼 어마어마한 양이 나오지만, 그 모든 가르침은 결국 열반이라고 하는 하나의 궁극적인 이치로 이어지고 연결된다. 이는 곧 부처님의 가르침을 자신의 근기에 따라 하나라도 바르게 이해하고 실천하면 나머지 가르침은 저절로 이해하게 될 때가 있음을 의미한다.

우리는 부처님 가르침을 많이 듣고 배우기를 욕심내기보다는 자신의 근기에 따라 듣고 배운 바를 단 한 가지라도 의지적인 노력을 기울여 실천 수행함이 더 중요함을 깨달아야 한다. 우리가 아무리 많은 불법을 듣고 배웠어도 실천 수행 없이는 그 어떤 이익도 얻을 수 없는 까닭이다.

바른 견해

　불교 수행의 궁극적 목적은 탐진치 삼독심을 멸진(滅盡)하고 궁극적 피안인 열반에 도달하는 것이다. 그렇다면 부처님은 왜 먼저 삼독심을 단절해야 한다고 가르치셨을까? 바로 탐진치 삼독심이 곧 인간의 삶을 고통과 불행으로 인도하는 가장 큰 원인과 조건이 되기 때문이다.

　인간의 모든 행위는 마음에서 비롯된다. 마음이 선하면 그 행위는 선하게 나타나고, 마음이 악하면 그 행위 또한 악하게 드러난다. 선한 행위는 선한 과보, 곧 즐거움과 행복을 가져오고 악한 행위는 악한 과보, 곧 괴로움과 불행을 가져온다. 따라서 선한 행위를 하여 선한 과보인 즐거움과 행복을 얻기 위해서는 먼저 삼독심을 단절하여 그 마음이 청정해야만 하는 것이다.

　팔정도의 정견(正見, sammā diṭṭhi)은 이러한 고락이 생겨나게 되는 근본적인 원인과 이치를 바르게 아는 것이다. 곧 불교의 가장 기본적인 진리인 고집멸도(苦集滅道)의 사성제에 대한 이치를 바르게 이해하고 아는 것이 바른 견해, 곧 정견이다. 사성제에서 고성제(苦聖諦 dukkhaṃ ariya saccaṃ)는 곧 우리 인간의 삶이 괴로움(苦: 둑카 dukkha)이라는 진리이다. 그렇다면 왜 인간은 이렇듯 괴로움의 삶을 살게 되는 것일까? 그 원인에 대한 진리가 바로 집성제(集聖諦 dukkhasamudayaṃ ariya saccaṃ)인데, 그 원인은 다름 아닌 존재의 실상(無常, 苦, 無我)을 바르게 알지 못하는 어리석음(無明: 아위자 avijjā)과 정신적이고 물질적인 존재에 대한 강한 애욕(渴愛: 딴하 taṇhā) 때문이라는 것이다. 인간의 삶을 괴롭게 만드는 원인이 인간의 무명과 애욕이라면, 우리는 이를 단절하여 참된 즐거움과 행복한 삶을 얻을 수가 있다. 그러한 불교적 피안의 세계가 바로 멸성제(滅聖諦, dukkhanirodhaṃ ariya saccaṃ), 곧 열반(涅槃: 닙바나 Nibbana)이다. 그렇다면 우리는 어떻게 무명과 애욕을 단절하여 지극히 행복한 열반에 도달할 수 있을까? 그 길을 제시하고 있는 진리가 바로 도성제(道聖諦 dukkhanirodha gāminī paṭipadā ariya saccaṃ)인데, 여덟 가지 성스러운 수행의 길인 팔정도(八正道, 八支聖道)가 바로 그것이다.

열반의 성취를 위해 우리가 닦아야 할 여덟 가지 바른 길 중에서 그 첫 번째 바른 길이 바로 정견이다. 그렇다면 왜 정견을 팔정도의 맨 첫머리에 배치한 것일까? 이는 우리가 부처님께서 가르치신 사성제에 대한 바른 이해, 곧 바른 견해가 확립되어야만 나머지 일곱 가지 바른 길에 대한 바른 수행이 올바로 실천될 수 있기 때문이다. 우리가 중생의 고통을 벗어나 행복한 삶을 얻기 위해서는 무엇을 수행해야 하는지, 인간의 삶을 불행하고 괴롭게 만드는 근본 원인과 조건인 무명과 애욕을 단절하기 위해서 우리가 무엇을 수행해야 하는지, 또한 궁극적으로 우리가 무엇을 성취해야만 하는지를 분명하고 바르게 이해하고 아는 것. 이것이 바로 팔정도의 첫 번째 도인 정견인 것이다.

세 가지 삿된 견해

  이 세상 모든 것은 각기 다른 모양과 개성으로 존재한다. 같은 사람이라도 피부색이 다르고 체형과 인상과 성품이 다르다. 저 산과 들에 존재하는 모든 초목 또한 각기 다른 모양과 색깔로 존재한다. 다양한 개체적 존재가 각기 다른 모습과 개성으로 한데 어울려 이 세상을 이루어 살아가고 있는 것이다. 불교에서는 이처럼 모든 존재가 각기 다른 모양과 개성을 드러내면서도 서로 부딪치지 않고 하나로 어울려 조화와 화합을 바탕으로 상의·상관하는 진리의 존재라 하여 이 세계를 '법계(法界)'라 부른다. 『화엄경』에서는 이를 또 다른 표현으로 '화엄 세계(華嚴世界)'라 부르기도 한다.

  이 세상의 모든 존재의 다양함과 개성을 말함에 있어 인간의 마음과 생각처럼 차별적이고 개성적인 것도 없을 것이다. 한 가정의 구성원이라 하더라도 남편과 아내의 생각이 다르고 부모와 자녀의 생각이 틀리고 형제자매간의 생각이 각기 다르다고 할 수 있다. 생각이 다르다 함은 곧 마음이 다르다는 것을 의미한다. 가정이라는 한 울타리 안에 사는 사람마저도 각기 다른 마음과 생각으로 이 세상을 살아가고 있는 것이다. 사람은 모두가 각자의 마음과 생각에 따라 인생을 차별적으로 살아가게 마련이다. 같은 사람이라 하더라도 어떤 마음과 생각으로 이 세상을 살아가느냐에 따라 각기 다른 삶의 형태와 양식을 드러나게 된다는 의미이다. 부처님께서도 이 같은 마음의 다양성에 대해서 다음과 같이 말씀하셨다.

"세상은 물의 흐름과 같이 그 성질이 같지 않고, 바라는 것이 각기 다르며, 생각도 하나가 아니다. 내가 한량없는 세월 동안 살펴보았지만 생각이 같은 사람을 보지 못하였다. 이 세상 중생들은 영원하지 못한 것을 영원하다고 생각하며, 즐거움이 아닌 것을 즐거움이라 생각하며, 「나」가 없는 데서 「나」가 있다고 생각하며, 깨끗하지 못한 것을 깨끗하다고 생각하며, 바른 것을 오히려 삿되다고 생각하며, 악한 것을 오히려 복되다고 생각한다. 이런 것으로 보아 중생들의 근기를 헤아리기 어렵고, 그 성품과 행동이 각기 다름을 알 수 있느니라."

- 『증일아함경』

마음은 곧 세상을 보는 눈이요, 창문이자 나침반이라 할 수 있다. 마음에 따라 세상을 바라보는 차별적인 관점의 시각을 우리는 '견해'라는 말로 표현할 수 있을 것이다. 견해는 사물과 세상을 어떤 식으로 생각하고 이해하는지에 대한 관점과 시각을 말하는데, 이는 또 다른 표현으로 가치관이라고도 할 수 있다. 모든 사람의 외형과 마음이 각기 다르듯이 삶과 죽음, 세계와 역사, 신과 종교, 윤리와 도덕 등 세상 모든 것을 이해하고 바라보는 견해와 가치관은 서로 다를 수밖에 없다. 그런데 문제는 각기 다른 다양한 견해와 가치를 지향함에 있어 과연 어떠한 견해와 가치를 정립하느냐의 여부일 것이다. 잘못된 견해와 가치를 가짐으로써 자신은 물론 가정과 이 사회를 불행하게 만드는 경우도 있을 수 있고, 반대로 바른 견해와 가치를 정립하여 살아감으로써 자신과 이웃, 사회와 국가, 나아가 전 인류에 이르기까지 커다란 이익과 행복을 안겨다 줄 수도 있는 까닭이다.

부처님은 우리가 바른 삶을 살아감에 있어 무엇보다 올바른 견해와 가치에 의지해야 함을 중요하게 생각하셨다. 번뇌와 무명을 끊고 지혜와 바른 견해, 즉 정견을 얻어야 된다는 가르침이 바로 그것이다. 물질적 이익에 가치의 우선을 두고 흑백 논리와 극단적 사고의 팽배, 종교적·이념적 편견에 의해 불신과 대립이 끊이지 않는 지금과 같은 혼란한 시대 상황에서 과연 이를 극복해 낼 수 있는 바른 견해와 가치는 무엇인가 하는 새로운 고민을 하지 않을 수 없다. 『중아함경』에 담겨 있는 정견(正見)과 사견(邪見)에 대한 부처님의 가르침은 우리가 바른 견해와 가치에 대한 해답을 찾는 데 도움을 줄 것이다. 부처님이 기원정사에 계실 때 다음과 같이 제자들에게 말씀하셨다.

"이 세상에는 세 가지 그릇된 견해를 가진 외도(外道)가 있다. 슬기로운 사람들은 그것을 밝게 가려내어 추종하지 말아야 한다. 만약 그러한 견해를 따른다면 이 세상의 모든 일은 부정하게 될 것이다. 그렇다면 세 가지 그릇된 견해란 무엇인가? 첫째, 어떤 사문이나 바라문은 사람이 이 세상에서 경험하는 것은 괴로운 것이나 즐거운 것이나 모두가 전생의 업에 의한 것이라고 말한다. 둘째, 또 어떤 사람들은 모든 것은 자재천(自在天 범천, 하느님)의 뜻에 의한 것이라고 주장한다. 셋째, 혹은 원인(因)도 없고 조건(緣)도 없다고 말하기도 한다. 만약 그들이 주장하는 대로 행동한다면 이 세상의 모든 일은 부정되고 마침내는 커다란 혼란을 가져오게 될 것이다. 슬기로운 사람은 이와 같이 그릇된 의견을 잘 가려내어 버림받지 않도록 해야 할 것이다."

-『중아함경』

1. 모든 것은 전생의 업에 의한 것이다.

우리는 인생을 살면서 간혹 지치고 힘들 때 운명 같은 것을 생각하게 된다. 자신의 생각과 의지대로 쉽게 바꿀 수 없는 삶의 환경과 처지에서 고통을 느끼며 헤맬 때, 특히 그러한 생각을 하게 된다. 남들과 자신의 처지를 비교할 경우 그러한 생각이 들 때도 많다. 다른 사람들은 크게 힘들어 하지 않고 돈도 잘 벌고 행복하게 잘 사는 것 같은데, 왜 자신은 이렇게 가난하고 힘들게 살아야 하나, 남들은 아픈 곳 없이 건강하게 사는데 왜 나만 이렇게 병들어 고통을 겪어야 하나, 남들은 부모 형제, 친구, 배우자도 잘 만나 행복한데 왜 나는 이렇게 인덕이 없을까? 남들은 모든 것이 쉽게 잘 풀리고 이루어지는데 왜 나는 하는 것마다 실패하고 좌절하게 될까? 남들은 똑똑하고 현명하여 공부도 잘하고 좋은 직장도 얻고 출세도 잘만 하는데 왜 나는 그렇지 못할까…?

이처럼 남들과 자신을 비교해 보면 부족하고 불만족스럽고 불행하게 느껴지는 것이 한두 가지가 아닌 것이다. 그러면서 이것저것 그렇게 된 원인을 생각해보다 스스로 위안 삼아 결론 내리기를 그 모든 것이 자신이 갖고 태어난 어쩔 수 없는 운명(또는 사주팔자, 업보) 때문이 아닌가 하는 생각을 하게 되는 것이다. 운명이니 숙명이니 전생의 업이니 하는 말들은 우리들이 자신이 처한 어쩔 수 없는 고단한 삶의 현실과 처지를 체념하고 순응하여 받아들일 때 내뱉게 되는 일종의 체념의 언어라 할 수 있다. 어쩌면 우리 모두는 간혹 부지불식간에 이와 같은 체념의 생각과 언어를 쉽게 받아들이고 내뱉는지도 모른다. 부처님 가르침을 따르는 불자들 중에서도 이러한 사고를 가진 분들이 적지 않다. 자신이 처한 지금의 모든 삶의 환경과 현실이 전생의 업에 따른 결과라고 생각하고 또 그렇게 믿고자 하는 것이다. 이는 불교에서 가르치는 업에 대한 바른 이해가 부족해서 갖게 되는 그릇된 견해라 볼 수 있다. 물론 당연히 불교에서도 업에 대한 교의를 가르친다. 현생은 과거생의 업으로부터 이어진 것이고, 현생에서 지은 업은 또 다른 내생의 업력으로 작용됨을 가르치고 있다. 그런데 불교에서 중요하게 생각하는 업에 대한 관점은 과거생에 지은 업으로 현생의 모든 삶이 결정되어지는 것이 아니라, 현생에서 짓는 업에 따라 과거생의 업도 소멸시키나 경감할 수 있고, 현생의 삶도 개선됨을 가르친다는 사실이다. 다시 말해 비록 전생에 지은 업력이 현생의 삶에까지 그 영향력을 지닌다고 하더라도 현생에서 자신의 의지대로 얼마든지 그 삶을 개선시키고 변화시킬 수 있다는 것이다. 불교의 업보론은 현생의 모든 삶이 오직 과거생에 지은 업에 의해 결정되어지기 때문에 현생에서 경험하게 되는 모든 삶의 희로애락을 어쩔 수 없이 받아들이고 순응해야 된다고 하는 일종의 숙명론, 사주팔자론과는 크게 다른 내용임을 알아야 한다. 부처님은 현생의 모든 삶이 운명이나 숙명, 혹은 업에 의한 것이라고 하는 결정론적, 숙명론적 생각과 사고를 사견이라 하여 부정하고 계신 것이다.

2. 모든 것은 신에 의한 것이다.

인류가 믿는 종교 중 불교를 제외한 대부분의 종교가 신을 내세우고 있는 신본주의적(神本主義的) 종교라 할 수 있다. 이러한 종교에서는 신에 의해 모든 만물이 창조되고 운용되며 또 신의 의지에 따라 모든 것이 이루어진다는 교의와 믿음을 따르고 있다. 지금도 마찬가지라 할 수 있지만, 부처님이 계셨던 당시에 있어서도 인도는 모든 것이 신을 위주로 하는 철저한 신본주의적 사고가 지배하던 시대였다. 사람은 태어날 때부터 바라문(Brahman, 성직자), 크샤트리아(Kshatriya, 귀족, 무인), 바이샤(vaiśya, 평민, 상공인), 수드라(Shudra, 노예)라고 하는 네 종류의 차별적인 계급으로 태어난다는 이른바 카스트(Caste)제도가 유지되고 있었고, 정치·경제·문화, 모든 사회 제도와 규범 역시 신을 중심에 둔 신본주의적 가치에 의해서 이루어지고 움직이던 시대였다. 따라서 사람들은 태어나 눈을 뜨는 순간부터 죽어서 눈을 감는 순간까지 한시도 신을 떠나서는 숨을 쉴 수도, 생각할 수도, 살 수도 없는 마치 신의 노예처럼 살다가 죽는 신의 전성시대였던 것이다. 오죽하면 부처님 자신도 고

행 끝에 도를 이루시고 감격의 눈물을 흘리시며 "나는 신의 그물, 인간의 그물을 벗어났다(잡아함경)"고 선언, 해탈의 기쁨을 외치셨을까. 지금도 우리 주위에 절대적인 유일신을 믿는 종교인들 중에는 모든 것이 오로지 신의 뜻이요 의지임을 굳게 믿고 따르는 사람이 적지 않음을 발견할 수 있다. 그 믿음이 지나쳐 타종교를 부정하고 신의 뜻임을 내세워 분쟁과 전쟁을 일으켜 타 문화와 타민족을 침략하고 살상하는 지극히 어리석은 독선을 행하는 경우도 볼 수 있다. 부처님은 유일적이고 전지전능하며 만물을 창조해내고 인간의 희로애락을 마음대로 좌지우지하는 인격적 신을 부정하셨다. 따라서 절대적·유일적 신이 있다고 믿는 것, 또 그러한 신에 의해서 모든 것이 이루어지고 운용된다는 견해(尊祐論, 神本論)는 우리가 벗어나고 타파해야 할 그릇된 사견임을 가르치신 것이다.

3. 모든 것은 원인도 조건도 없이 우연적으로 이루지는 것이다.

부처님은 모든 것이 전생의 업이나 혹은 보이지 않는 절대적 신에 의해서 이루어진다는 것이 사견인 것과 마찬가지로, 세상 모든 것이 아무런 원인과 이유 없이 우연히 이루어진다는 생각과 견해 또한 그릇된 사견임을 가르치셨다. 사람들이 차별적으로 경험하게 되는 복락과 흉화와 희로애락도 우연적으로 겪게 되는 것이고, 성공과 실패도 우연적인 것이며, 심지어 나고 죽음도 우연적인 것이라는 생각과 견해가 바로 원인도 조건도 없이 모든 것이 이루어진다고 하는 사견이라는 것이었다. 이러한 생각을 우리는 우연론(偶然論), 또는 무인과론(無因果論)이라 부를 수 있다. 역시 우리 주위에는 이러한 그릇된 사견을 가진 사람들이 많은 것을 경험할 수 있다. 그렇기에 미래와 행위의 결과를 두려워하지 않고 남의 것을 훔치거나 빼앗으며, 자신만의 이익을 취하기 위해 온갖 나쁜 행위와 부정한 짓을 아무런 양심의 가책이나 부끄럼 없이 행하는 것이 아니겠는가. 그렇다면 부처님은 왜 이와 같은 세 가지 관점의 견해가 잘못된 사견이라 말씀하시는 것일까? 부처님은 먼저 모든 것이 전생의 업에 의한 것이라는 견해가 왜 잘못된 사견인지 다음과 같이 예를 들어 설법하고 계시다.

"나는 언제나 무엇이나 전생의 업에 의한다고 주장하는 사람들을 찾아가, 그 의견이 틀림없다고 생각하느냐고 물었었다. 그들은 그렇다고 대답했다. 그래서 나는 '그러면 사람을 죽이거나 도둑질하거나 음행하고 거짓말하고 탐욕과 성냄과 삿된 소견을 갖는 것 역시 모두가 전생에 지은 업에 불과한 것이다. 만약 그렇다면 이 일은 해서는 안 된다거나 이 일은 해야겠다는 의지도 노력도 필요 없게 될 것이다. 따라서 어떤 자제력도 없이 마음 내키는 대로 함부로 행동하는 사람을 정당한 사문 혹은 바라문이라 하지 않겠는가' 하고 비판했었다."

-「중아함경」

첫 번째 '모든 것이 전생의 업에 의한 것'이라는 사견에 대한 부처님의 비판의 말씀이지만, 이는 두 번째 '모든 것이 신에 의해 이루어진다'는 신본주의적 견해와 또 '모든 것이 아무런 원인과 조건 없이 그저 우연적으로 이루어진다'는 우연론적 사고를 동시에 비판하는 내용이라고도 볼 수 있다. 부처님의 이러한 비판의 말씀을 새롭게 요약한다면 다음과 같이 정리할 수 있다.

모든 것이 전생의 업 때문이라는 운명론, 모든 것이 신의 의지에 의한 것이라는 신본론, 모든 것이 우연적으로 이루지는 것이라는 우연론을 우리가 받아들일 때, 우리는 그 순간부터 우리의 주체 의식과 자율적 의지와 노력을 포기해야만 한다. 왜냐하면 부처님 말씀처럼 가난한 것과 아픈 것, 교통사고가 나는 것, 사람을 죽이는 것, 정치가 잘못되고 경제가 어려워지는 것, 전쟁이 일어나는 것, 가뭄과 홍수가 나는 것, 나고 죽는 것 등 세상에서 일어나는 모든 것과 내가 겪거나 경험하고 있는 모든 일들과 현상은 그저 나의 의지와 노력에 상관없이 전생의 업에 의한 것이거나, 신의 의지에 의한 것이거나, 그렇지 않으면 나의 의지를 떠나 우연히 발생하는 객관적 현상들이기 때문이다. 그러한 견해를 따르는 사람들이 할 수 있는 것은 오로지 세상 모든 것에 대해서 순응하여 받아들이는 것이고, 저항 없이 따르는 것이며, 그도 아니면 세상을 자포자기하거나 외면하며 피동적으로 살아가는 것뿐이다. 주체적인 입장에서 삶을 능동적으로 이끌고 변화와 창조의 발전을 이끌어 낼 수 있는 더 이상의 의지와 노력이 필요치 않는다는 말이다.

세 가지 그릇된 견해의 폐단은 인간의 윤리와 도덕의식, 그리고 인간의 사회적 책임성을 상실할 수 있다는 사실이다. 세상 모든 것이 이미 어쩔 수 없는 업에 의한 것이거나, 신의 의지에 의한 것이거나, 우연적인 것에 기인한다고 한다면 거기에는 더 이상의 인간의 보편적·합리적·윤리와 도덕적 가치가 존재할 여지가 없기 때문이다. 뿐만 아니라 이를 범했을 경우 그에 합당한 책임을 져야 된다는 개인적 책임성까지도 부정하는 결과를 낳게 될 위험성이 있다. 부처님 말씀처럼 남을 속이거나 아프게 하는 것, 재화를 빼앗거나 훔치고 살상하는 것, 나아가 사회적 법규를 위반하는 것까지도 오로지 자신의 의지와 상관없이 일어나는 것일 수 있기 때문이다. 그런데 한편으로 더욱 무서운 것은 종교라는 미명하에 주장되는 종교적 윤리와 도덕이라 할 수 있다. 특정한 종교의 교의를 내세워 차별과 흑백 논리를 바탕으로 타종교와 문화를 부정하고 자신의 종교만이 가치 있고 선하다는 독선적 윤리의식과 왜곡된 도덕의식은 인류에게 뱀의 독보다도 더욱 무서운 해악을 가져올 수 있는 까닭이다.

사견의 반대는 바른 견해, 곧 정견이라 할 수 있다. 부처님께서 세 가지 사견에 대해 지적을 하신 것은 한편으로 바른 견해가 무엇인가를 가르치고자 하는 의도에서이다. 잘못된 견해와 가치관은 우리들로 하여금 그릇된 삶을 살게 한다. 뿐만 아니라 나와 남을 함께 불행하고 고통스러운 삶으로 인도한다. 그릇된 삶이란 곧 탐진치 삼독심에 의지하여 오직 감각적 욕망의 충족만을 위해 사는 이기적인 중생의 삶이라 할 수 있다. 반대로 바른 견해와 가치를 좇는 삶은 탐진치 삼독심에서 벗어나 나도 이롭고 남도 이롭게 하는 이타적 삶을 말한다. 그릇된 사견을 버리고 바른 정견을 갖춤은 바로 그러한 삶의 첫 출발점이 된다. 부처님께서 가르치시고자 하는 정견, 또는 불교적 가치, 그것은 곧 연기법이다. 연기란 곧 '인연생기법(因緣生起法)'의 줄인 말이다. 유형무형의 세상 모든 것은 전생의 업에 의한 것도, 전지전능한 절대적 신에 의한 것도, 그저 우연에 의한 것도 아니고, 반드시 어떠한 직접적 원인과 간접적 조건이 서로 만나고 어울려서 하나의 결과(起, 果)를 낳게 된다는 가르침이다. 부처님은 이러한 연기법을 다음과 같이 설명하고 있다.

"이것이 있음으로써 저것이 있고(此有故彼有),
이것이 생함으로써 저것이 생한다(此生故彼生).
이것이 없음으로써 저것이 없고(此無故彼無),
이것이 멸함으로써 저것이 멸한다(此滅故彼滅)."

-『중아함경』

부처님께서 가르치신 이러한 연기법의 가르침에는 크게 세 가지 의미가 담겨있다.

첫 번째, 세상 모든 것은 인연화합에 의해서 생겨나고 소멸한다는 진리이다. 어떤 곡식의 씨앗이 싹을 틔우고 열매를 맺기 위해서는 씨앗(因) 혼자만으로는 불가능하다. 흙과 물, 태양과 거름 등 또 다른 많은 조건(緣)이 주어지고 갖추어졌을 때, 비로소 그 씨앗은 싹을 틔우고 꽃을 피워 열매를 맺게 되는 것이다.

두 번째, 세상 모든 것은 독립적으로 홀로 존재하는 것이 아니라, 서로 의지하고 연관되어 존재하게 된다는 진리이다. 우리의 육체를 예로 든다면, 육체는 무수한 세포와 많은 장기와 뼈와 살이 한데 어울려 하나의 육체를 이루고 있음을 알 수 있다. 어느 한 부분만을 내세워 육체라 명할 수 없는 것이다. 이처럼 세상 모든 유형무형의 존재와 현상 또한 독립적으로 존재하고 생겨나는 것이 아니라, 이것과 저것이 서로 의지하고 관계를 맺음으로써 존재하게 된다는 진리이다.

세 번째, 원인과 조건이 만나면 반드시 결과를 낳게 된다는 인과율의 진리이다. '콩 심은 데 콩 나고 팥 심은 데 팥 난다'는 말은 곧 불교의 인과에 대한 쉬운 가르침의 예라고 할 수 있다. 콩을 심은 곳에는 반드시 콩이 나기 마련이고 팥을 심은 곳 또한 반드시 팥이 나기 마련이다. 콩 심은 곳에 팥이 날 수 없고, 팥 심은 데에 콩이 날 수 없다. 주체적 인간과 객체적 대상 사이에는 반드시 이처럼 인과의 법칙이 존재하고 있다. 인간의 의지적 작용(業)이 있으면(因) 이에 따른 대상의 필연적 반응(果, 報)이 있기 마련인 것이다. 이를 불교에서는 인과업보라고 부른다. 인간의 주체성과 자율성, 그리고 책임성을 담고 있는 진리이다. 이 같은 내용의 연기법에 대한 바른 통찰과 이해, 이는 곧 우리가 세상을 바르게 보고 이해하는 정견을 갖춤을 의미한다.

수행의 일곱 가지 이익

불교에서는 다른 종교와는 달리 유독 수행을 강조한다. 불교의 궁극적 목적인 해탈과 열반을 이루려면 반드시 붓다에 대한 맹목적 믿음을 벗어나 번뇌로 오염된 마음을 맑혀 선한 마음으로 공덕을 쌓고, 계율을 지켜 악업을 짓지 않으며, 선정과 지혜를 닦는 수행을 실천해야만 하는 것이다. 그렇다면 우리가 수행을 통해 얻을 수 있는 구체적 효과는 무엇일까? 부처님께서는 『대념처경(大念處經, Mahāsatipatthāna Sutta)』에서 수행자가 수행을 통해 얻을 수 있는 일곱 가지 이익을 말씀하셨다.

① 모든 종류의 번뇌로부터 청정해지는 이익
② 슬픔과 근심을 극복하는 이익
③ 비탄을 극복하는 이익
④ 모든 육체적인 통증을 극복하는 이익
⑤ 모든 정신적인 고뇌를 극복하는 이익
⑥ 깨달음(道와 果)을 성취하는 이익
⑦ 열반을 성취하는 이익

수행에서 가장 기본적이고 기초적인 것이 바로 마음을 이해하고 통찰하여 번뇌를 제어하고 지혜를 계발하는 것이라 할 수 있다. 마음에 대한 이해와 통찰, 번뇌의 제어와 지혜의 계발, 이것이야말로 불교 수행의 핵심 내용이고 목적이다. 마음에서 일어나는 대표적인 번뇌가 바로 탐욕의 마음(貪心), 성내는 마음(瞋心), 어리석은 마음(無明心)이다. 이 같은 세 종류의 마음을 모든 번뇌심 가운데 우리들에게 가장 큰 해로움을 가져다주는 독성의 마음이라 하여 '삼독심(三毒心)'이라 부른다. 마음은 우리들의 의지와 상관없이 스스로가 일어났다 사라지는 특성이 있다. 밖의 경계를 접촉하거나 아니면 그냥 눈을 감고 가만히 있어도 찰나에 저절로 일어났다 사라지며 생멸을 연속해 가는 것이 바로 마음이다. 삼독심과 같은 번뇌의 소멸은 이러한 마음의 특성을 이해하고 세밀히 통찰하며, 제어하는 것으로 이룰 수 있다. 마음에 대한 이해와 통찰과 제어를 통해서만이 번뇌가 다스려지고 지혜는 계발되어 마침내 해탈과 열반에 도달할 수 있게 되는 것이다. 붓다께서 제시하신 수행의 일곱 가지 이익은 바로 이러한 내용을 설명하신 것이라 볼 수 있다.

수행도 길들여야 한다

　우리들의 마음은 언제나 과거와 현재와 미래의 삼세를 바쁘게 왕래한다. 몸은 지금 여기에 머물고 있지만, 마음만은 몸과 함께 온전히 현재에 머물러 있지 못하고 과거로, 현재로, 미래로 분주하게 돌고 도는 노고를 쉬지 못하고 있는 것이다. 이렇듯 삼세를 윤회하며 분주하게 돌고 도는 것으로 인해 우리들의 마음은 언제나 고요와 평정과 평화와 행복을 잃어버리고 깊이 병들어 괴로울 수밖에 없다. 우리가 몸의 피로를 덜기 위해서는 바쁜 움직임을 쉬고 몸이 편안히 휴식을 취할 수 있도록 해야 한다. 같은 이치로 마음의 병을 치유하기 위해서는 그 무엇보다 마음의 바쁜 움직임을 쉬고 마음이 편안히 휴식을 취하도록 의지적인 노력을 기울여야만 함은 당연하다.

　불교의 모든 수행은 이렇듯 삼세를 거쳐 바쁘게 움직이는 자신의 분주하고 복잡한 마음을 지금 이 순간 몸과 함께 현재에 고요히 머물게 하여 편안하게 쉬게 하고, 나아가 자신의 마음이 하는 모든 일을 객관적인 시선으로 스스로 살펴 관조(觀照)하는 일이라 할 수 있다. 참선, 염불, 사경, 주력, 독경, 위빠사나 수행과 같은 불교의 모든 수행의 공통된 일차적 요소는 바로 그러한 수행을 매개로 하여 밖으로 분주하게 치달리는 자신의 마음을 현재에 붙들어 머물게 하는 것이라 할 수 있다. 예컨대 화두를 들고 참선하는 사람은 화두에 마음을 붙들어 놓고 마음의 실상을 고요히 참구하는 것이고, 염불하는 사람은 염불하는 데에 마음을 붙들어 놓고 집중하여 분주한 마음을 고요히 다스리는 것이며, 사경하는 사람은 사경하는 데 마음을 붙들어 놓고 집중하여 분주한 마음을 고요히 다스리는 것이고, 독경하는 사람은 독경하는 데 마음을 집중하여 분주한 마음을 고요히 다스리는 것이다.

그런데 이렇듯 마음이 몸과 함께 현재에 머물게 하여 자신의 마음을 쉬게 하고 살피고 다스리는 수행은 쉬운 일 같지만 대단히 어렵고 힘든 일이 아닐 수 없다. 왜냐하면 우리들의 마음은 오랜 세월을 흘러오면서 삼세를 오가며 바쁘게 움직이는 것에 익숙하게 길들여지고 습관화되어 있기 때문이다. 까닭에 마음을 고요히 쉬게 하고 살피고 다스리는 수행 역시도 꾸준한 실천을 통하여 익숙하게 길들이고 습관화시켜야만 한다. 그것이 바로 불교에서 밀하는 섬자적인 수행, 곧 점수(漸修)이다. 일정한 수행 시간을 정해 놓고 매일 하루도 빠지지 않고 10분, 20분, 30분씩 시간을 늘려가며 계속하여 수행을 실천하다 보면 어느 순간에 수행이 익숙하게 길들여지고 습관화되어 어렵지 않게 수행을 이어갈 수 있게 된다.

만약 우리가 마음의 고요와 평화와 평정과 행복을 원한다면, 그 무엇보다 먼저 할 일은 자신의 마음을 편안히 쉬게 하고 다스리고 살피는 수행을 실천하는 일이다. 수행이 어렵다고 생각하여 자꾸 미루기만 하지 말고 잠시 5분, 10분이라도 시간을 할애하여 매일 수행하는 습관을 길들이는 것이 절실히 필요할 뿐이다.

일상적인 수행

"생활이 곧 불법이고(生活是佛法)
불법이 바로 생활이다(佛法是生活).
어느 곳에서나 부처님이 계시고(處處佛像)
하는 일마다 부처님께 올리는 공양이다(事事佛供)."

-「조사법어」

부처님은 어느 특정한 사찰에만 모셔져 있는 것은 아니다. 절에 모셔진 부처님 형상과 그림으로 그려진 탱화는 단지 중생의 믿음과 신앙적 의지처를 위해 임의적으로 부처님의 형상을 상상하여 조성해 모신 형상불에 지나지 않는다. 간혹 불자들 중에는 이렇듯 불상과 불화를 모신 절에 와서만 발원과 수행과 신행을 할 뿐, 가정과 일터로 돌아가서는 자신이 부처님 제자임을 까맣게 망각하고 일반인들과 별반 차별 없이 생각하고 말하고 행동하는 경우가 많다.

불자의 신행과 발원과 수행은 부처님을 모신 절에서뿐만 아니라, 가정과 일터와 일반 사회생활에 있어서도 멈춤 없이 실천되어야 한다. 자신이 머물고 있는 그 공간과 그 시간을 언제나 부처님 가르침을 배우고 실천하는 공간과 시간으로 활용해야 한다는 뜻이다. 만약 가정에서 항상 부처님의 가르침을 생각하고 배우고 실천하면 그 가정에 이미 참된 진리의 부처님(法身)이 자신과 함께 머물고 계신 것이며, 또한 부처님의 무량한 지혜광명과 자비가 더불어 시현(示顯)되고 있는 것이다. 일터와 다른 공간에서의 사회생활도 마찬가지이다. 부처님은 특별히 어디 먼 곳에 따로 계신 것이 아니다. 심산의 유명한 산사나 널리 알려진 특별한 도량에만 계신 것도 아니다. 부처님 법을 바르게 믿고 바르게 공부하고 바르게 수행하는 자신이 머물고 있는 지금 이 공간, 이 순간에 부처님은 이미 나와 함께 머물고 계심을 믿어야 한다. 이러한 자세와 믿음으로 우리는 사찰에서뿐만 아니라, 자신이 머물러 살고 있는 어떠한 공간과 시간에 있어서도 불법에 의지하여 항상 청정한 삶과 바른 수행을 실천해야 한다. 이러한 실천 수행이 이루어질 때 우리가 하는 모든 일은 곧 부처님께 공양을 올리는 것과 마찬가지로 성스러운 불사로 승화될 수 있는 것이다.

한 걸음 또 한 걸음

부처님 가르침을 아무리 열심히 듣고 배워도 그 가르침을 수순하여 자신의 마음을 비워 욕심을 내려놓고, 육근의 즐거움을 좇는 감각적 욕망에서 벗어나고, 성내는 마음을 다스려 화를 내지 않고, 모든 존재에게 자비심을 일으키고, 아낌없는 마음으로 보시를 실천하고, 자신을 잘났다고 내세우는 아상과 아집을 버리고, 소유에 대한 애착을 비우고, 나와 남을 함께 이롭게 하는 계행을 실천하는 부처님 제자로서의 청정한 삶을 사는 것은 참으로 어렵다. 이는 부처님 법에 대한 많은 배움과 이해가 있음에도 불구하고 자신의 생각과 의지대로 몸과 마음이 쉽게 움직여주지 않기 때문일 것이다. 만약 자기 생각과 의지대로 부처님이 가르치신 모든 청정범행을 실천할 수 있을 정도의 경지에 이르렀다면, 그는 이미 상당한 깨달음의 경지에 도달한 것으로서 마땅히 모든 사람들로부터 존경 받을 만한 수행자라 해도 무방할 것이다.

출가하여 머리를 깎고 염의(染依)의 가사를 입은 출가자이건, 사회에서 머리를 기르고 가정생활을 하는 재가 불자이건 부처님 가르침을 수순하여 여법하게 사는 것은 그리 만만하고 쉽지 않은 일이다. 아니 매우 힘들고 어려운 과제일 수도 있다. 왜냐하면 우리 중생들은 현생에 태어나기 이전 과거 전생부터 탐진치 삼독심에 의지하여 그 무엇이든지 간에 그저 소유하여 채우고 감각적 욕망을 좇는 중생의 불선한 업습(業習)에 익숙하게 길들여져 있기 때문이다. 숙세로부터 익혀온 중생의 불선한 업습(잠재 성향)은 우리의 마음 깊은 곳에 층층이 씨앗으로 내재해 있다. 까닭에 우리가 세상을 살면서 어떠한 조건(인연)을 만나게 되면 우리들 내면 깊숙이 감춰져 있던 불선한 업습의 씨앗은 그러한 인연을 좇아 마치 봄에 초목이 싹을 틔우듯이 밖으로 그 마음과 행위를 서슴없이 드러낸다. 예컨대 과거생에 도둑질을 많이 한 사람은 그 도둑질한 업습을 마음 깊은 곳에 종자로 감추고 있다가 만약에 남의 것을 훔치기에 적합한 어떤 조건과 인연을 만나게 되면, 마음에 아무런 죄책감 없이 남의 것을 훔치고자 하는 불선한 마음을 일으켜 실제로 물건을 훔치는 행위를 하게 되는 것이다. 화를 잘 내는 사람, 사기 행위를 좋아하는 사람, 폭력적인 사람, 욕심이 많고 인색한 사람, 오락을 즐기고 놀기를 좋아하는 사람, 게으르고 나태한 사람 등과 같은 경우도 마찬가지이다. 과거생부터 익혀온 그러한 업습과 성향이 현생에까지 계속 이어져 현생에서 새로운 조건과 인연을 만나게 되면 쉽게 마음과 행위로 드러나게 되는 것이다. 과거생부터 익혀온 이와 같은 두터운 불선한 업습을 하루아침에 없애는 것은 불가능하다. 불선한 업습은 오직 오랜 시간과 세월을 두고 하나씩 하나씩 점차적으로 닦고 다스려야만 소멸시킬 수 있다. 앞서 이야기한 점차적인 닦음의 수행, 곧 점수(漸修)를 통해서만 가능한 것이다. 예컨대 어떠한 연못이 있는데 그 연못이 모두 혼탁한 물로 더럽혀져 있다면, 그러한 연못에 한 바가지의 맑은 물을 새롭게 담아다가 붓는다고 해서 하루아침에 그 연못의 물이 바로 맑아지지 않는다. 연못의 혼탁한 물이 모두 맑은 물로 바뀌기 위해서는 계속해서 새로운 맑은 물을 가져다가 부어야만 어느 순간에 이르러 마침내 연못의 전체 물이 맑아지게 되는 것과 같은 이치이다. 마찬가지로 과거생부터 익혀온 두터운 불선한 업습과 성향을 비록 부처님 가르침을 아무리 많이 배우고 익혔다고 해도 하루아침에 모두 없애고 맑힐 수는 없는 일이다. 오직 오랜 시간과 세월에 걸쳐서 의지적인 노력과 닦음의 수행을 통해 없애고 맑힐 수 있을 뿐이다.

 이러한 이치를 아는 현명한 사람은 처음부터 큰 깨달음의 경지에 이르고자 성급한 마음을 내지 않는다. 그것은 도저히 불가능할 뿐만 아니라, 어찌 보면 그러한 마음을 내는 것 자체가 부처님이 경계하신 또 다른 탐욕에 지나지 않을 수도 있기 때문이다. 부처님이 가르치신 수행법은 점차 닦음의 점수이다. 세존께서도 무량겁의 세월 동안 쉼 없는 보살행을 닦으신 결과로 무상정등정각을 성취하시여 마침내 삼계의 스승이 되셨음이 이를 증명하고 있다. 하물며 삼독심에 깊이 오염된 중생은 오죽하겠는가? 무시이래로 중생으로 살면서 익혔던 불선한 업습을 의지적인 노력의 수행을 통해서 작은 것부터 하나씩 하나씩 비우고 맑히는 것, 이것이 바로 점차 닦음의 수행이다. 이러한 의지적인 노력의 수행을 통해 자신의 불선한 업습을 선하게 다스리고 맑혀 마침내 탐진치 삼독심에서 벗어나 깨달음의 열반에 이르는 것이 바로 불교 수행의 바른 방향이고 궁극적인 목적인 것이다.

우리는 밖으로만 치달리는 마음의 빛을 돌이켜 자신의 불선한 업습이 무엇인가를 먼저 바르게 관찰할 수 있어야 한다. 곧 회광반조의 자기 성찰이 필요하다. 자기 자신에 대한 깊은 반조를 통해 자신의 불선한 업습을 바르게 알아차릴 수 있어야 한다. 그러한 알아차림을 전제로 의지적인 노력의 수행을 꾸준히 실천함으로써 우리는 점차적으로 인격적 변화를 이루어 마침내 수승한 저 깨달음의 열반에 도달할 수 있게 되는 것이다. 오직 쉼 없는 점수의 향상일로의 수행이 필요할 뿐이다.

스승과 도반과 도량

　다른 종교에 비해 불교는 개인적 수행을 특히 강조한다. 진리의 깨침과 구원이 어떤 외부의 절대적 존재나 전지전능한 유일신에 의해서 이루어지는 것으로 보는 다른 종교와는 달리, 불교는 우리들의 마음이 바로 절대자요, 전능한 신이요, 무량한 복덕을 갖춘 부처님이요, 진리의 보고라는 믿음을 갖는다. 따라서 이러한 마음에 대한 공부와 깨침이야말로 모든 고통으로부터 자기를 해방시키는 일이자, 행복과 즐거움을 얻는 길이며, 궁극적으로 생사윤회의 굴레로부터 벗어나는 해탈과 구원의 길임을 믿는 것이다.

　내 마음이 어두우면 이 세상 모두가 어둡게 보인다. 내 마음이 밝고 기쁘면 또한 세상 모두가 밝고 기쁘게 느껴진다. 같은 사람과 물건이라도 좋아함과 싫어함이 각기 다를 수밖에 없다. 좋아하는 종교와 이념, 옷과 음식, 음악과 취향이 각기 다르다. 많은 것을 소유했어도 만족함이 없으면 나는 늘 부족하여 불행할 수밖에 없고, 비록 적게 소유했어도 내 마음에 족함이 있으면 나는 넉넉한 행복을 느낄 수 있다. 고래 등같이 넓은 집에 살고 값비싼 외제 승용차를 타고 기름진 음식을 먹고 고급 옷을 걸치더라도 마음에 족함이 없으면, 그 사람은 늘 부족하여 또 다른 행복의 조건을 찾아 탐욕의 마음을 일으킨다. 반대로 발 하나 뻗을 만한 비좁은 초막에 살고 남루한 옷을 걸치고 거친 음식으로 배를 채워도 마음에 족함을 얻으면, 그 사람은 언제나 넉넉한 마음에 행복을 느끼며 살 수 있는 것이다. 인간의 희로애락이 바로 마음에 근본하고 있으며 모든 것이 일차적으로 마음에서 창조되고, 마음에서 비롯됨을 알 수 있는 것이다. 수행은 바로 이러한 마음에 대한 통찰과 공부라고 할 수 있다. 모든 것의 근본이 되고 주인이 되는 이 마음의 실체와 본모습을 찾고, 깨달아 궁극적으로 해탈과 열반에 이르고자 하는 것이 바로 수행의 목적인 것이다. 이러한 마음공부와 수행을 실천해 나가는 데에 기본적으로 꼭 필요하다고 생각되는 세 가지 필요조건이 있다.

첫째, 자신을 바른 깨달음의 길로 인도하고 정법의 가르침을 줄 수 있는 훌륭한 스승을 모시는 일이다. 모든 불자에게 있어 가장 훌륭한 근본 스승은 바로 석가세존이시다. 예불의식에서 표현되고 있는 '나무 삼계도사 사생자부 시아본사 석가모니불(南無 三界道師 四生慈父 是我本師 釋迦牟尼佛)'이라는 표현은 석가세존이 곧 모든 중생들을 깨달음으로 인도하기 위해 법을 가르치시는 근본 스승이심을 표현하고 있는 찬탄이라 할 수 있다. 당연히 모든 불자들은 이러한 세존을 근본 스승으로 모시어 가르침을 배워야 하고 그 가르침에 따라 수행하며 삶을 살아야 한다. 또한 자비심으로 그 가르침을 이웃에 전하여 중생을 구원하는 데 앞장서야 한다. 그러나 그러한 석가세존은 이미 열반하시어 무불 시대(無佛時代)인 현세에 있어서는 무형의 법신불(法身佛)로 존재하실 뿐, 불행하게도 우리는 직접 생불의 부처님을 친견하여 그분의 법음法音을 들을 수 있는 소중한 인연을 만나지 못했다. 부처님이 설하신 가르침만이 남아 있는 현 시대에 다행히 우리는 부처님의 가르침을 좇아 수행의 길에 나선 훌륭한 스승들을 만날 수가 있다. 큰 나무 밑에서는 큰 나무가 자랄 수 없지만, 큰 인물 밑에서는 훌륭한 인물이 태어날 수 있다는 격언이 있다. 긴 여정인 수행의 길에 있어 자신을 깨달음의 길로 바르게 인도해 주실 훌륭한 스승을 모시는 일이야말로 가장 중요한 요소가 될 것이다.

　석가세존의 사리자, 아난, 수보리, 목건련 등의 10대 제자와 예수의 베드로, 마태오, 요한, 야고보 등의 12제자, 그리고 공자의 자로(子路), 염유(冉有), 안회(顔回), 자공(子貢) 등 이른바 '칠십이현(七十二賢)'이라고 불리는 제자들은 붓다와 예수와 공자라는 큰 스승을 만남으로써 종교사에 빛나는 훌륭한 성인의 경지에 오를 수 있었다. 또한 중국 선종의 제2대 조사인 혜가 선사(慧可禪師: 487~593)는 출가하여 오랫동안 여러 곳을 헤매다가 인도에서 건너온 달마라는 큰 스승을 만남으로써 마음의 깨침을 얻었으며, 신라의 원효 대사는 무명의 대안(大安) 대사를 만남으로써 불교에 대한 새로운 시각을 얻어 시정의 중생들과 동고동락하는 무애행을 실천하며 마침내 훌륭한 성인의 경지에 이를 수 있었다. 또한 임진왜란 때 비록 출가사문의 신분이지만 의병 대장이 되어 나라를 구하는 데 앞장섰던 사명 대사는 서산이라는 당대의 큰 거목을 만남으로써 나라를 구하는 동량이 될 수 있었다. 이처럼 한 사람의 훌륭한 스승을 만남으로 해서 개인이 얼마만큼 큰 감화의 가르침을 받아 변화할 수 있는 것인가에 대한 예는 지난 역사 속에서, 그리고 현재 우리가 살고 있는 이 시대에 있어서도 얼마든지 목도할 수 있는 교훈인 것이다.

불교에서는 스승에 대한 호칭이 비교적 매우 다양하다. 먼저 삼계(三界: 욕계, 색계, 무색계)의 스승이신 석가모니불에 대한 호칭에 있어서는 크게 열 가지를 들 수 있다. '여래(如來, tathāgata: 열반에 이르신 분), 응공(應供, Arahan, 마땅히 공양을 받을 만한 분), 정변지(正便知, Samā-saṃbuddha: 바르게 깨달으신 분), 명행족(明行足, vijjācaraṇasampanna: 명지와 실천을 구족하신 분), 선서(善逝, Sugata: 피안으로 잘 가신 분), 세간해(世間解, Lokavidū: 세상을 잘 아시는 분), 무상사(無上師, Anuttara: 가장 높으신 스승), 조어장부(調御丈夫, Purisadammasārathi: 사람을 잘 길들이시는 분), 천인사(天人師, satthā devamanussanarn: 신과 인간의 스승), 불세존(佛世尊, Buddha Bhagavā: 부처님이시며 세상에서 가장 존귀하신 분)'이 바로 그것이다. 이를 보통 '여래 십호'라고 한다. 일반 스님들에 대한 호칭도 그 수행 이력과 가르침의 지위에 따라 여러 가지로 불리어지고 있다. 먼저 처음 출가하여 개인적인 스승과 제자의 첫 인연을 맺음으로써 부르게 되는 은사(恩師)를 비롯하여, 참선을 수행하는 선방과 계율을 닦는 율원, 그리고 경학을 공부하는 강원이 있다. 그리고 이들 세 가지 수행처를 갖춘 총림(叢林)의 최고 어른을 호칭하는 방장(方丈), 선방의 최고 어른으로서 후학들에게 참선을 지도하는 큰스님을 부르는 조실(祖室), 철저한 지계행(持戒行)을 통해 계율을 지도하는 스님을 호칭하는 율사(律師), 설법을 통하여 부처님 교법을 가르치는 스님을 부르는 법사(法師), 법력이 높은 선승을 호칭해 부르는 선사(禪師) 등의 호칭이 바로 그것이다.

수행과 신행에 있어 스승은 마치 속가의 부모님과 같다고 할 수 있다. 부모는 자녀를 건강하게 양육시키고 바른 삶을 살도록 가르치고 보살펴주신다. 자애로운 부모의 훈육이 있어야만 자식은 바르게 성장할 수 있다. 마찬가지로 스승은 제자를 부모처럼 정신적으로 양육시키며 진리를 가르치고 또한 깨달음의 길로 친절히 인도한다. 지혜와 덕을 갖춘 훌륭한 스승 밑에서 눈 푸른 제자가 길러질 수 있다. 자신을 부처님의 바른 정법으로 인도하고 올바른 수행과 신행을 실천할 수 있도록 지도해 줄 수 있는 훌륭한 스승을 만나고, 또 그러한 분을 모시며 공부할 수 있는 것은 그 무엇보다도 중요한 큰 인연과 복이라 할 수 있다. 그런데 이러한 훌륭한 스승을 만나고 또 모시는 일에 있어 우선적인 것은 부처님 법을 적극적으로 배우고 실천하고자 하는 자신의 깊은 신심과 굳은 의지이다. 불법에 대한 깊은 신심과 어떠한 시련과 고난에도 결코 물러나지 않으려는 굳센 의지가 있을 때, 자신을 저 피안의 바른 깨달음의 경지에 이를 수 있도록 자애롭게 인도해 주실 훌륭한 선지식을 만날 인연을 얻게 되는 것이다. 한편으로 다행히 우리가 훌륭한 스승을 모실 수 있는 소중한 인연을 얻었다면, 우리는 그러한 스승을 부모님을 섬기듯 정성과 믿음으로 모시어 그분의 행과 가르침을 성실히 배우고 실천해야만 한다. 부처님은 이렇듯 우리가 스승을 모시고 공부하는 데 있어 다음과 같이 다섯 가지 실천을 가르치고 계시다.

"제자가 스승을 공경함에 다섯 가지(五事)가 있으니,

첫째는, 스승의 필요한 물건을 받들어 모심이요,

둘째는, 예의로서 공경하고 공양함이요,

셋째는, 항상 존중하여 우러러봄이요,

넷째는, 스승의 가르침을 공경히 따라서 어긋나지 않음이요,

다섯째는, 스승을 따라 법을 물어서 잘 지니고 잊지 않음이니라."

- 『장아함경』

둘째, 서로 탁마하며 수행의 길을 함께 할 수 있는 훌륭한 도반을 만나는 일이다. '친구 따라 강남 간다'라는 속담이 있다. 수행과 신행의 길에 있어서 훌륭한 스승을 만나는 것 못지않게 중요한 요소는 바로 서로 탁마하고 동고동락하며 함께 진리의 길을 걸어갈 수 있는 훌륭한 친구를 만나는 것이라 할 수 있다. 불교에서는 삼보에 귀의해 함께 수행의 길에 나선 동료들을 진리를 함께 배워가는 반려자라는 의미에서 '도반(道伴)', '선우(善友)', '법우(法友)'라고 부른다. 일반 사회생활에서도 마찬가지겠으나, 수행과 신행을 해나가는 데에도 함께하는 도반의 역할은 매우 중요하다. 함께 진리를 논하고 실천하며, 정사(正邪)를 가려 바른 길로 인도하고, 수행의 험한 노정에서 힘들고 어려워할 때 서로 용기와 정진의 힘을 보태줄 수 있는 사람이 바로 도반이기 때문이다. 지금 내 주위에서 나와 함께하고 있는 사람들이 과연 어떠한 생각과 믿음을 갖고 있는 사람들인가에 따라 나 역시 그들의 영향을 크게 받을 수 있다. 과연 그들이 부처님 가르침에 대한 바른 믿음과 신행을 실천하는 사람들인지, '상구보리,

하화중생'이라는 불교의 근본 원행(願行)을 충실히 실천하고자 하는 사람들인지, 아니면 종교인이라는 혹은 수행자라는 허명 하에 개인의 이익과 안일만을 추구하는 사람들인지, 또 부처님의 바른 가르침을 외면하고 오로지 개인적 기복 신앙에만 매달려 사는 낮은 경계의 사람들은 아닌지, 우리는 지혜롭게 살펴볼 줄 알아야 하고 또 바르게 취사선택해야 하는 것이다. 스님이 되고자 출가하여 예비수행승 신분으로 교육받는 행자가 처음 배우는 『초발심자경문(初發心自敬文)』이라는 책 첫 구절에서도 제일 먼저 가르치고 있는 것이 바로 아래와 같은 당부이다.

"처음 신심을 일으켜 출가한 사람은
반드시 악한 벗을 멀리하고,
어질고 선한 이를 가까이 함께해야 한다."

오욕락(五慾樂: 식욕, 수면욕, 성욕, 재물욕, 명예욕)을 좇아 사는 세속과의 업연(業緣)을 끊고 참된 진리의 삶을 함께 살아갈 수 있는 착한 벗과 불법의 가르침을 배울 수 있는 어진 스승들을 모시고 정진해야 함을 강조하는 가르침이다. 부처님께서도 『상응부경전(相應部經典)』에서 도반의 중요성에 대해 아난존자에게 다음과 같이 말씀하고 계시다.

"대덕이시여, 곰곰이 헤아려 보건대 착한 벗이 있고, 착한 동료와 함께 있다는 것은 이 성스러운 길의 절반에 해당된다고 생각합니다. 이런 저의 생각은 어떻습니까?"

세존께서 말씀하셨다. "아난다야, 그것은 잘못이다. 그렇게 말해서는 안 된다. 착한 벗이 있고, 착한 동료와 함께 있다는 것은 이 성스러운 길의 전부이니라."

"절반이 아닌 성스러운 길의 전부다." 이것이 부처님께서 정의하신 도반에 대한 생각이셨다. 구도의 길에 있어서 함께 정진하는 도반의 역할과 위치가 얼마만큼 중요하고 또 가치 있는 것인가를 단적으로 가르치고 있는 내용이다. 그런데 여기서 중요한 것은 내가 훌륭한 도반을 얻기 위해서는 나 또한 상대에게 선량한 도반이 될 수 있도록 노력해야만 한다는 사실일 것이다. 스스로가 불법승 삼보에 대한 깊은 신심을 갖추고 철저히 계율을 지키며, 진리의 깨침을 위해 정법을 실천하는 올곧은 수행자가 되고자 했을 때, 스스로도 자연적으로 그러한 도반들을 만날 수 있는 인연을 갖게 된다는 의미이다. 한편으로 불법을 수행하는 부처님의 제자로서 서로 간에 훌륭한 도반이 되기 위해서는 함께 지켜야만 할 기본적인 원칙이 있다. 그러한 원칙으로 부처님은 이른바 '육화합법(六和合法)'이라고 하는 다음과 같이 여섯 가지를 당부하셨다.

"여기 기억하고 존중해야 할 여섯 가지 화합하는 법이 있다.
이 법에 의지하여 화합하고 다투는 일이 없도록 해야만 한다.
첫째, 같은 계율을 같이 지켜야 한다.
둘째, 의견을 같이 맞춰야 한다.
셋째, 받은 공양을 똑같이 수용해야 한다.

넷째, 한 장소에 모여 함께 살아가야 한다.
다섯째, 항상 서로 자비롭게 말해야 한다.
여섯째, 남의 뜻을 존중해야 한다."

- 『사분율(四分律)』

셋째, 정법이 가르쳐지고 실천되는 좋은 공부 도량을 갖는 일이다. 맹자의 어머니는 어린 맹자를 교육함에 있어 좋은 교육 조건을 찾아 세 번이나 이사를 했다고 해서 '맹모삼천(孟母三遷之敎)'이라는 말이 생겼다. 사랑과 화목이 넘치는 가정 환경에서 성장한 사람과 그렇지 못한 열악한 가정 환경에서 자라난 사람은 여러 가지 면에서 다른 성품과 언행의 차이를 드러내게 된다. 향을 쌌던 종이에서는 향내가 나고 생선을 묶었던 끈에서는 비린내가 날 수밖에 없는 것과 같은 이치이다. 또한 꽃이 있는 화원에서는 꽃향기가 몸에 배지만, 오물이 쌓여 있는 쓰레기장에서는 역겨운 악취가 묻어날 수밖에 없는 것과 같다. 사람은 누구나가 자신도 인지하지 못하는 사이에 환경의 영향을 크게 받기 마련이다. 그 사람이 몸담고 살아가는 환경에 따라 향내를 풍기는 아름다운 사람이 될 수도, 그렇지 않으면 악취를 풍기는 불선한 사람도 될 수도 있다. 수행과 신행에 있어서도 그 공부하는 환경(道場)은 매우 중요한 요소라고 할 수 있다. 물론 수행자에게 있어서는 '처처불상(處處佛像)이요, 사사불공(事事佛供)'이라는 가르침처럼, 머물러 사는 어느 곳이든지 부처님이 계신 수행처이고 하는 모든 일들이 부처님과 이웃을 공양하는 수행이라고 할 수도 있을 것이다. 하지만 신심이 깊지 못하고 근기가 아둔한 사람에게 있어서는 분명 신심을 키우고 바른 가르침을 배울 수 있는 훌륭한 도량이 필요하다.

그렇다면 과연 훌륭한 도량은 어떠한 도량을 의미하는 것일까? 단정적으로 어떤 도량이 훌륭한 도량이라고 말할 수는 없겠으나, 앞서 언급했듯이 무엇보다 먼저 우리들을 바른 수행과 신행으로 이끌어 주시고 지도해 주실 수 있는 선지식의 스승이 계신 곳이라 할 수 있다. 두 번째로는 함께 정진하고 서로 탁마할 수 있는 선량한 도반들이 모여 있는 곳이라 할 수 있다. 세 번째로는 부처님의 정법이 가르쳐지고 실천되는 도량이라고 할 수 있다. 가르침을 주실 훌륭한 스승님이 계시고, 또한 서로 탁마하며 정진 수행할 수 있는 선량한 도반들이 모여 있고, 부처님의 정법이 가르쳐지고 실천되는 도량이라면, 그 곳이 바로 훌륭한 도량이라 말할 수 있다. 제아무리 세계 제일, 동양 제일의 이름이 붙은 거대한 불상과 국보급의 값비싼 보물이 모셔져 있거나 웅장한 건물 누각과 오색단청과 희귀한 수목으로 아름답게 장엄된 드넓은 도량이라고 하더라도 그곳에 위에 언급한 요소들이 갖춰져 있지 않다면, 그곳은 단지 박물관이나 전시관과 같이 사람들이 그냥 스쳐지나가는 생명 없는 공간은 될지언정 진리가 살아 숨 쉬는 훌륭한 도량은 될 수 없는 것이다. 비록 허름한 전각 속에 작은 불보살님이 모셔져 있고, 외지고 비좁은 도량이라 하더라도 큰 자비와 밝은 지혜안목을 갖추신 선지식이 주석하고, 눈 푸른 구도자들이 정진에 밤을 새우고, 사부대중을 위해 부처님의 정법이 널리 포교되고 있는 도량이라면 그곳이야말로 수행자가 찾고 머물러야 할 훌륭한 도량이라 할 수 있다.

수행자들이 여름 한철과 겨울 한철, 일 년에 두 차례씩 갖게 되는 안거(安居) 기간 동안에 자신의 몸을 의탁해 수행할 수 있는 훌륭한 도량을 찾는 데 정성을 기울이고 크게 신경을 쓰는 것도 바로 수행 도량의 중요성을 잘 알기 때문이다. 재가 불자에게 있어서도 신심을 키우고 바른 신행을 실천할 수 있는 이 같은 도량을 찾는 것은 매우 중요한 요소이다. 훌륭한 도량에 몸담아 수행과 신행을 이끌어 갈 때, 향기가 몸에 배듯 자연스럽게 바른 불자의 모습과 자세를 익히고 훈습할 수 있고, 또한 부처님의 정법을 깨닫고 실천할 수 있는 소중한 믿음과 인연을 향상시켜 나갈 수 있기 때문이다.

　훌륭한 스승과 선량한 도반, 그리고 정법이 실천되는 도량이 우리들이 수행과 신행을 실천해 나가는 데 있어 없어서는 안 될 중요한 요소임을 살펴보았지만, 여기서 한 가지 되돌아보아야 할 중요한 사항이 있다. 바로 이 세 가지 요소가 나를 벗어난 외부에만 존재하는 것이 아니라는 사실이다. 모든 수행자는 본인 스스로가 그러한 세 가지 조건의 당사자가 될 수 있도록 노력해야 한다. 본인 스스로가 게으름 없이 계정혜 삼학을 닦는 올곧은 수행자가 되어 다른 사람들에게 훌륭한 스승, 선한 도반, 무량한 지혜와 공덕을 갖춘 넉넉한 자비 도량이 되어야 하는 것이다.

수행자의 발원과 기도

불교적 관점에서 보면 모든 존재는 불변한 실체로서의 독립적인 존재가 아니다. 서로가 서로를 의지함으로써 존재할 수밖에 없는 상의상관(相依相關)하는 연기적 존재일 뿐이다.

예컨대 여기 한 그루의 나무가 있다고 하자. 겉으로는 그 나무가 비록 독립적인 나무의 씨앗, 혹은 묘목에서 성장하여 현재의 나무를 이루고 있다고 보이지만, 실은 물과 대지와 거름과 공기와 햇빛과 바람을 비롯한 수많은 자연적인 요소가 서로 의지하고 관련을 맺어 하나로 어우러지고 연기하여 현재의 나무를 이루고 있는 것이다. 결과적으로 한 그루의 나무에는 물, 땅, 거름, 햇빛, 공기, 바람을 비롯한 수많은 자연적인 요소가 함께 담겨 겉으로 하나의 형체를 이루고 있는 것이다. 사람을 비롯한 모든 유형, 무형의 존재 역시도 이 같은 이치에서 벗어나지 않는다. 무수한 요소가 상의상관적으로 하나로 연기하여 현재의 개별적 존재를 이루고 있으며, 그러한 연기적 존재는 시간이 흐름에 따라 다시 변화하고 소멸하고 흩어져 또 다른 존재들로 거듭 생멸을 이어가고 있는 것이다.

모든 존재가 서로 간에 인연으로 작용하여 현재의 모습을 이루고 있다는 사실은 곧 모든 존재가 비록 겉으로 보기엔 서로 다른 개별적인 존재이지만, 그 깊은 내면에 있어서는 서로서로 공명(共鳴)하고 서로서로 감응(感應)을 주고받을 수 있는 한마음(一心), 한 몸(同體)으로 존재하고 있음을 의미한다. 이는 이름 없는 잡초, 물, 지렁이 등과 같은 생명이 있는 모든 존재는 사람의 마음에 따라 모두가 서로 공명하며 감응한다는 것에서도 확인할 수 있다. 예컨대 사람이 좋아하는 음악을 정성스러운 마음으로 어느 특정한 식물에게 일정하게 반복해서 들려주면 그 식물은 다른 식물에 비해 성장 속도가 빠르고 튼실할 뿐만 아니라, 건강하여 병충해에도 강하다는 것이 증명되고 있다. 좋은 음악에 대한 사람과 식물의 감응과 공명이 서로 같음을 증명하고 있는 것이다.

　이심전심(以心傳心)이다. 우리가 그 누군가를 위해서 정성스러운 마음으로 기도하면, 그 기도하는 선한 마음의 에너지는 상대에게 그대로 전해져서 그 누군가가 그만큼 감응하고 공명하게 된다. 만약 내가 그 누군가가 잘되기를, 평안하고 행복하기를, 성장하기를, 고통 없기를, 원하는 바가 이루어지기를 간절하고 정성스러운 마음으로 기도하고 발원하면 그러한 기도와 발원의 선한 에너지는 그대로 상대를 감응시키고 공명하게 하여 상대에게 좋은 변화를 가져오게 만들 수 있는 것이다.

　일체중생 속에는 나 자신과 가족을 비롯한 모든 인연들이 포함되어 있다. 까닭에 내가 모든 중생을 위하여 한 번 염송(念誦)하는 관세음보살,

지장보살, 나무아미타불, 대비주, 고요한 들숨과 날숨 모두가 일체중생을 이익되게 한다. 단 한 번만이라도 일체중생의 고통을 생각하고 행복하기를 발원하고 기도한다면, 그 순간만큼은 내가 곧 신통변화를 일으키는 거룩한 불보살로 화현하는 것이다.

한 사람을 위하여 발원하고 기도하면 한 사람이 감응하고 공명한다.

열 사람을 위하여 발원하고 기도하면 열 사람이 감응하고 공명한다.

천 사람을 위하여 발원하고 기도하면 천 사람이 감응하고 공명한다.

일체중생을 위하여 발원하고 기도하면 일체중생이 감응하고 공명한다.

불법승 삼보를 믿고 의지하여 바른 불자의 삶을 살고자 하는 모든 수행자는 언제 어느 때나 일체중생을 위하여 발원하고 기도해야 한다. 자비롭고 선한 마음으로 나와 남을 위해서 수행과 자비행을 게을리하지 말아야 한다.

수행자의 첫 번째 덕목

　그릇에 새로운 음식을 담기 위해서는 먼저 담겨져 있던 음식을 깨끗이 비워야 한다. 겨울을 지난 초목이 새로운 봄을 맞이하여 초록의 새싹과 향기로운 꽃을 피우기 위해서는 기존의 모든 잎과 열매를 미련 없이 털어내야 한다. 마찬가지로 마음에 새로운 진리를 담고 향상시키기 위해서는 무엇보다 먼저 기존에 가졌던 세속적인 생각과 가치를 깨끗이 비우고 털어내야 한다. 까닭에 참된 진리의 깨침과 자기 변화를 위해 진리 탐구의 길에 나선 수행자의 첫 번째 덕목은 바로 자신을 낮추고 비우는 하심(下心)이고 겸손함이다.

　수행자는 밖에서 그 무엇을 찾고 얻는 것이 아니라, 자신의 내면을 성찰하고 통찰하여 자신에게서 진리를 찾고 성취해야 한다. 따라서 수행자는 무엇보다 먼저 자신을 주장하고 드러내는 아상을 버리고 한없이 자신을 비우고 낮추고자 노력해야 한다. 자신을 비우고 낮추는 것 없이는 그 무엇도 새롭게 얻고 채울 수 없기 때문이다. 눈은 자신의 눈 자체를 볼 수 없고 거울은 자신의 거울 자체를 비출 수 없다. 아상(我相)이 높은 사람은 눈과 거울처럼 자신의 내면에서 일어나는 불선한 번뇌와 불선한 행위 자체를 알아차리기 어렵다. 아상이 자신의 내면을 성찰하고 통찰하는 데 장애가 되기 때문이다. 간혹 이름 있는 수행자, 선승, 종교 지도자, 명상 지도자 등을 자처하는 사람들 중에 유독 아상과 자기 과시를 드러내는 사람들이 있다. 거만한 얼굴과 근엄한 모습으로 대중을 하대하고 가르치려 하며 높이 대접받고 공경받기를 강요하기도 한다. '벼는 익을수록 고개를 숙인다'는 속담처럼 결코 바람직스러운 처신이라 할 수 없고, 결코 참된 진리의 깨침을 통해 인격완성을 이룬 사람이라고 평가할 수 없다. 자신을 한없이 낮추고 비우고자 노력하는 수행자가 아름답다. 남의 허물을 찾고 보기에 앞서 자신의 부족함과 허물을 먼저 살펴 성심으로 반성과 참회를 실천할 줄 아는 수행자가 참된 수행자이다. 마치 자애로운 이웃집 할아버지처럼 누구나 쉽게 다가가고 마주할 수 있는 겸손하고 자애로운 수행자가 인격 완성을 이룬 현자이다. 무량한 지혜와 자비로 중생을 제도하셨던 석가세존 붓다와 21세기 살아있는 현존 관음보살로 추앙되고 존경받고 있는 달라이 라마 존자 같은 분이 바로 그러한 수행자의 모범적인 모습이다. 불자와 수행자를 자처하는 사람들 또한 이 같은 수행자의 모범적 모습을 배우고 닮기 위해 늘 자신을 성찰하고 점검해야 한다.

무명과 아상

붓다의 담마를 배우고 닦는 수행자에게 있어 가장 버리기 어려운 것은 바로 자기 자신에 대한 에고니즘(agonism)이다. 불교적인 표현을 든다면 곧 아상(我相, 아트만 삼즈냐 ātma saṃjñā)과 유신견(有身見, 사까야딧띠 sakaya ditti), 그리고 자만(自慢, 마나 mana)이 아닐까 한다. 아상과 유신견은 모두 불변한 실체로서의 영원한 자아, 내가 있다고 그릇되게 생각하는 관념이고, 이러한 관념을 의지해 자신이 남보다 뛰어나고 잘났다고 내세우는 마음이 자만심이다. 모든 법이 무상하고, 괴로움이며 고정된 실체가 없는 무아라는 붓다의 가르침을 배웠음에도 불구하고 자신을 주장하고 내세우며 애착하는 자신에 대한 아상과 에고를 쉽게 버리고 놓지 못하는 것 또한 바로 이러한 번뇌의 마음을 지니고 있기 때문이다.

수행자가 본분을 벗어나 세속적인 명리를 좇고, 물질에 대한 욕심을 놓지 못하고, 항상 그 무엇인가를 이루고 얻기 위해 동분서주하는 것은 결국 수행자 마음의 근저에 자신을 철저히 비우고 놓지 못하는 이기적인 아상과 에고가 굳건히 자리 잡고 있기 때문이다. 그렇다면 자신에 대한 아상과 에고는 어디에서부터 비롯되는 것일까? 바로 붓다께서 강조하여 가르치셨던 모든 괴로움(dhukka, 苦)의 근본 원인이 된다는 무명과 갈애일 것이다. 무명은 중생의 모든 괴로움(苦)과 그러한 괴로움이 발생하게 되는 원인(集), 그리고 괴로움의 소멸을 통해 얻게 되는 해탈, 열반(滅)과 거기에 이르게 하는 바른 길(道)에 대한 무지를 말한다. 곧 붓다께서 가르치신 네 가지 성스러운 진리인 사성제의 진리를 바르게 이해하고 알지 못하는 어리석은 마음이다. 갈애는 그러한 어리석은 마음을 바탕으로 일어나는 끝없는 욕망의 마음, 불만족의 마음, 탐애의 마음이다. 무명과 갈애라고 하는 두 가지 마음이 원인이 되고 조건이 되어 결국은 자신에 대한 자상(自相)을 세우고 이기적인 에고에 빠지게 되는 것이다.

결국 아상과 에고를 버리기 위해서는 그 무엇보다 먼저 사성제에 대한 바른 이해와 깨침을 통한 무명과 갈애에서 벗어나야 한다. 아무리 많은 붓다의 담마를 오래 배우고 닦는다고 해도 저 뿌리 깊은 무명과 갈애에서 철저히 벗어나지 못하는 이상, 자신에 대한 그릇된 관념인 아상과 이기적인 에고를 비우고 놓기란 참으로 요원한 일이 될 수밖에 없다.

무아상과 하심

사람들 중에는 유난히 자기의 의견을 주장하고 세우는 아상이 강한 사람이 있다. 당연히 이런 사람들은 자신의 사적인 생각과 주장을 앞세워 다른 사람의 견해와 생각을 무시하는 경향이 강하다. 이런 사람들은 언제나 자신의 생각과 의견이 옳음을 앞세우기에 다른 사람과 불화를 일으키는 경우가 많다. 사람과 사람의 대화는 서로의 견해와 생각을 경청해 주고 존중해 주는 것에서 시작된다. 따라서 자신의 생각과 견해를 내세우기 좋아하는 사람과는 진지한 대화의 소통이 불가능할 수밖에 없다. 애당초 다른 사람의 견해와 생각을 경청하고 받아들일 준비가 전혀 되어 있지 않은 사람과의 대화는 언제나 피곤하고 부질없게 느껴진다.

여기서 난센스 문제 하나를 내보자! 이 세상에 존재하는 사과의 맛은 과연 몇 종류나 될까? 대답은 '이 세상에 존재하는 사람의 숫자만큼'이다. 사람이 비록 비슷한 형상을 갖추고 있다고 해도, 사람마다 마음과 그 마음이 일으키는 생각과 의견만큼은 각기 다를 수밖에 없다. 이 세상에서 언제 어느 때나 한결같이 같은 마음과 같은 생각, 같은 견해를 가지고 있는 사람은 단 한 사람도 있을 수 없는 것이다. 설사 같은 엄마의 태중에서 같은 장소, 같은 시간에 태어난 일란성 쌍둥이 형제와 자매라고 하더라도 역시 마찬가지이다. 이런 이치에서 이 세상에 존재하는 사과의 맛 또한 이 세상에 존재하는 사람의 수만큼이나 많을 수밖에 없다는 것이다. 같은 사과를 가지고도 그 맛에 대한 생각과 느낌은 사람마다 각기 다를 수밖에 없기 때문이다. 가족, 친구, 회사의 동료 간에, 혹은 특정한 모임과 집단의 구성원 간에 생기는 의견의 대립과 충돌은 어쩌면 당연한 것이라 할 수 있다. 살펴본 것처럼 사람마다 마음과 견해가 각기 다르기 때문이다. 문제는 이러한 평범한 이치를 간과하고 어느 한 사람, 한 리더, 한 집단이 자신의 생각과 견해만이 옳다고 주장하고 내세우는 경우일 것이다. 이러한 경우 불화와 다툼은 물론, 더 나아가 적대적 증오와 폭력적 행위가 발생함은 어쩌면 당연한 귀결이다.

불교에서 '일수사견(一水四見)'이라는 말이 전해오고 있다. 곧 '물(水)'이라는 같은 대상을 봄에 있어 천인들은 그것을 보물이 가득 찬 연못으로 보고, 인간들은 다만 물로 보며, 성내는 마음으로 싸우기를 좋아하는 아귀는 이것을 피고름으로 보고, 물속에 사는 어류는 자신들이 사는 집으로 본다는 것이다. 말하자면 똑같은 사물과 환경도 보는 주체의 마음에 따라 이와 같이 각기 전혀 달리 보인다(對於同一境界, 由於見者心, 識之不同)는 의미이다.

가족, 친구, 회사 동료, 집단의 구성원을 비롯한 모든 사회 구성원 간의 갈등과 불화는 대부분 서로의 생각, 가치관의 다름과 이해관계의 충돌에서 비롯된다. 서로 간의 화합과 소통과 행복을 위해서는 무엇보다 나와 남이 서로 다를 수밖에 없다는 평범한 이치를 깨닫고 받아들이는 것이 필요하다. 더불어 우리 모두는 마치 대나무 숲의 뿌리가 서로 연결되어 있듯이 겉으로 보기엔 독립된 존재 같아 보이지만, 모든 인연들이 서로를 의지하고 서로에게 도움을 주고받으며 함께 살아갈 수밖에 없는 상의상관(相依相關的)하는 연기적 존재임을 자각하는 것도 중요하다.

붓다의 법을 배우고 닦는 불자, 수행자가 나를 비우고 낮추는 무아상(無我相)과 하심의 실천은 진리의 깨달음뿐만 아니라, 가정과 사회의 구성원으로 살아가는 데 있어서도 매우 중요한 실천 덕목이 아닐 수 없다. 자기 비움과 낮춤과 이해와 열린 마음만이 우리 모두를 갈등과 다툼 없는 더불어 평화롭고 행복한 관계로 이끌어줄 수 있을 것이다.

싸띠 수행

우리의 모든 육체적 감각 기관(六根: 눈眼, 귀耳, 코鼻, 혀舌, 몸身, 생각意)은 항상 밖을 향해 열려있다. 곧 밖의 경계 대상(六境: 형상色, 소리聲, 향香, 맛味, 감촉觸, 마음의 대상法)에 유혹되고 이끌리고 있는 것이다. 눈은 형상의 색을 좇고, 귀는 소리를 좇고, 코는 향기를 좇고, 혀는 맛을 좇고, 몸은 신체적 감촉을 좇고 생각은 마음의 대상인 법을 좇는 것이다.

싸띠(sati, 正念)는 이렇듯 밖으로 항상 대상을 좇는 육체적, 정신적 감각 기관을 안으로 거둬들여 자신의 몸(身)과 느낌(受)과 마음(心)과 마음의 대상인 법(法)이라고 하는 네 가지 대상(四念處)을 객관적인 관찰자로서 알아차리는 것을 의미한다. 현재 자신의 몸과 마음에서 일어나는 호흡을 중심으로 한 현상을, 느낌을, 마음의 모든 변화를, 마음이 좇는 법을 매 순간 놓치지 않고 알아차리는 수행이 바로 싸띠 수행이다. 팔정도에서 이러한 싸띠 수행을 일곱 번째 수행법으로 제시하고 있다.

선가(禪家)의 가르침인 '빛을 돌이켜 자신의 내면을 비춰보라(廻光返照)', '고개를 되돌려 자신의 발밑을 살펴라(照顧脚下)', 생각이 일어나면 바로 깨달아라(念起卽覺)', '생각이 일어나면 바로 되돌려라(念起卽返)'라는 가르침 역시 알아차림의 수행인 이러한 싸띠 수행의 다른 표현에 지나지 않는다. 싸띠 수행이야말로 곧 불교 수행의 가장 기본적인 수행임과 동시에 가장 핵심적인 수행이기도 하다. 싸띠가 곧 위빠사나(Vipassanā)수행이고, 제법을 바르게 관찰하는 관수행(觀修行)이며, 반야를 닦는 지혜 수행인 것이다.

싸띠를 통해 제법을 바르게 알아차림으로써 우리는 제법의 실상이 곧 무상, 괴로움, 무아라고 하는 세 가지 법의 특성을 지니고 있음을 바르게 통찰할 수 있다. 더불어 그러한 존재의 실상을 바르게 깨닫게 됨으로 인하여 우리는 존재에 대한 탐욕과 애착과 시비의 분별에서 벗어나 자유롭고 평정한 삶을 살 수 있는 길을 찾게 된다.

알아차림과 내려놓기

 '걱정을 사서 한다'는 말이 있다. 안 해도 될 걱정을 괜히 미리 앞서 한다는 말이다. 사람은 살면서 언제나 근심 걱정과 번민을 놓지 못하는 경향이 있다. 모든 것을 풍족하게 갖추고 있어 아무 근심 걱정이 없을 것 같은 사람도 그 사람만의 개인적인 근심과 걱정은 있게 마련이다. 걱정과 근심의 내용도 사람들의 마음에 따라 다양하다. 돈, 건강, 학업, 취업, 승진, 명예, 사랑, 결혼, 우정, 갈등, 미움, 원망, 다툼, 시기, 질투, 불안, 우울, 들뜸….

 우리의 마음은 언제나 이와 같은 대상과 경계에 대한 번잡한 생각과 번민으로 한순간도 평화롭고 안정적이지 못하다. 설사 시끄러운 세상을 피해 산수 좋은 자연이나 심심산골에 들어가 눈과 귀를 닫고 살아도 이러한 번민과 걱정과 근심은 우리의 마음속에서 쉽게 떠나지 않고 맴돈다. 그렇다면 어떻게 해야 이러한 마음의 번뇌로부터 벗어나 자유로울 수 있을까? 바로 바르게 알아차림(正念, 싸띠 sati)과 놓아버림(放下着)이다. 알아차림은 어떠한 근심과 걱정과 번민의 생각이 마음에서 일어나면 그것이 바로 걱정과 근심과 번민임을 한순간 알아차려 바르게 깨닫는 것(念起卽覺)을 말한다. "아! 지금 내가 무엇을 근심 걱정하고 번민하고 있구나." 이렇게 자기의 생각을 객관화시켜 마치 무대 위에서 공연하는 배우를 객석에서 관람하듯 제삼자의 시각으로 스스로 깨달아 아는 것, 이것이 바로 바르게 알아차림을 하는 것이다.

 이렇게 자기의 생각을 바르게 알아차리는 순간, 앞서 생각했던 근심과 걱정과 번민의 생각은 한순간에 사라져버리게 된다. 왜냐하면 우리의 마음은 두 가지 마음을 동시에 일으킬 수 없기 때문이다. 앞에 이미 일어난 번뇌의 마음을 깨어있는 지혜의 마음으로 싸띠하는 순간, 앞에 일으킨 마음은 이미 사라지고 마는 것이다. 우리의 생각은 저 바다의 파도처럼 매 순간 생겨났다 사라진다. 마음의 찰나생(利那生) 찰나멸(利那滅)이다. 한순간 생겨났다 한순간 사라지는 것이 바로 우리의 마음이고 생각이기 때문이다. 그러한 찰나에 일어났다 사라지는 생각을 붙들고 집착하여 걱정과 근심과 번민을 놓지 못하고 괴로워하는 것은 우리의 어리석음(無明)과 강한 집착 때문이다. 우리의 마음에서 일으키는 모든 생각은 그저 한순간 생겨났다 사라지는 무상하고 실체 없는 흐름에 불과하다. 흘러가는 강물을 억지로 붙잡으려는 것은 자연의 이치를 거스르는 어리석은 짓에 지나지 않는다. 마찬가지로 우리의 찰나생, 찰나멸하는 마음의 온갖 생각들을 억지로 붙잡아두고 애착하여, 그것에 대하여 근심 걱정하고 번민하는 것 또한 지극히 어리석은 짓이다.

 자, 이제부터 자신이 어떠한 생각과 번민으로 괴롭고 불안하고 불편하다면, 그러한 생각이 한순간 일어났다 사라지는 마음의 흐름에 불과하다는 것을 바르게 알아차리자. 그리고 그러한 생각들이 마치 강물이 무심히 흘러가듯이 붙잡아 괴로워하지 말고 그냥 무심히 흘러가게 놓아버리자. 알아차림과 놓아버림, 모든 중생의 병을 깨끗이 치유하시는 대의왕(大醫王)이신 붓다께서 우리에게 내려주신 마음 병을 치료하는 명약의 처방이다.

음식에 대한 바른 알아차림

  음식은 나의 육신을 지켜주는 필요 양식이다. 나의 건강을 지켜 육체를 보존하고 또 온전히 살아가기 위해서 나는 어쩔 수 없이 음식을 먹어야만 한다. 그런데 내가 먹는 모든 음식의 식재료는 다름 아닌 다른 존재의 또 다른 소중한 몸이고 생명이다. 채소도 그렇고 고기 역시 그렇다. 모두 다른 존재의 몸이고 생명이다. 결과적으로 내 한 몸뚱이를 살리기 위해서 다른 생명을 부득이하게 먹고 소비하며 사는 것이다.

  부처님은 모든 존재는 부처님과 같은 진리의 성품(佛性)을 갖춘 성스러운 존재요, 단 하나뿐인 소중한 생명을 가진 천상천하의 존귀한 존재(唯我獨尊)임을 가르셨다. 까닭에 다른 생명을 심심풀이 놀잇감으로 삼거나, 자유를 빼앗아 가두거나, 자신의 욕구를 채우고 이익을 위해 괴롭히거나, 이유 없이 때리거나, 함부로 죽이는 것과 같은 일체의 불선한 행위를 하지 말라고 가르치셨다. 특히 생명을 죽이는 살생에 대해서는 불살생계를 정하시어 강력히 단속하셨다. 실상이 이렇다고 우리가 아무것도 먹기 않고 그냥 굶어 죽을 수는 없는 일이다. 건강을 지키고 육체를 보존하여 살기 위해서 먹어야만 하는 것이 어쩔 수 없는 현실이기 때문이다. 그렇다면 어찌해야 할까? 음식을 먹되 최소한으로 먹고, 음식의 재료도 가능하면 다른 생명을 죽여서 먹게 되는 육식을 피하고 줄이는 일이 그나마 최소한의 양심 있는 실천이 될 것이다.

"이 음식이 어디서 왔는가(計功多少量彼來處)?
내 덕행으로는 공양받기가 부끄럽네(忖己德行全缺應供).
마음의 온갖 욕심 버리고(防心離過貪等爲宗),
육신을 지탱하는 약으로 바르게 알아(正思良藥爲療形枯)
도업을 이루고자 이 음식을 받습니다(爲成道業應受此食)."

- 『오관게(五觀偈)』

"한 방울의 물에도 천지의 은혜가 스며있고,
한 알의 곡식에도 만인의 노고가 담겨있습니다.
이 음식으로 주림을 달래고,
몸과 마음을 바로 하여 중생을 위하여 봉사의 삶을 살겠습니다."

- 『일반적인 공양게』

"비구들이여, 그러면 비구는 어떻게 음식에서 적당한 양을 아는가?
비구들이여, 여기 비구는 지혜롭게 숙고하면서 음식을 수용한다.
그것은 즐기기 위해서도 아니며 소유하기 위해서도 아니며, 겉치레를 위해서도 아니며, 외양을 위해서도 아니며, 단지 이 몸을 지탱하고 유지하고 잔인함을 쉬고 청정 범행을 잘 지키기 위해서이다."

- 『마차 비유경(S35:239)』

부처님은 음식을 먹되 식도락을 위한 탐욕심으로 음식을 먹지 말고, 육체를 보존하여 오직 탐진치 삼독심을 벗어나 열반의 성취를 위한 목적으로 음식을 섭취할 것을 가르치셨다. 곧 도업(道業)의 성취를 위해 몸의 병을 치료하고 육체가 마르는 것을 예방하기 위한 '위료형고(爲療形枯)'의 목적으로만 음식을 섭취하라는 말씀이었다. 불법승 삼보를 믿고 따르는 불자는 부처님의 이러한 음식에 대한 가르침을 한시도 잊어서는 안 된다. 가능하면 적게 먹는 소식의 음식 습관을 길들이고, 특히나 탐욕심으로 식도락을 위해 다른 생명을 직접 죽여서 먹는 살생의 행위는 절대 해서는 안 된다. 더 나아가 육식의 양을 점차 줄여, 마침내는 육식을 하지 않도록 노력해야 한다. 이렇듯 불자는 음식을 마련할 때, 그리고 음식을 먹을 때, 매 순간 음식에 대한 바른 알아차림(正念, sati)을 놓쳐서는 안 된다.

수문장

　밖의 세상(境界)은 우리를 한시도 가만두지 않고 우리의 몸과 마음을 끊임없이 유혹한다. 때로는 아름다운 형색으로, 듣기 좋은 소리로, 달콤한 향기로, 혀를 녹이는 단맛으로, 부드러운 감촉으로, 마음에 즐거움을 주는 온갖 것으로 말이다. 그런데 우리는 이러한 세상의 가지가지의 유혹에 자신을 바르게 지키지 못해서 어떤 사람은 도둑이 되고, 사기꾼이 되고, 성폭행범이 되고, 노름꾼이 되고, 알코올 의존자가 되고, 뇌물 수수자가 되고, 자린고비가 되고, 마약사범이 되고, 폭력배가 되고, 지저분한 양아치가 되고, 명리의 노예가 되고, 잔인한 살인자가 되기도 한다. 모두가 세상의 유혹에 자신의 몸과 마음을 바르게 지키고 제어하지 못한 어리석은 결과라 할 수 있다.

　우리의 눈, 귀, 코, 혀, 몸, 마음과 같은 여섯 가지 감각 기관(六根)은 밖을 향해서 언제나 활짝 문을 열어 놓고 있다. 이렇듯 활짝 열려진 감각의 문으로 형색, 소리, 향기, 맛, 감촉, 법과 같은 밖의 경계 대상들이 끊임없이 밀려 들어와 우리의 몸과 마음을 유혹하여 탐진치 삼독심을 일으키게 만든다. 어쩌면 이렇듯 밖으로부터 쉼 없이 밀려들어오는 여섯 가지 경계 대상이 가져오는 무서운 해악을 바르게 살피고 적절히 제어할 줄 모르는 데에서 인간의 불행과 괴로움은 시작된다고 볼 수 있다.

붓다께서는 "백만의 적군과 싸워서 이기는 것보다 자기 자신과 싸워서 이기는 것이 더 어렵고 힘들다(법구경, 113게송)."고 가르치셨다. 자기 자신과 싸워서 이긴다는 의미는 세상의 온갖 유혹으로부터 자신의 몸과 마음을 온전히 지켜 타락하여 죄업을 짓지 않고 지혜롭게 바른 삶을 사는 것을 의미한다. 옛날에 어떤 한 수행자가 강가의 나무 아래에서 오랫동안 수행을 했다. 그러나 그는 감각적 욕망과 탐욕의 마음을 버리지 못해 언제나 마음이 밖의 경계 대상으로 내달리어 이리저리 유혹되고 방황하여 수행에 집중할 수가 없었다. 눈에는 좋은 것만 아른거리고, 귀로는 아름다운 소리, 코에는 향기로운 냄새, 입에는 맛있는 것, 몸에는 부드러운 감촉, 생각에는 갖가지 세상일이 어지럽게 떠올랐다. 몸은 비록 고요한 곳에 앉아 있었으나 마음은 늘 거품처럼 들떠서 조금도 편할 날이 없었던 것이다. 그러던 어느 날, 달빛 밝은 한 밤에 거북이 한 마리가 물가에 나타났다. 때마침 굶주림에 지쳐있던 물개 한 마리가 먹이를 찾아 헤매다가 거북이를 보고 잡아먹을 욕심으로 몰래 다가가서 거북을 물고자 했다. 그러자 거북이는 재빨리 머리와 꼬리와 네 다리를 움츠려 몸을 단단한 갑옷 속으로 감춰버렸다. 물개는 딱딱한 갑옷으로 숨어버린 거북을 잡아먹지 못하고 거북이의 머리와 발이 다시 나오기만을 하염없이 기다렸다. 그러나 영리한 거북이는 오랫동안 꼼짝도 하지 않았다. 물개는 몇 차례나 거북을 이리저리 굴리다가 그만 지쳐서 가버렸다.

이 모습을 지켜보던 수행자는 깨달은 바가 있었다. "저 거북이에게는 몸을 보호하는 갑옷이 있어서 물개에게도 그 틈을 주지 않는구나." 자신을 보호하는 거북이의 지혜에 수행자는 감탄하지 않을 수 없었던 것이다. 이 설화는 『법구비유경』에 나오는 이야기로, 붓다는 이어서 다음과 같이 말씀하셨다.

"너희들도 이제 이와 같이 알아야 한다. 악마는 항상 너희들의 틈을 노려서 너희 눈이 물질에 집착하고, 귀가 아름다운 소리에, 코가 좋은 냄새에, 혀가 맛있는 음식에, 몸이 부드러운 감촉에, 생각이 온갖 세상일에 집착하여 흐트러지기를 기다린다.

그러므로 거북이가 물개에게 틈을 얻지 못하게 하는 것처럼, 스스로 자기를 잘 단속하라. 그러나 거북이만도 못한 세상 사람들은 몸의 덧없음을 알지 못하고 여섯 가지 감각 기관에만 매달려 마음대로 즐기고자 하는구나.

바깥의 악마는 그 틈을 엿보니 몸은 욕락에 빠져 있고 목숨은 죽음을 향하고 있다.
생사의 고통과 백, 천 가지 고뇌가 모두 다 마음에서 지어지는 것이니, 마땅히 스스로 힘쓰고 가다듬어 열반의 안락을 구하라."

밖의 세상으로부터 끊임없이 밀려드는 유혹의 대상에 대해 우리는 몸과 마음을 바르게 지키고 적절히 제어할 수 있어야 한다. 그럴 경우에만 우리는 지옥과 같은 파멸의 나락으로 떨어지지 않을 수 있으며, 또한 괴로움의 과보를 가져오는 죄업을 짓지 않을 수 있다. 매 순간 밖으로부터 밀고 들어오는 경계 대상으로부터 우리의 몸과 마음을 지켜 유혹되지 않기 위해서는 여섯 가지 감각 기관(六門)의 문을 걸어 잠그고 단단히 지킬 수 있는 똑똑하고 현명한 문지기를 세워야만 한다. 똑똑하고 현명한 문지기는 다름 아닌 매 순간 자신의 몸과 마음이 하는 일을 바르게 알아차리는 정념(正念, 싸띠 sati)이다. 바른 알아차림의 싸띠가 우리의 여섯 감각 기관의 문을 단단히 지키고 있을 때, 밖에서 밀고 들어오는 온갖 경계 대상은 더 이상 우리를 자기 맘대로 유혹하지 못하기 때문이다. 성문 앞을 지키는 문지기가 있으면 성 밖의 사람들이 제멋대로 성문 안팎을 왕래할 수 없는 경우와 같은 이치라 할 것이다. 마치 거북의 목숨을 지켜주는 거북의 단단한 갑옷처럼, 깨어있는 싸띠의 문지기만이 밖의 경계 대상으로부터 우리의 몸과 마음을 온전히 지켜주는 유일한 방어 수단이 됨을 잊지 말아야 한다.

선정과 지혜의 닦음

부처님은 『대념처경(大念處經, Mahāsatipatthāna Sutta)』에서 우리가 수행을 하는 데 있어 몸(身), 느낌(受), 마음(心), 법(法)을 대상으로 하는 네 가지 관찰의 수행법(四念處)을 가르치셨다. 이 네 가지 대상을 수행의 대상으로 삼아 끊임없이 바르게 통찰하여 바른 지혜를 일으키고 탐진치 삼독의 번뇌를 끊어버리면 마침내 열반에 이르게 된다는 가르침이다.

불교의 대표적 수행법은 곧 선정(定: 사마타 samatha, 止, 寂靜, 能滅)과 통찰(觀, 지혜, 위빠사나 Vipassanā)이다. 선정 수행은 몸을 바르게 정좌하고 번잡한 마음을 명상 주제에 집중하여 번뇌의 마음을 쉬고 고요히 선정삼매에 드는 수행법을 말한다. 일반적으로 명상 주제를 40가지로 제시하고 있는데, 우리들 몸에서 한순간도 멈춤 없이 계속 이어지는 들숨과 날숨에 마음을 집중하여 선정을 닦아나가는 호흡 수행, 즉 아나빠나싸띠 (Ānāpānassati) 수행과 '이 뭣고?'와 같은 화두(話頭)에 마음을 집중하여 참구해 나가는 화두 수행을 대표적인 선정 수행법으로 꼽을 수 있다. 또한 지혜 수행은 지금 현재 내 몸과 마음, 그리고 내 몸과 마음이 접촉하여 받아들이고 인식하는 안팎의 경계에 대해 그 변화의 실상(法, dhamma)을 바르게 통찰하고 그러한 실상이 곧 무상, 고, 무아의 특성을 지니고 있음을 깨달아 점차적으로 지혜를 증장시켜 나가는 수행법을 의미한다. 통찰(觀, 위빠사나 Vipassanā)을 좀 더 쉽게 설명한다면 살펴봄, 통찰, 알아차림이라 할 수 있다. 팔정도에서의 정념(正念, 싸띠 sati) 수행이 여기에 해당한다. 통찰은 곧 조고각하(照顧脚下: 자기의 발밑, 곧 자신의 내면을 잘 비추어 돌이켜봄), 회광반조(廻光返照: 빛을 돌이켜 스스로를 살펴봄), 염기즉각(念起卽覺: 생각이 일어나면 곧바로 깨달아 알아차림), 조견(照見), 묵조(黙照)의 뜻과도 상통한다. 자신의 몸과 마음에서 일어나는 모든 법(法, dhamma)의 생멸에 대해 깨어있는 마음으로 알아차려 불선한 마음을 제거하고 선한 마음을 향상시켜 나아감으로 인해 마침내 탐진치 삼독심에서 벗어나 열반을 증득해 나아가는 수행법이라 할 수 있다.

우리는 이러한 선정과 지혜 수행을 통해서 근원적인 번뇌인 탐진치 삼독심을 소멸하고 밝은 반야지혜(般若智慧)를 성취할 수 있다. 이러한 선정 수행과 지혜 수행은 마치 사람의 두 발과 새의 두 날개 같다. 당연히 간경(看經), 송주(誦呪), 염불 등 여타 여러 가지 불교 수행을 함에 있어서도 기본적으로 함께 실천되어야 한다.

수행을 방해하는 다섯 가지 번뇌

　마음은 찰나에 일어났다 찰나에 사라진다. 1찰나(刹那, ksana)를 분초로 환산하면 0.013초에 해당한다고 하니 마음이 일어났다 사라지는 속도가 얼마나 빠른지 참으로 짐작하기조차 쉽지 않다. 이렇듯 본인조차도 자신이 일으키는 마음을 미처 다 알아차리지 못할 정도로 빠르게 찰나생(刹那生) 찰나멸(刹那滅)하는 우리들 마음 중에는 지혜와 자비, 연민과 이해 같은 선한 마음도 있고, 탐욕과 성냄, 원망과 질투 같은 불선한 마음도 있다. 불교에서는 불선한 마음을 일반적으로 '번뇌(煩惱, 낄레사 kilesa)'라고 부르는데, 가장 해롭게 작용하는 대표적인 번뇌로 탐욕(貪, 로바 lobha), 성냄(瞋, 도사 dosa), 어리석음(痴, 모하 moha)의 세 가지 독성의 마음(三毒心)을 꼽는다. 탐진치의 세 종류의 번뇌를 삼독심이라고 표현하는 것은 이 세 가지 번뇌의 마음으로 인해 모든 중생이 근본적으로 생사윤회를 반복하며 그 시작과 끝을 알 수 없는 괴로운 육도의 삶을 살아가기 때문이다. 이러한 삼독심이야말로 우리들이 일으키는 모든 번뇌의 대표적인 우두머리 마음이고, 싸워서 가장 제거하기 어려운 난적의 장수(將帥)번뇌이다.

　그렇다면 인간의 마음을 오염시키고 어지럽히는 불선한 번뇌의 마음은 몇 가지나 될까? 불교에서는 통칭 108번뇌를 말한다. 108이라는 숫자가 나오게 된 이유는 이렇다. 우리는 매 순간 여섯 가지 감각 기관(六根: 눈眼, 귀耳, 코鼻, 혀舌, 몸身, 생각意)을 통해 여섯 가지 경계 대상(六境: 형상色, 소리聲, 향香, 맛味, 감촉觸, 마음의 대상法)을 접촉하며 산다. 눈으로 형상을, 귀로 소리를, 코로 냄새를, 혀로 맛을, 몸으로 감촉을, 생각으로 마음의 대상을 접촉하는 것이다. 이렇듯 여섯 가지 감각 기관으로 그 대상인 여섯 가지 경계를 접촉하는 순간 우리는 반드시 세 가지 인식, 곧 '좋다(好)'·'싫다(惡)'·'좋지도 싫지도 않다(平等)'라는 인식을 하게 된다. 이어서 이러한 세 가지 인식을 바탕으로 '즐거운 느낌(樂受)'·'싫은 느낌(苦受)'·'좋지도 싫지도 않은 무덤덤한 느낌(不苦不樂受)'을 일으킨다. 이렇게 6근×6경(3가지 인식+3가지 느낌)= 36가지 번뇌가 생겨나고, 여기에 이러한 번뇌는 과거와 현재와 미래의 3세를 걸쳐 이어지는 것이기에 36×3=108이 되는 것이다. 사실 108번뇌는 우리가 몸과 마음으로 경계 대상을 접촉함으로 인해 일으키는 모든 번뇌의 총칭이라 해도 무관하다.

그런데 불교에서는 우리가 사마타(samatha, 止, 禪定)수행을 하는 데 있어 직접적으로 수행을 방해하고 수행의 향상을 장애하는 대표적인 다섯 가지 번뇌를 가르치고 있다. 바로 ① 감각적 쾌락의 욕망(貪欲), ② 악의(惡意), ③ 해태와 혼침(懈怠昏沈), ④ 흥분과 회한(悼擧惡作), ⑤ 회의적 의심(疑) 등이 그것이다. 이러한 다섯 가지 번뇌는 수행을 직접적으로 방해하고 장애하기에 일반적으로 오장애(五障碍, nīvaraṇa)·오장(五障)·오개(五蓋) 등으로 불린다. 이렇듯 선정 수행을 방해하는 다섯 가지 번뇌에 대해 붓다께서는 다음과 같이 그 내용을 설법하셨다.

"이와 같이 나는 들었다. 한때 세존께서는 사왓티의 제따 숲에 있는 아나타삔디까 사원에 머물고 계셨다. 세존께서는 '비구들이여!'라고 비구들을 부르셨고, 비구들은 '세존이시여!'라고 받들었다. 세존께서는 이와 같이 말씀하셨다.

비구들이여, 금에는 다섯 가지 오염원(불순물)이 있나니, 그 오염원에 오염되면 금은 부드럽지도 않고, 다루기에 적합하지도 않고, 빛나지도 않고, 잘 부서지며, 세공하기에 적절하지 않다. 무엇이 다섯인가? 그것은 쇠와 구리와 주석과 납과 은이다.

비구들이여, 금이 이러한 다섯 가지 오염원으로부터 벗어나면 금은 부드럽고 다루기에 적합하고 빛나고 잘 부시지시 않으며 세공하기에 적절하게 된다. 금 세공인은 반지건 키걸이건 목걸이건 금 머리띠건 그가 원하는 모든 종류의 장식품을 만들어 자기의 목적을 성취한다.

비구들이여! 그와 같이 마음에는 다섯 가지 오염원이 있나니, 그 오염원에 오염되면 마음은 부드럽지도 않고 다루기에 적합하지도 않고 빛나지도 않고 잘 부서지며 모든 번뇌를 소멸하기 위하여 바르게 삼매에 들지 못한다. 무엇이 다섯이겠는가? 그것은 감각적 욕망에 대한 욕구, 악의, 해태와 혼침, 들뜸과 후회, 의심이다.

비구들이여, 이러한 다섯 가지 오염원이 있나니, 그 오염원에 오염되면 마음은 부드럽지도 않고 다루기에 적합하지도 않고, 빛나지도 않고 잘 부서지며 모든 번뇌를 소멸하기 위하여 바르게 삼매에 들지 못한다.

비구들이여! 마음이 이러한 다섯 가지 오염원으로부터 벗어나면, 마음은 부드럽고 다루기에 적합하고 빛나고 잘 부서지지 않으며 모든 번뇌를 소멸하기 위하여 바르게 삼매에 들게 된다."

- 『오염원 경(upakkilesasuttaṃ, AN 5.23)』

붓다는 금의 순수성을 방해하는 다섯 가지 오염 물질이 있듯이, 마음의 평정과 집중(선정)을 방해하는 다섯 가지 오염원, 즉 오장애가 있다고 말씀하셨다. 이러한 다섯 가지 오염원을 제거해야만 마음이 비로소 평정을 얻을 수 있고 집중하여 삼매에 들 수 있다는 것이다. 한편 붓다께서는 선정 수행이 크게 네 단계(四禪定)가 있음을 말씀하셨다. 초선정(初禪定)·제2선정(第二禪定)·제3선정(第三禪定)·제4선정(第四禪定)의 단계를 거치며 선정 수행이 향상되어 간다는 말씀이다. 팔정도의 마지막 수행도인 정정(正定, sammā samādhi)은 곧 사선정에 대한 수행법이다. 이러한 사선정에 대해 붓다께서는 다음과 같이 그 내용을 설법하셨다.

"수행승들이여, 어떠한 것이 올바른 집중(正定, sammā samādhi)인가? 감각적 쾌락의 욕망을 여의고 악하고 불건전한 상태(不善法)에서 떠난 뒤 사유(尋, vitakka)와 숙고(伺, vicara)를 갖추고 멀리 여읨에서 생겨나는 희열과 행복을 갖춘 첫 번째 선정을 성취한다(離生喜樂定).

사유와 숙고가 멈추어진 뒤 내적인 평온과 마음의 통일을 이루고 사유와 숙고를 여의어 집중에서 생겨나는 희열(喜, piti)과 행복(樂, sukha)을 갖춘 두 번째 선정을 성취한다(定生喜樂定).

희열이 사라진 뒤 평정하고 새김이 있으며 올바로 알아차리고 신체적으로 행복을 느끼며 고귀한 님들이 평정하고 새김이 있고 행복하다고 하는 세 번째 선정을 성취한다(離喜妙樂定).

행복도 고통도 끊어져서 이전의 기쁨도 근심도 사라진 뒤 괴로움도 없고 즐거움도 없는 평정하고 새김이 있고 지극히 청정한 네 번째 선정을 성취한다(捨念淸淨定).

수행승들이여, 이러한 것을 올바른 집중이라고 하는 것이니라."
- 『여덟 가지 고귀한 길의 분석의 경(Aṭṭhaṅgikamaggavibhaṅgasutta, M141)』

불교에서는 이러한 사선정을 수행하면 일반적으로 다섯 가지 선정 요소가 나타남을 가르친다. 일으킨 생각(尋, vitakka), 지속적인 고찰(伺, vicāra), 희열(喜, pīti), 행복(樂, sukha), 집중(定, 心一境性, cittassekaggatā)이 바로 그것이다. 예컨대 호흡을 주제로 수행을 한다고 한다면, '일으킨 생각'은 호흡을 향해 마음을 기울이는 것을, '지속적 고찰'은 호흡을 향해서 마음을 계속 유지시켜 나가는 것을, '희열과 행복'은 호흡에 대한 지속적인 고찰이 유지됨으로 인해 나타나는 선정의 기쁨과 행복감을, '집중'은 마침내 호흡과 마음이 하나가 되는 일념집중(心一

境性)을 말한다. 이러한 선정 수행의 다섯 가지 요소를 특히 방해하고 장애하는 것이 바로 다섯 가지 번뇌인 오장애이다. 선정의 다섯 가지 요소가 생기면 오장애는 저절로 사라지지만, 반대로 오장애가 생겨나면 선정 수행을 방해하여 선정의 다섯 가지 요소의 나타남을 어렵게 하는 것이다. 이러한 사선정과 그러한 선정을 장애하는 오장애에 대해 붓다께서는 다음과 같이 설법하셨다.

"수행승들이여, 다섯 가지 장애가 있다. 다섯 가지란 무엇인가? 그것은 바로 감각적 쾌락에 대한 욕망의 장애, 악의의 장애, 해태와 혼침의 장애, 흥분과 회한의 장애, 회의적 의심의 장애이다. 수행승들이여, 이러한 것이 다섯 가지 장애이다.

수행승들이여, 이러한 다섯 가지 장애를 곧바로 알기 위해 네 가지 선정을 닦아야 한다. 수행승들이여, 네 가지 선정이란 무엇인가?

수행승들이여, 세상에 수행승은 감각적 쾌락의 욕망을 여의고 악하고 불건전한 상태를 떠난 뒤, 사유와 숙고를 갖추고 멀리 여읨에서 생겨나는 희열과 행복을 갖춘 첫 번째 선정에 든다.

사유와 숙고가 멈추어진 뒤, 내적인 평온과 마음의 통일을 이루고, 사유와 숙고를 여의어, 삼매에서 생겨나는 희열과 행복을 갖춘 두 번째 선정에 든다.

희열이 사라진 뒤, 평정하고 새김이 있고 올바로 알아차리며 신체적으로 행복을 느끼며 고귀한 님들이 평정하고 새김이 있고 행복하다고 표현하는 세 번째 선정에 든다.

행복과 고통이 버려지고 만족과 불만도 사라진 뒤, 괴로움도 없고 즐거움도 없는 평정하고 새김이 있고 청정한 네 번째 선정에 든다.

수행승들이여, 이와 같이 다섯 가지 장애를 곧바로 알기 위해 네 가지 선정을 닦아야 한다."

- 『장애의 경(Nīvaraṇasutta, S53:51)』

붓다는 먼저 우리들의 마음을 어지럽고 혼탁하게 하여 마음의 청정과 고요와 평안과 행복을 방해하고 장애하는 다섯 가지 불선한 번뇌(오장애)가 있음을 말씀하신다. 아울러 이러한 번뇌를 알아차리고 치유하기 위해서는 사선정을 닦아야 됨을 가르치신다. 사선정의 수행을 통해서 다섯 가지 번뇌를 알아차려 다스리고, 그러한 결과로 선정의 완성을 이룰 수 있다는 가르침인 것이다.

그렇다면 다섯 가지 번뇌가 구체적으로 어떻게 선정 수행을 방해하는지를 살펴보자. 선정 수행을 방해하는 다섯 가지 장애 가운데 첫 번째인 감각적 쾌락의 욕망은 여섯 가지 감각 기관(六根)이 여섯 가지 경계(六境)를 접촉하여 일으키는 인식과 느낌 중에서 좋아하는 대상과 느낌만을 좇는 모든 욕망을 말한다. 이러한 감각적 욕망은 선정(사마타) 수행을 하는 데 있어 '마음의 집중(定, 心一境性)'을 특히 방해하는 대표적인 번뇌이다. 마음을 어지럽혀 선정 수행의 몰입과 집중을 방해하기 때문이다. 두 번째 번뇌인 악의는 육근이 육경을 접촉하여 일으키는 인식과 느낌 중에서 싫어하는 대상과 느낌에서 멀리 벗어나거나 거부하고자 하는 대표적인 번뇌이다. 이러한 악의의 번뇌는 선정 수행의 다섯 가지 요소 가운데 하나인 '희열(喜)'을 방해하는 대표적인 번뇌이다. 세 번째 해태와 혼침의 번뇌는 수행 중에 나타나는 게으름과 무기력함, 몽롱하고 멍한 상태를 가리킨다. 수행자가 이러한 상태에 빠지면 수행자는 수행의 주제를 놓치게 되고, 본인이 선정삼매에 든 것처럼 착각에 빠지기도 한다. 이러한 번뇌는 특히 선정 수행의 다섯 가지 요소 중에서 어떠한 명상 주제에 대해 '일으킨 생각(尋)'을 특히 방해하는 대표적인 번뇌이다. 예컨대 호흡의 들숨 날숨에 마음을 집중하여 수행하는 아나빠나싸띠(Anapanasati, 安般守意, 들숨 날숨에 대한 알아차림)를 닦는 데 있어 호흡에 집중하는 마음을 놓치고, 한순간 다른 생각에 잘못 빠지게 되는 것이다. 네 번째 흥분과 회한의 번뇌는 마음이 안정되지 않고 들뜨고 불안한 상태를 말한다. 이러한 번뇌에 빠지면 수행자가 행해야 할 것(알아차림과 집중)을 행하지 않거나, 행하지 말아야 할 것(번뇌에 이끌려 다른 생각에 빠지는 것)을 행하게 된다. 이러한 번뇌는 선정의 다섯 가지 요소 중에서 특히 '행복감(樂)'을 방해한다. 마지막 다섯 번째 번뇌인 회의적 의심은 불법승 삼보, 연기, 사성제, 인과, 업에 대한 의심을 말한다. 이러한 번뇌는 신심을 약화시키고, 명상 주제에 대한 '지속적인 고찰(伺)'을 방해하여 마음을 혼란스럽게 만들며, 수행 자체에 대한 회의에 빠져들게 만드는 대표적인 번뇌이다.

『손자병법(孫子兵法)』에 "적을 알고 나를 알면 백 가지 전투를 해도 위태롭지 않다(知彼知己 百戰不殆)"라는 말이 있다. 여기서 변형된 말이 우리가 흔히 아는 "적을 알고 나를 알면 백번 싸워 백번 승리한다(知彼知己 百戰百勝)"라는 말이다. 본뜻이 어찌 되었든, 적을 알고 싸우면 승리할 수 있는 확률이 더 높음을 말한 것이라 볼 수 있다. 당연한 말이다. 전쟁에서 승리하려면 적을 알아야 한다. 적의 병력, 적이 보유한 화력, 적의 강점과 약점, 전투 상황별 예상되는 적의 시나리오 등 한 치의 오차도 없이 면밀히 분석하고 대비해야만 전쟁에서 승리할 수 있는 것이다. 같은 이치로 마음을 닦아 평정과 행복을 얻고 지혜를 계발(啓發)하여 해탈과 열반을 이루기 위해서는 마음을 어지럽히고 혼탁히게 하는 마음의 오염원을 철저히 분석하고 이해해야 한다. 마음의 오염원인 번뇌의 실체를 바르게 알아야 이를 다스려 제거할 수 있고 수행의 목적을 이룰 수 있기 때문이다.

세 가지 실천 수행

부처님 가르침을 배우고 닦는 수행자는 부처님의 마음과 언행을 배우고 실천해야 할 의무와 책임이 있음을 한시도 잊어서는 안 된다. 수행자가 부처님의 마음과 언행을 배우고 닮아가기 위해서는 반드시 세 가지 기본적인 실천 수행이 필요하다. 곧 바른 선정(正定) 수행, 바른 지혜(正念) 수행, 바른 자애(慈愛) 수행이 그것이다.

선정 수행(定, 사마타 Samatha, 止)은 어지러운 번뇌의 마음과 감각적 욕망을 다스리는 수행이다. 대표적인 수행으로 호흡 수행과 화두를 참구하는 참선을 꼽을 수 있지만, 한곳에 마음을 집중하여 수행하는 염불, 독경, 주력, 사경 등의 수행도 넓은 의미에서 선정 수행의 범주에 속한다.

지혜 수행(慧, 위빳사나 vipassanā, 觀)은 지혜를 계발하여 정신적, 물질적인 모든 존재(諸法)의 실상이 곧 무상(無常), 고(苦), 무아(無我)임을 바르게 깨닫는 수행이다. 매 순간 몸(身), 느낌(受), 마음(心), 법(法 마음의 대상)에 대해 바르게 알아차리는 위빠사나 수행이 바로 지혜 수행의 대표적인 내용이다.

자애 수행(慈, 메타 바와나 metta bhāvanā)은 탐진치 삼독심을 소멸시키고 청정한 불성의 마음인 네 가지 무량한 마음(四無量心), 곧 자애(慈心 메따 Mettā), 연민(悲心 까루나 Karunā), 더불어 기뻐함(喜心 무디따 Muditā), 평정/평온(捨心 우뻭카 Upekkā)의 마음을 일으키고 향상시키는 수행을 가리킨다.

우리는 선정 수행을 통해 감각적 욕망에 어지러운 마음을 평화롭게 안정시켜 심신을 청정하게 지켜나갈 수 있다. 또한 지혜 수행을 통해 존재의 실상을 바르게 깨닫고 선악을 바르게 헤아려 존재에 대한 갈애와 집착으로부터 자유로울 수 있으며, 악업을 짓지 않을 수 있게 된다. 나아가 자애 수행을 통해 미움, 분노, 원망, 질투, 시기, 폭력성 같은 진심(瞋心)에서 벗어나 네 가지 무량한 부처님 마음으로 모든 존재를 사랑할 수 있게 된다. 이렇듯 선정 수행, 지혜 수행, 자애 수행은 우리가 붓다의 마음과 언행을 배우고 닮아가는 데 있어 누구나가 반드시 배우고 닦아야 할 기본적 실천 수행이다.

지계청정

"입을 조심하고
마음을 잘 다스리고
몸으로 나쁜 짓을 하지 말아야 한다.
이 세 가지 행위를 청정히 하면
현자들이 설하신 도를 얻을 수 있으리라."

- 『법구경(281)』

몸을 단속하고 청정하게 닦아 악업을 짓지 않는 것이 계를 지키는 것이다.
입을 단속하고 청정하게 닦아 악업을 짓지 않는 것이 계를 지키는 것이다.
마음을 단속하고 청정하게 닦아 악업을 짓지 않는 것이 계를 지키는 것이다.
곧 수행을 통해 신구의(身口意) 삼업을 선하게 드러내는 것이 계를 지키는 것이다.

몸과 입과 마음을 단속하고 청정하게 닦는다는 것은 곧 몸과 입과 마음이 느낌을 좇아 일으키는 탐진치 삼독심에서 벗어나 탐욕이 없고(無貪), 성냄이 없고(無瞋), 어리석음이 없는(無痴) 청정성을 유지하는 것을 의미한다. 몸이 탐욕과 성냄과 어리석음의 독성에서 벗어났을 때, 살생하지 않고 도둑질하지 않고 사음하지 않는 등의 청정한 신업(身業)을 실천하게 된다. 입이 탐욕과 성냄과 어리석음의 독성에서 벗어났을 때, 거짓말하지 않고, 속이는 말을 하지 않고, 이간질하지 않고, 악담하지 않는 등의 청정한 구업(口業)을 실천하게 된다. 마음이 탐욕과 성냄과 어리석음의 독성에서 벗어났을 때, 자애, 연민, 함께 기뻐함, 평정심과 같은 네 가지 무량한 마음(사무량심)으로 뭇 생명을 이롭게 하는 청정한 의업(意業)을 실천하게 된다.

언제 어느 곳에서나 청정한 몸과 입과 마음으로 나와 남을 해롭게 하는 악업을 짓지 않고, 나와 남을 동시에 이롭게 하는 선업을 짓는 행위, 이러한 청정한 행위가 바로 모든 불자들이 게으름 없이 닦고 실천해야 될 지계청정(持戒淸淨)한 삶이다.

자애명상

"라훌라여, 자애에 대한 명상을 닦아라.
라훌라여, 자애에 대한 명상을 닦으면,
무릇 성냄이 끊어질 것이다.

라훌라여, 연민에 대한 명상을 닦아라.
라훌라여, 연민에 대한 명상을 닦으면,
무릇 적의가 끊어질 것이다.

라훌라여, 기쁨에 대한 명상을 닦아라.
라훌라여, 기쁨에 대한 명상을 닦으면,
무릇 불쾌가 끊어질 것이다.

라훌라여, 평정에 대한 명상을 닦아라.
라훌라여, 평정에 대한 명상을 닦으면,
무릇 혐오가 끊어질 것이다."

— 『라훌라를 가르친 큰 경(Mahārāhulovāda sutta, M62)』

라훌라(Rāhula)는 부처님께서 출가하시기 전에 낳은 외아들이다. 붓다가 깨달음을 얻으신 이후 고향인 까삘라밧투(Kapilavatthu)를 몇 차례 방문하셨는데, 라훌라의 출가는 속가의 아버지인 붓다의 고향 방문을 계기로 이루어졌다. 라훌라의 출가 사정에 대해서는 팔리 『율장(律藏)』 「대품(大品)」에 자세히 기록되어 있다. 붓다께서 깨달음을 이루신 이후 처음으로 방문한 지 칠일 째 되는 날이었다. 왕궁에서 공양을 마치고 붓다께서 떠나려고 할 때, 라훌라의 어머니(Rāhulamāta)는 어린 라훌라에게 다음과 같이 말했다.

"라훌라야, 저 분이 너의 아버지이시다. 가서 너의 유산을 달라고 해라."
라훌라는 세존께 다가가서 그 앞에 섰다.
"사문이시여, 당신의 곁에 있으니 즐겁습니다."
그러자 세존께서는 자리에서 일어나 가버렸다. 라훌라는 세존의 뒤를 따라 가면서 "사문이시여, 저의 유산을 주십시오. 사문이시여, 저의 유산을 주십시오"라고 했다.
그러자 세존께서는 사리뿟따(Sāriputta) 존자에게 말했다.
"사리뿟다여, 그대가 라훌라를 출가시켜라."

라훌라의 어머니가 말한 유산은 당연히 세속적인 재산이나 권력이나 지위 같은 것이 아니다. 붓다가 이루신 진리의 깨달음, 곧 번뇌에서의 해탈, 열반의 성취, 윤회의 벗어남 등의 수승한 담마의 유산을 말한 것이다. 라훌라는 어머니의 바람과 사라뿟따의 인도로 마침내 출가하여 사문이 되었고, 아버지인 붓다의 수하에서 가르침을 배우며 수행의 길에 들어섰다. 라훌라는 이후 게으름 없이 붓다께서 설하시는 담마를 배우고 닦으며 수행 정진에 몰두하였다. 후에 라훌라를 가리켜 '학족제일(學足第一)', '밀행제일(密行第一)'이라고 불렀는데, 이는 라훌라가 얼마나 열심히 배우고 조용히 수행했는가를 단적으로 나타내고 있는 표현이라 할 수 있다.

붓다는 이러한 라훌라를 대상으로 몇 차례의 경전을 설법하셨다. 위에 적은 자애(慈愛, 메따 mettā) 수행에 대한 부처님 가르침도 그 가운데 하나이다. 자애명상은 네 가지 무량한 마음(四無量心, appamaññā)에 대한 수행을 의미한다. 네 가지 무량한 마음은 메타(자애, 慈, mettā), 까루나(연민, 悲, karuṇā), 무디따(기쁨, 喜, muditā), 우뻬카(평정, 捨, upekkhā)를 가리킨다. 수행자는 이러한 네 가지 무량한 마음을 닦고 일으킴으로써 성냄, 적의, 불쾌, 혐오와 같은 불선한 번뇌의 마음을 제거하게 되어 마음의 평정과 행복을 얻게 된다. 또한 부처님 제자는 바로 이러한 네 가지 무량한 마음을 닦아 모든 중생들을 제도하고 불법으로 바르게 인도해야 하는 실천적 사명이 있다. 그 어떤 내용의 수행을 실천하든, 불자는 기본적으로 이러한 네 가지 무량심에 대한 수행을 먼저 닦아야 한다.

자비심이 없는 수행자는 따뜻한 가슴이 없는 이기적인 수행자일 뿐이다. 이타심이 없는 메마른 가슴의 수행자가 어찌 고통 받는 중생의 삶의 아픔과 괴로움을 함께 이해하고 함께 아파하며 그들을 구제하려는 보살의 마음과 보살의 행을 일으킬 수 있겠는가? 자애 수행은 지혜의 닦음과 함께 마치 새의 두 날개처럼 수행자의 두 발이고 두 손이라 할 수 있다.

동체대비와 무연자비

　모든 것을 자기 생각과 자기 입장을 기준해서 분별하고 차별 짓는 그 릇된 태도야말로 나와 남 모두에게 괴로움을 안겨다 주는 무서운 아집이 고, 쉽게 치유할 수 없는 크나큰 병고(病苦)라 할 수 있다. 세상 모든 존 재가 서로를 의지하여 더불어 하나로 존재하는 연기적 존재이며, 우주 만법의 본성인 법성(法性)에서 화현(化顯)한 법신(法身)의 거룩한 존재임 을 깨닫는 것이 바로 수행자가 모든 존재에 대한 분별과 차별 의식에 벗 어나는 바른 지견(知見)이다.

　모든 존재를 자신과 더불어 같은 동체(同體), 동근(同根), 일심(一心), 진여(眞如), 일원(一圓), 불이(不二)로 통찰하는 견지에서, 우리는 그들 모 든 존재에 대한 열린 마음과 이해의 마음을 일으킬 수 있다. 곧 모든 존 재와 더불어 희로애락을 함께 나누고자 하는 동체대비(同體大悲), 무연자 비(無緣慈悲)의 무량한 부처님과 보살의 자비심이 생겨나는 것이다. 이 렇듯 세상 모든 존재가 나와 더불어 한 몸, 한마음이라는 열린 마음과 깨달음의 견해를 좇아 일어나는 동체대비의 마음과 무연자비의 마음은 무엇보다 자신과 혈연으로 맺어진 인연, 혹은 이성의 결합으로 맺어진 가족이라는 좁은 인연 관계를 벗어나, 모든 존재를 무량한 자비의 마음으로 차별 없이 대하고자 하는 거룩하고 숭고한 마음이라고 할 수 있다. 이러한 마음은 모든 불보살님이 이미 성취하시고 몸소 실천해 보이신 무량심이기에 붓다의 가르침을 배우고 따르고자 하는 우리 모두도 당연히 수행하고 노력하여 성취해야 할 지극히 선한 마음이기도 하다.

지금 내 곁에 있는 존재들은 누구인가? 아마도 그들은 머나먼 숙세(宿世)의 크고 작은 인연들로 인해 지금 이렇듯 내 곁에 머물게 된 인연들일 것이다. 그렇기에 그들은 단지 우연이 아닌 필연적인 만남의 인연들이라고 할 수 있다. 그 숙세의 인연들은 좋은 선연일 수도, 그렇지 못한 악연일 수도 있다. 선연이든 악연이든, 중요한 것은 지금 내 곁에서 이렇듯 희로애락을 함께 나누며 애증의 삶을 살고 있다는 엄연한 현실이다. 우리는 인생을 살면서 자기 욕심대로 좋은 선연만을 취할 수도 없고, 그와 반대로 악연을 무조건 거부할 수도 없다. 그러하기에 우리는 여러 인연 때문에 자신의 의지와 무관하게 때때로 힘들고 불행한 삶을 살게 되는지도 모른다.

모든 것이 인연취산(因緣聚散)이다. 선연이든 악연이든 모든 애증의 인연은 때를 만나 모였다가 또 때가 다하면 자연스럽게 흩어지게 마련이다. 과거 전생부터 이어온 업연(業緣)으로 인해 자신과 엮어진 인연을 자기 의지대로 어찌지 못함을 이해하고 때에 따른 인연의 취사를 겸허히 받아들일 줄도 알아야 한다. 선연이든 악연이든 지금 내 곁에 있는 그 모든 인연들, 그 모두를 거부하지 않고 숙세의 업연임을 깨달아 그저 담담히 받아들일 수 있어야 한다. 당연히 힘들고 쉽지 않은 일이다. 까닭에 마음을 다스리고 닦는 수행이 필요하고 쉼 없는 노력의 정진이 필요하다. 붓다의 가르침을 배우고 닦고자 하는 모든 수행자와 불자는 게으름 없는 수행을 통해서 무량한 자비의 마음으로 그 모든 인연들을 포용하여 이해하고 사랑할 수 있도록 마음을 다스리고 닦아야 한다. 왜냐하면 이러한 동체대비와 무연자비의 무량한 불보살의 마음을 성장시키고 향상시켜 나가면 나갈수록 우리는 삶 또한 더욱더 평화롭고 행복하고 만족할 수 있기 때문이다.

항상 이웃의 고통을 생각해야

"항상 중생의 고통을 생각해야 한다(常念衆生苦)."

내가 등 따시고 배부르며 안락하고 부족함이 없을 때, 상대적으로 등허리 춥고 배고픈 사람, 괴롭고 어려운 이웃이 있음을 아는 마음이 바로 자비심이고 보리심이다.

다른 존재의 아픔과 괴로움에 무심하지 않고 함께 아파하고 괴로워할 줄 아는 자비심을 일으키는 사람이 있다면, 그러한 사람이야말로 이미 부처님 마음(자비심)을 구족한 선한 사람이라고 할 만 하다.

"중생을 자비의 눈으로 살펴야 한다(慈眼視衆生)."

『법화경(관세음보살 보문품)』에서 표현되고 있는 붓다의 가르침이다. 붓다의 담마(法, Dhamma)를 배우고 닦고자 애쓰는 사람이라면 무엇보다 먼저 항상 차별 없는 무량한 자비심으로 모든 중생의 괴로움에 관심을 기울여 살피고 함께하고자 노력해야 한다. 아무리 진리에 대한 깨침을 얻었다고 하더라도 마음에 자비심이 없는 사람이라면, 그는 결코 온전한 깨달음을 완성한 사람이라 할 수 없다. 이는 마치 냉정한 이성의 머리만 있고, 널리 다른 존재의 아픔과 슬픔을 이해하고 함께 나눌 줄 아는 따뜻한 가슴이 없는 메마른 사람과 같다.

 모든 존재의 실상을 바르게 통찰하는 밝은 지혜와 더불어 모든 중생의 슬픔과 아픔을 함께 나누고 없애주고자 하는 무량한 자비심을 함께 구족하는 것이야말로 수행자의 온전한 깨달음의 완성인 것이다.

깊이 그대를 공경하나니

"나는 그대를 깊이 공경하여 가볍게 여기지 않습니다.
(我不敢輕於汝等)
그대들은 모두 부처님이 될 존재들이기 때문입니다."
(汝等皆當作佛)

- 『법화경(상불경보살품)』

『법화경』에는 성불을 위해 보살행을 실천한 한 수행자의 아름다운 수행담이 실려 있다. 그 주인공은 바로 상불경보살(常不輕菩薩)이다. 보살은 위음왕(威音王)여래 당시 보살행을 닦던 수행자인데, 그는 사람들을 만나면 위와 같이 말하며 항상 상대에게 예배하기를 게을리하지 않았다. 그 어떤 사람이 자신을 비웃고 없이 여기거나, 욕설을 퍼붓거나 몽둥이나 돌로 때려도 화내지 않고 도리어 "당신은 부처님이 될 것이므로 나는 존경합니다"라고 말했다. 이런 그를 당시 사람들은 항상 남을 가볍게 보지 않는 수행자라 하여 '상불경보살'이라고 불렀으며, 마침내 그 공덕으로 나중에 성불하여 석가모니불이 되었다는 내용이다.

물질과 자본이 인간과 세상을 지배하고 군림하는 물질 만능 사회이다.

사람이 사람을 귀하게 여기지 못하는 험하고 삭막한 세상을 우리는 살고 있다. 나와 내 가족 이외의 모든 사람들은 그저 다른 삶을 사는 타인일 뿐이다. 까닭에 우리는 타인에 대하여 무관심하거나, 소유와 처지를 비교하여 부러워하거나, 혹은 없이 여기는 태도를 취한다. 또는 친소, 이익, 가치, 종교, 지역, 신분, 학벌, 성별, 노소를 따져 분별의 마음으로 차별적인 행위를 드러낼 뿐이다.

상불경보살은 우리의 이러한 분별심과 차별의 불선한 언행을 꾸짖고 있는 보살인 동시에 그러한 분별심과 차별의 언행에서 벗어난 동체대비의 실천을 가르치고 있다. 그 어떤 타인이 자신을 없이 여기고 모질게 차별하여 괴롭히더라도 부처님 가르침을 실천하고자 하는 수행자는 자비심과 인욕의 태도를 잃지 말아야 함을 일깨우고 있는 것이다.

모든 이웃을 부처님처럼 모시고 대접하라.
모든 중생을 나의 몸과 같이 아끼고 사랑하라.
모든 생명체를 차별 없이 존경하고 상생하라!

이러한 불교의 수승한 가치와 실천을 상불경보살은 우리에게 친절히 몸소 가르치고 있는 것이다. 요즘 일부 출가 수행자들이 자신들이 출가하여 얻은 알량한 승단의 지위와 물질적 부를 내세워 다른 빈한한 수행자들과 재가 신도들을 하대하고 업신여기는 비승가적 행태를 자주 보게 된다. 애초에 그들이 무엇을 위해 출가하였는지, 무엇을 성취하기 위해 출가하였는지, 그 본분사(本分事)를 망각한 무지하고 못난 처신이 아닐 수 없다. 출가자와 재가자를 구별하지 않고 모든 존재가 성스럽고 존귀한 불성의 존재로서 미래에 부처님이 될 성인으로 대접하고 예배하고자 했던 상불경보살의 거룩한 보살행은 이 시대에 있어서도 꼭 필요한 수행 덕목이 아닐 수 없다.

자타상환

만약 그 누군가가 나의 소유물을 자신도 몰래 훔쳐가고 또는 힘으로 강제로 빼앗아 가면 나는 크게 억울해하고 분노할 것이다.

만약 그 누군가가 나를 뒤에서 욕하고 험담하고 속이고 시기질투하면 나는 무척이나 우울하고 기분 나빠할 것이다.

만약 그 누군가가 나를 강압적인 힘으로 억누르고 괴롭히면 나는 몹시 두렵고 괴로워할 것이다.

만약 그 누군가가 나를 이유 없이 때리고 고문하면 나는 몸서리치도록 아파하고 분노할 것이다.

만약 그 누군가가 나의 하나뿐인 목숨을 빼앗고자 한다면 나는 그 무엇에도 비교할 수 없을 정도의 크나큰 공포와 두려움에 치 떨게 될 것이다.

반대로 만약 내가 그 누군가가 되어 어떤 사람들에게 똑같은 행위를 행한다면, 그 어떤 사람들도 역시 나처럼 억울해하고 분노하고 기분 나빠하고 괴로워하고 두려워하고 슬퍼하고 아파하고 치 떨게 될 것이다.

대승 불교 역사에 있어 밤하늘에 빛나는 저 북두칠성 별빛과 같은 존재로, 제2의 붓다로 칭송되던 용수보살(龍樹, Nagarjuna)은 '자타상환법(自他相換法)'이라는 특별한 수행법을 가르쳤다. 대승보살은 큰 대비심으로 나와 남을 구별하지 않고 다른 존재의 불행과 고통을 자신이 직접 겪는 불행과 고통으로 인식하고 받아들여 함께 아파하고 함께 그 모든 것을 나눠야 한다는 가르침이다. 우리가 익히 알고 있는 '역지사지(易地思之)'가 다른 사람의 어려운 처지와 자신의 처지를 바꿔 타인의 어려움을 이해하고 배려하는 마음이라면, 자타상환은 한 걸음 더 나아가 적극적으로 다른 존재와 자신이 한마음 한 몸이라는 각성하에 다른 존재에게 그 어떤 해악도 끼치지 않을 뿐만 아니라, 도리어 그들의 병고와 괴로움마저도 자신이 대신 받으려는 무량한 대자대비의 마음이라고 할 수 있다. 용수보살은 위로는 참된 진리를 구하고, 아래로는 모든 중생을 큰 자비심으로 구제함을 목적으로 수행하는 대승보살은 마땅히 이러한 자타상환의 수행을 실천하여 모든 중생을 이롭게 할 것을 가르쳤다.

불법승 삼보를 믿고 의지하여 부처님의 제자로서 불자의 바른 삶을 살고자 하는 모든 수행자는 용수보살이 가르쳤던 이러한 자타상환의 보살정신과 수행을 바르게 이해하고 몸소 실천하고자 노력해야 한다. 항상 그 어떤 대상에게도 피해와 해악을 주지 않도록 자신의 몸과 입과 마음을 바르게 살피고 단속하여 불선한 마음과 불선한 행위를 삼가야만 한다.

더 나아가 자신과 가족을 조건 없이 무한히 아끼고 사랑하듯이, 큰 자비와 자애의 마음으로 보다 적극적으로 다른 존재 역시 자신과 가족처럼 조건 없이 무한히 사랑하고 아끼려는 무연자비(無緣慈悲)의 넓은 마음을 일으키고 향상시키도록 애써 노력하고 수행해야 한다. 붓다의 세사임을 내세우면서 자비와 자애의 마음이 부족한 사람이 있다면, 그러한 사람은 결코 붓다의 정법을 수행하는 바른 제자라고 할 수 없다.

작은 생명이라도

"모든 생명체들에게
약한 것이든 강한 것이든
어떠한 폭력도 사용하지 않는 자.

그들을 죽이거나
다른 이로 하여금 죽이게 하는 일을 결코 하지 않는 자.
나는 그러한 사람을 바라문이라고 부른다."

- 『법구경(405)』

흔히들 사람은 만물의 영장이라고 말한다. 지구상에 존재하는 모든 생명체 가운데 사람만큼 영리하고 뛰어난 존재가 없다는 측면에서 당연히 타당한 말이기도 하다. 그렇다면 사람이 만물의 영장임을 내세워 다른 여타의 생명을 함부로 죽여도 되는 것일까? 만약 어떤 힘센 사람이 자신을 몽둥이로 때리며 괴롭히거나, 죽이려 한다면 우리는 너나 할 것 없이 모두 신체의 고통과 죽음을 두려워하여 멀리 도망치려 할 것이다. 생명을 가진 모든 존재 역시 사람과 크게 다르지 않다. 그들 역시 사람과 조금의 차별도 없이 신체의 고통과 죽음의 두려움을 본능적으로 느끼기 때문이다. 하나뿐인 생명을 존속시키며 평안한 삶을 살고자 하는 생존 본능은 만물의 영장이라고 자처하는 사람이나, 어리석은 축생의 미물이나 매한가지이다. 이러한 상식적인 이치를 깨닫는다면, 우리가 어찌 인간임을 내세워 여타의 생명을 함부로 학대하거나 죽이거나 오락의 도구로 삼아 괴롭히는 죄업의 행위를 아무런 거리낌 없이 행할 수가 있겠는가?

　유일신교를 믿는 일부 사람 중에는 자신들이 받들어 모시고 믿는 신은 오직 인간만을 소중히 여긴다고 말한다. 그들 가운데는 극단적으로 여타의 생명은 인간을 위해 부속물로 창조한 것이기에 바다의 고기와 공중의 새와 땅의 움직이는 모든 생명들을 임의대로 잡아먹어도 하나도 거리낄 것이 없고 죄도 되지 않는다는 삿된 소견을 가지고 있는 사람들도 있다. 참으로 가당치 않은 삿된 믿음이고 어리석은 사견일 뿐이다. 부처님은 자신이 몸과 말과 마음으로 짓는 행위 뒤에는 반드시 그에 상응하는 결과(果報)가 뒤따른다고 가르치셨다. 곧 심은 대로 거둔다는 인과의 진리이다. 만약 내가 그 어떤 생명이라도 함부로 죽이면, 죽어가는 그 생명은 분명코 자신을 죽이는 나에 대해서 뼈에 사무치는 깊은 원한을 갖게 될 것이다. 생명을 죽인 불선한 악업뿐만 아니라 죽어가는 생명이 갖게 되는 깊은 원한은 악과를 낳는 독을 품은 씨앗이 된다. 그 언제인가 시절에 연이 닿으면 그 씨앗은 괴로움의 결과(苦果)로 반드시 열매를 맺어 나에게 무서운 고통의 과보를 안겨다 줄 것이다. 이러한 인과의 이치는 그 누구도 피할 수 없는 무섭고도 불변한 진리이고 법칙이다.

부처님은 살생을 많이 한 사람은 다음 세상에 고통이 심한 삼악도(三惡道: 지옥, 아귀, 축생)에 태어나거나, 다행히 사람으로 다시 태어나더라도 단명하거나 신체 불구, 병약자로 태어나는 무서운 과보를 받게 된다고 가르치셨다. 성인의 가르침이 이렇듯 준엄하거늘 어찌 다른 생명을 노리개로 삼아 즐기거나, 괴롭히거나, 식도락을 위해 죽이는 등의 불선한 악업을 거침없이 자행할 수가 있겠는가?

붓다의 담마를 배우고 수행하는 모든 불자들은 살생의 인과가 무서운 줄을 깨달아 작은 생명이라도 함부로 죽이는 불선한 행위를 해서는 절대 안 된다. 작은 행위라도 자주 일삼다 보면 습관이 된다. 흰옷에 검정 물이 들면 빨아도 쉽게 빠지지 않는다. 한번 습관화된 업습(業習) 또한 쉽게 멈추거나 없앨 수 없다. 작은 생명에 대한 살생은 큰 생명의 살생으로까지 이어지고, 거듭된 살생은 업습으로 익어져 마침내 큰 인과의 과보를 받게 된다. 재가신도가 지켜야 될 오계 가운데 첫 번째 계목은 불살생계(不殺生戒)이다. 모든 금계 중에서 가장 우선적인 실천 덕목이고 중한 계율이기 때문이다. 이러한 불살생계야말로 우리들이 언제나 바르게 살피고 또 깊이 경계하며 실천해야 할 제1의 수행 덕목임을 한시도 잊어서는 안 된다.

한 사람의 선한 마음과 행위

"하나 속에 일체가 포함되어 있고 일체 속에 하나가 담겨 있으며(一中一切多中一),

하나가 곧 일체이고 일체가 곧 하나이네(一卽一切多卽一).

하나의 티끌 속에 온 세상이 담겨있고(一微塵中含十方),

낱낱의 티끌 속에 온 우주가 다 담겨있네(一切塵中亦如是)."

— 『법성게(法性偈, 의상 대사)』

위에 적은 게송은 신라의 고승 의상 대사의 우주와 존재의 실상에 대한 깨달음의 노래 중 일부이다. 의상 대사의 위와 같은 게송처럼, 세상 모든 존재는 개별적, 독립적 존재가 아니라 상호 간에 원인과 조건으로 밀접하게 연관되어 불가분의 관계를 맺어 하나로 존재한다. 이른바 붓다께서 가르치신 바대로 모든 존재는 상의상관(相依相關)하여 일심일체의 연기적인 존재인 것이다.

나 한 사람이 선한 마음으로 선한 업을 행하면, 내 가족과 이웃이 더불어 선한 마음과 선한 업을 행할 수 있게 된다. 반대로 나 한 사람이 불선한 마음으로 불선한 악업을 행하면, 내 가족과 이웃들도 그러한 같은 마음으로 같은 행위를 드러낼 수 있게끔 큰 영향을 끼치게 된다. 왜냐하면 세상 모든 존재는 서로 하나로 연결되어 상의상관하고 있기 때문이다. '일심이 청정하면 국토가 청정해진다(一心淸淨, 國土淸淨)'고 하는 『유마경』의 가르침 또한 바로 이러한 뜻에서 표현되고 있다. 미국의 기상학자 에드워드 N.로렌츠는 1972년, 나비의 단순한 작은 날갯짓이 결국에는 크게 날씨까지도 변화시킨다는 이론을 발표하였다. 이른바 '나비 효과' 이론이다. 어찌 보면 이러한 나비 효과 이론 또한 세상 모든 존재가 서로서로 원인과 조건을 형성하며 하나로 연결되어 있다는 불교의 연기론과 크게 다르지 않다.

세상 현실의 모든 문제와 모순에 대해 그 누구보다 많이 알고 많이 지적하는 사람들이 있다. 하지만 상대적으로 스스로 세상의 아픈 현실에 더 많이 아파하고, 자신 먼저 정명(正命)의 삶을 살고자 노력하는 사람은 극소수다. 모두가 밖에서 문제를 찾고자 하고, 모두가 나를 제외한 남을 탓하기에 익숙할 뿐이다. 먼저 자신을 살펴 안에서 문제를 찾고 자신부터 선한 마음으로 바른 삶을 실천하고자 하는 것에는 별로 관심이 없다. 그러하기에 세상은 이처럼 분열하고 혼탁하며 어지러울 수밖에 없는지도 모른다.

문제는 밖이 아니라 안이다. 남이 아니라 바로 나다. 아니, 근원적인 원인을 따져보면, '나'가 아니라 나를 이끌고 있는 탐진치라고 하는 독성의 불선한 마음 때문이다. 각자의 불선한 마음들로 인해 세상은 이처럼 혼탁해졌고, 공업중생으로 그 속에 살아가고 있는 각 개인의 삶 또한 그렇게 괴롭고 불행한 처지에 놓여있게 된 것이다.

무엇보다 나 한 사람의 변화와 실천은 그래서 매우 중요하다. 나비의 작은 날갯짓이 날씨의 큰 변화를 불러일으키듯이, 나의 작은 변화와 실천은 또 다른 이웃과 사회의 변화를 불러올 수 있는 중요한 원인과 조건이 되기 때문이다. 나를 비롯한 각 개인 한 사람 한 사람이 안으로 시선을 돌려 스스로의 바른 변화와 선한 삶을 실천한다면, 세상은 지금보다 훨씬 청정하고 살기 좋은 정토, 극락세계가 될 것이다.

무량한 자비심이란?

- 남을 미워하지 않는 것.
- 원망하지 않는 것.
- 시기, 질투하지 않는 것.
- 이해하고 용서하는 것.
- 노여워하지 않는 것.
- 남을 해치지 않는 것.
- 남의 것을 빼앗거나 훔치지 않는 것.
- 다투지 않는 것.
- 남을 아프게 하지 않는 것.
- 타인의 아픔에 공감하고 함께 아파하는 것.
- 다른 존재를 함부로 살생하지 않는 것.
- 자기 자신을 사랑하듯 남을 사랑하는 것.
- 탐욕을 제거하여 함께 베풀고 나누는 것.
- 모든 존재들을 자신의 몸처럼 더불어 사랑하는 것.

염불 수행

하루하루가 정말 빠르게 흘러간다. 이 하루하루가 모여서 한 달을 이루고, 한 달, 한 달이 모여 한 해를 이루며, 또 이 한 해, 한 해가 모여 강산이 변한다는 십 년 세월을 이룬다. 인생이 제아무리 길다 한들 이렇게 모인 십 년 세월을 채 열 번을 넘기지 못하고 이 세상을 떠날 수밖에 없는 무상한 존재가 바로 우리들이다. 그러하기에 진리를 깨달은 모든 현자들은 이렇듯 짧고 덧없는 인생의 촌음을 아껴 최선을 다해 열심히 살 것과 인생과 시간을 헛되이 낭비하지 말 것을 누차 강조하며 경책하였다. 붓다께서 열반에 드시면서 마지막으로 슬퍼하는 제자들에게 남기신 부촉(附囑)의 유언도 바로 "수행승들이여, 참으로 그대들에게 당부한다. 모든 형성된 것들은 부서지고야 마는 것이니, 방일하지 말고 정진하라(D16.124)"라는 말씀이었다.

불교 수행은 붓다의 제자라면 누구나가 실천해야 할 깨달음을 위한 공부요, 중생 구제를 위한 보살행이라 할 수 있다. 붓다께서 몸소 솔선하여 보여주신 그 수승한 행과 거룩한 삶을 좇아 우리 또한 참된 진리를 깨닫고 더불어 살아가는 모든 중생들의 안락을 위해 실천해야 할 성스러운 과제가 바로 수행의 보편적 내용이라 할 수 있을 것이다. 하지만 이러한 수행의 길은 어느 한 가지로만 국한되지 않는다. 수행의 길에 나선 한 사람 한 사람의 개인적으로 타고난 근기와 성향, 그리고 역량과 처한 환경 등에 따라 여러 가지 차별적인 수행 방법과 내용이 제시될 수 있다는 말이다. 예컨대 우리가 어떠한 목적지를 가고자 한다면, 우리는 여러 교통수단을 이용할 수 있다. 버스와 택시, 열차와 비행기, 승용차와 자전거 등 다양한 수단을 이용하여 목적지에 이를 수 있는 것이다. 누구나가 자신에게 가장 편리하고 쉬운 교통수단을 선택하여 목적지로 향하면 된다. 같은 이치로 진리의 깨침과 하화중생을 목적으로 한 수행의 길을 나섬에 있어서도 각자에게 적합한 수행 방법과 길을 선택하여 일로향상(一路向上), 목적지(해탈과 열반)를 향해 게으름 없이 수행 정진하면 마침내 궁극적인 목적지에 이를 수 있게 될 것이다.

불교 수행의 기본은 삼학으로 불리는 계(持戒)·정(禪定, 止, 사마타수행)·혜(智慧, 觀, 위빠사나수행)의 닦음을 기본 수행으로 한다. 하지만 한국 불교에서는 이외에 다양한 수행법이 제시되고 있다. 염불, 독경, 주력, 독경, 간경, 참회의 절 수행 등이 바로 그것이다. 소의경전(所依經典)을 달리하는 여러 종파와 수행법을 가르치는 스승에 따라 주장되고 실천되는 수행법이 이롭듯 다양하게 제시되고 있는 것이다. 그런데 이러한 다양한 수행법 가운데 어느 한 가지 수행법만이 절대적으로 수승하고 유일한 바른 수행법이라고 주장하고 국집한다면, 이는 또 다른 집착이고 어리석음이라 할 수 있다. 다르게 제시되는 다향한 수행법의 공통된 지향점은 오로지 참된 진리에 대한 깨달음(해탈과 열반)과 중생 교화를 위한 목적을 이루기 위함이다. 비록 수행법에 따른 소승(小乘)과 대승(大乘), 난행(難行)과 이행(易行), 타력(他力)과 자력(自力) 등 차별이 있을 수 있지만, 이는 어디까지나 목적지를 향해 가는 수단의 차별과 방법일 뿐이다.

"이처럼 세존께서는
마땅히 공양받을 만한 응공(應供 araham)이시며,
올바로 원만히 깨달으신 정변지(正遍知 sammāsambuddho)이시며,
지혜와 덕행을 함께 갖춘 명행족(明行足, vijjācaraṇa sampanno)이시며,
올바른 진리의 길로 잘 가신 선서(善逝 sugato)이시며,
세상을 잘 아시는 세간해(世間解 lokavidū)이시며,
위없는 스승이신 무상사(無上師 anuttaro purisadamma sārathi)이시며,
사람을 잘 길들이시는 조어장부(調御丈夫 anuttaro purisadamma sārathi)이시며,
하늘과 인간의 스승이신 천인사(天人師 satthā devamanussānaṃ)이시며,
깨달음을 성취하신 붓다(佛 buddho)이시며,
세상에서 가장 존귀하신 세존(世尊 bhagavā'ti)이시네."

― 붓다에 대한 수념(佛隨念 buddha vandanā)

위에 적은 붓다에 대한 수념(隨念)은 붓다의 초기 가르침을 충실히 따르고 있는 미얀마, 스리랑카, 태국 등과 같은 남방 불교권에서 법회와 예불 의식에서 일상적으로 독송하는 붓다에 대한 예경 의식이다. '수념(隨念)'은 생각과 생각이 끊이지 않고 계속해서 이어감(念念相續)을 의미한다. 아마도 이러한 붓다에 대한 수념은 지금 우리들이 하는 모든 염불

의 기원이 될 수 있는 기본 원형이라 할 수 있다. 종합적으로 붓다가 어떠한 분이신가를 구체적으로 잘 표현하여 예배, 찬탄, 공경하는 내용을 담고 있음을 알 수 있다. 남방 불교에서는 이러한 붓다 수념과 더불어 붓다께서 설하신 가르침(Dhamma, 담마, 法)에 대한 수념(dhamma vandanā, 法隨念), 상가에 대한 수념(saṅgha vandanā, 僧隨念) 등, 불법승 삼보에 대한 수념을 일상적인 법회와 예불 의식에서 모든 대중이 합송한다. 불법승 삼보야말로 이 세상에서 비교할 수 없는 가장 값진 보배이고, 유일한 귀의처이며, 누구나가 재난을 피해 쉴 수 있는 섬이며. 어둠을 밝히는 삶의 밝은 등불이 됨을 매 순간 억념하고 되새기며, 나아가 삼보의 불가사의한 자비와 위신력에 의지하고자 하는 의미에서다. 이러한 수념을 원형으로 하는 불교의 염불 수행은 여러 수행법 가운데 대표적인 수행법이라고 할 수 있다. 옛말에 "노는 입에 염불한다"라는 말이 있듯이, 입으로 외는 염불(수념)은 때와 장소에 구애됨 없이, 그리고 특별한 경비와 준비 없이도 마음만 먹으면 어느 누구든 언제 어디서나 손쉽게 일상적으로 실천할 수 있는 수행법이기 때문이다.

'염불(念佛)'은 글자 의미 그대로 부처님의 지혜와 자비, 수승한 위신력과 공덕을 마음속으로 깊이 생각하고 새기며 예배, 찬탄, 칭명하는 것이다. 기본적인 의미로는 인류의 스승이시며 만생명의 자애로운 자부(慈父)이신 부처님을 항상 마음속에 모시고, 그 분의 가르침과 행을 마음에 억념하고 쉼 없는 수념을 통하여 자신의 몸과 마음을 청정히 닦고, 붓다의 자비와 가피에 의지하여 현생에서의 안락한 삶과 사후의 선처(善處 인간

세계, 천상 세계)에의 왕생을 성취하고자 하는 수행법이라 할 수 있다. 대승 불교에서는 이러한 기본적인 염불의 의미에서 벗어나 좀 더 적극적으로는 관세음보살, 지장보살, 아미타불 등과 같은 불보살님의 크신 원력과 가피력에 의지하며 쉼 없이 입으로 그분들의 명호를 칭명하고, 그러한 불보살님과 관련한 경전과 다라니 등을 선택해서 소리 내어 독송하는 것 등을 통하여 탐진치 삼독심과 같은 마음의 번뇌를 맑힘은 물론, 현생에서의 안락한 삶의 성취와 궁극적으로는 사후에 극락정토에 왕생을 목적으로 염불을 한다. 이러한 염불 수행에 대해 예부터 많은 선지식들이 그 수승함과 큰 공덕을 강조하여 찬탄하고 있는데, 그 중에서도 특히 아미타불 염불에 대한 가피와 공덕을 찬탄하는 내용들이 주류를 이룬다.

"모든 방편 중에서 가장 직접적이고 가장 원만하고 즉각적인 것을 구한다면, 염불하여 정토왕생을 구하는 것만 한 게 없다. 방편 중에 제일 방편이요, 요의 중에 위없는 요의이며, 원돈 중에도 가장 지극한 원돈이다(一切方便之中, 求其至直捷至圓頓者, 莫若念佛求生淨土. 方便中第一方便, 了義中無上了義, 圓頓中最極圓頓)."

- 『미타요해(彌陀了解, 蕅益大師: 1599-1655, 明)』

"'아미타불(阿彌陀佛)'은 범어(梵語, 인도 산스크리트어)이며, 이 말은 '무량수불(無量壽佛)'이라는 뜻입니다. '불(佛)' 또한 범어로서 이 말은 '각(覺)'이라 합니다. 이는 사람마다 각자의 본성에 있는 크고 신령한 깨달음으로, 본래 생사가 없고, 옛날이나 지금이나 항상 신령하게 밝고, 청정하고, 미묘

하며, 안락하고, 자유자재합니다. 이것이 어찌 무량수불이 아니겠습니까! 그러므로 옛사람이 말하기를 '이 마음을 밝히는 것을 불(佛)이라 하고, 이 마음에 대하여 설명하는 것을 가르침(敎)이라 한다'라고 하셨습니다. 부처님께서 대장경의 가르침을 설하신 것은 사람마다 지니고 있는 자각(自覺)의 본성을 지시하는 방편이었습니다. 방편은 비록 다양하지만 요점을 말하자면, 유심정토(唯心淨土)와 자성미타(自性彌陀)라 할 수 있습니다. '마음이 청정하면 불국토가 청정하고, 본성이 나타나면 불신도 나타난다'는 말은 바로 이러한 뜻을 가리킵니다. 아미타불의 청정하고 미묘한 법신은 모든 중생의 심지(心地)에 두루 있습니다. 그러므로 '마음과 부처와 중생, 이 세 가지는 차별이 없다(화엄경)'라 하셨고, 또한 '마음이 부처요, 부처가 마음이니, 마음 밖에 부처가 없고, 부처 밖에 마음이 없다(혈맥론 血脈論)'라고도 하셨습니다. 만약 상공께서 진실하게 염불하고자 한다면, 다만 바로 지금 자기 본성의 아미타불(自性彌陀)을 염불의 대상으로 삼기만 하면 됩니다. 하루 모든 시각 중의 사위의(四威儀: 수행자의 움직이고 行·머물고 住·앉고 坐·눕는 臥 행위) 안에서 아미타불이라는 네 글자를 마음의 눈앞에 붙여두고, 마음의 눈과 아미타불이라는 네 글자가 한 덩어리가 되어 마음마다 이어지고, 찰나마다 잊지 않을 때, '염불하는 자는 누구인가?' 하고 빈틈없이 돌이켜 관찰하십시오. 이렇게 공부한 지 오래되어 공력이 이루어지면, 자기도 모르는 순간에 모든 생각이 단절되어 아미타불의 진실한 몸만 우뚝 눈앞에 나타날 것입니다. 이 순간을 맞이하면 비로소 '옛날부터 지금까지 움직이지 않는 것을 부처라 한다(華嚴一乘法界圖, 義湘)'라고 한 말뜻을 알게 될 것입니다(阿彌陀佛, 梵語, 此云, 無量壽佛. 佛者, 亦梵語, 此云, 覺. 是人人箇箇之本性, 有大靈覺, 本無生死, 亘古今而靈明淨妙, 安樂自在. 此豈不是無量壽佛

也. 故云, 明此心之謂佛, 說此心之謂敎. 佛說一大藏敎, 指示人人自覺性之方便也. 方便雖多, 以要言之, 則唯心淨土, 自性彌陀. 心淨則佛土淨, 性現卽佛身現, 正謂此耳. 阿彌陀佛, 淨妙法身, 徧在一切衆生心地. 故云, 心佛及衆生, 是三無差別. 亦云, 心卽佛, 佛卽心, 心外無佛, 佛外無心. 若相公眞實念佛, 但直下念自性彌陀. 十二時中, 四威儀內, 以阿彌陀佛名字, 帖在心頭眼前, 心眼佛名, 打成一片, 心心相續, 念念不昧時, 或密密返觀, 念者是誰, 久久成功, 則忽爾之間, 心念斷絶, 阿彌陀佛眞體, 卓爾現前. 當是時也, 方信道, 舊來不動名爲佛)."

- 『태고보우어록(太古普愚國師: 1301~1382, 「示樂庵居士念佛略要」)』

"'나무아미타불' 여섯 자 법문이야말로 진정 윤회에서 벗어나는 지름길이다. 마음은 바로 부처님의 경계를 생각하여 끊임이 없고, 입은 부처님의 명호를 분명히 불러 흐트러지지 않게 한다. 이렇듯 마음과 입이 서로 상응하면 그 생각한 소리에 능히 18억 겁 동안 생사를 헤매는 죄업을 소멸함과 동시에 80억 겁의 수승한 공덕을 성취한다(阿彌陀佛六字法門, 定出輪廻之捷徑也. 心則緣佛境界, 憶持不忘, 口則稱名佛號, 分明不亂, 如是心口相應, 名曰念佛.)."

- 『청허당집(淸虛堂集, 淸虛休靜, 사명대사: A.D.1520~1604)』

"아미타불을 염불하면서 다른 번뇌의 생각이 없으면, 손가락 튕길 수고로움도 없이 서방정토에 태어날 것이다(一句彌陀無別念, 不勞彈指到西方)."

- 『선정쌍수집요(禪淨雙修集要, 六祖慧能: A.D.638~713, 唐)』

"참선 수행을 하지 않고도 정토 수행만을 한다면, 만인이 닦으면 만인이 극락왕생한다. 다만 극락에 왕생하여 아미타불 친견하기만 한다면, 어찌 깨닫지 못할 것을 걱정하겠는가? 참선 수행만 닦고 정토 수행을 닦지 않으면, 열에 아홉은 잘못된 길로 떨어지게 된다. 중음신(重陰神: 사후에 다음 생의 몸을 받기 직전까지 49일 동안 중음 세계에 머물게 되는 영가)의 경계가 만약 나타나면, 눈 깜짝할 사이 (3악도의 세계로)휩쓸려가게 된다. 선정 수행과 정토 수행 모두를 닦지 않으면, 무쇠 평상과 구리 기둥의 지옥 일만 겁과 천여 생애 동안 믿고 의지할 데가 없게 된다(無禪有淨土, 萬修萬人去, 但得見彌陀, 何愁不開悟. 有禪無淨土, 十人九蹉路, 陰境若現前, 瞥爾隨他去. 無禪無淨土, 鐵床竝銅柱, 萬劫與千生, 沒箇人依)."

— 『사료간(四料簡, 永明延壽: A.D 904~975, 北宋)』

"염불과 참선이 같지 않다고 의심하는 사람이 있다. 그것은 참선이란 다만 마음을 알고 성품을 보려고 하는 것이고, 염불은 자기 성품이 미타(彌陀)요 마음이 곧 정토(淨土)임을 깨닫고자 하는 것임을 모르는 데서 오는 것이니, 어찌 그 이치에 둘이 있을 수 있겠는가!『능엄경(楞嚴經)』에 말씀하시기를 '부처님을 억념하면서 염불을 하면, 현세나 다음 생에 반드시 부처님을 친견하게 된다'고 하셨다. 이미 현세에서 부처님을 친견할 수 있다고 하셨는데, 어찌 참선을 하여 진리를 깨닫는 것과 다를 수 있겠는가? '아미타불' 넉 자를 화두 삼아 자나 깨나 분명히 들어 쉬지 않고 한 생각의 분별도 일어나지 않는 데까지 이르면, 수행의 차서를 밟지 않고서도 바로 부처님의 경지로 뛰어오를 수 있게 된다(有自疑念佛與參禪不同, 不知參禪, 只圖識心見性, 念佛者, 悟自性彌陀, 唯心淨土, 豈有二理. 經云, 憶佛念佛, 現前當來,

必定見佛. 旣曰現前見佛, 則與參禪悟道, 有何異哉, 但將阿彌陀佛四字, 做箇話頭, 二六時中, 直下提□, 至於一念不生, 不涉階梯, 徑超佛地.)."

- 『천여유측선사어록(天如惟則禪師語錄,「普說」, 天如惟則: A.D. 1300년경, 元)』

염불에 대한 옛 조사 스님들의 가르침의 핵심은 한결같이 '유심정토(唯心淨土)와 자성미타(自性彌陀)'에 대한 믿음을 바탕으로 극락정토에 대한 설법이라 할 수 있다. 유심정토, 자성미타는 우리의 마음이 본래 청정하고 밝은 불성의 소유자요, 아미타 부처님과 하등 차별 없는 무량한 지혜광명과 영원한 생명력을 갖추고 있는 신성한 존재라는 가르침이다. 단지 무시이래(無始以來)로 생사윤회의 삶을 이어오면서 그러한 신성한 불성이 육진번뇌에 의해 오염되어 그 신령스러움과 밝은 무량광을 드러내지는 못하는 어리석은 중생의 삶을 살고 있다는 것이다. 까닭에 우리는 이러한 진실을 굳게 믿고 간단없는 염불 수행을 실천하여 마음의 오염원인 번뇌를 맑히고 청정한 무량과 무량수인 본성(佛性)을 회복하여 지혜로운 삶을 살기만 하면 현생에서의 복락은 물론, 죽어서도 3악도를 벗어나 아미타불이 주불(主佛)로 계신 극락정토에 왕생하여 마침내 생사윤회를 벗어날 수 있는 인연을 갖게 된다는 것이다.

염불은 그 내용에 따라 크게 4종류로 분류할 수 있다. 입으로 불보살님의 명호를 부르는 칭명염불(稱名念佛), 부처님의 성상(聖像)을 생각하는 관상염불(觀像念佛), 부처님의 무량한 지혜와 자비공덕을 생각하는 관상염불(觀像念佛), 만법의 근원인 부처님의 법신(法身)을 생각하는 실상염불(實相念佛)이 바로 그것이다. 편의상 염불의 종류를 이렇듯 네 종류로 분류하지만, 실은 이러한 네 종류의 염불은 분류할 수 없는 하나의 염불 수행법이라 할 수 있다. 염불은 결과적으로 무수한 다생 동안 수행자의 삶을 실천한 수행의 과보로 성취한 32상(相)과 80종호(種號) 등과 같은 신체적 특징을 갖추신 부처님의 성스러운 덕상과 부처님이 갖추신 무량한 지혜광명과 자비공덕, 그리고 부처님과 모든 중생이 함께 차별 없이 모두 갖추고 있는 만법의 근본 자성인 청정법신을 생각하며, 입으로 항상 부처님의 명호를 칭명하는 것을 내용으로 하는 수행법이기 때문이다. 이러한 염불 수행을 하는 데 있어 염불 수행자가 기본적으로 갖춰야 할 세 가지 필수적인 요소가 제시되고 있다. 바로 믿음(信)과 발원(發願)과 수행(修行)이다. 이 세 가지 요소를 이른바 '삼자량(三資糧)'이라 하는데, '자량'이란 돈과 식량을 의미하는 것으로 염불 수행자는 반드시 이러한 세 가지 자량을 함께 갖춰야 염불 수행의 궁극적 목적인 사후에 극락정토에 왕생할 수 있다는 것이다.

첫 번째, 믿음은 당연히 불법승 삼보에 대한 기본적인 믿음을 바탕으로 오직 자신의 마음이 정토(惟心淨土)요, 자신의 본성이 미타(自性彌陀)임을 믿는 것이고, 나아가 아미타부처님이 48대원의 본원력(本願力)으로 서방의 극락정토를 세우시고 그 곳에 왕생한 중생들의 깨달음을 위해 현재도 극락세계에서 설법하심을 믿는 것이요, 수행자가 염불 수행을 통해 반드시 그러한 정토에 왕생하여 마침내 깨달음을 완성하고 윤회의 고통에서 완전히 벗어날 수 있음을 굳게 믿는 것을 의미한다. 이러한 믿음에 대해서 『화엄경』에서는 "믿음은 도의 근원이며, 공덕의 어머니이다. 모든 선법을 길러내며, 의혹의 그물을 끊고 애착의 물결에서 벗어나게 하며, 열반이라는 최상의 길을 열어 보인다(信爲道元功德母, 長養一切諸善法, 斷除疑網出愛流, 開示涅槃無上道)"라고 설하고 있고, 중국 금나라 정언(政言, ?~1184) 선사께서 쓰신 『진심직설(眞心直說)』에서도 "또한 유식론(唯識論)에서 말하기를, '믿음은 물을 맑히는 구슬과 같나니, 흐린 물을 맑히기 때문이다'고 하였다. 이것으로 모든 선법이 생겨나는 데에는 믿음이 그 길잡이가 된다는 것을 알 수 있다. 그러므로 불교 경전의 첫머리에 '이와 같이 내가 들었다'고 쓴 것도 믿음을 일으키기 위한 말씀이라고 할 수 있다(又唯識云, 信如水淸珠, 能淸濁水故. 是知萬善發生, 信爲前導. 故佛經首, 立如是我聞, 生信之所謂也.)"라고 설하고 있으며, 용수보살(龍樹菩薩)의 『대지도론(大智度論)』에서도 "불법이라는 큰 바다는 믿음으로 들어갈 수 있으며, 지혜로 건널 수 있다(佛法大海, 信爲能入, 智爲能度)"라고 교설하고 있다. 특히 『불설아미타경(佛說阿彌陀經)』에서는 "너희 중생들은 이 불가사의한 공덕을 드러내어 찬탄하시는 모든 부처님들의 보호를 받는 경을 믿어야 된다(汝等衆生, 當信是稱讚, 不可思議功德, 一切諸佛所護念經)"라고 하시며 아미타불과 극락정토에 대한 내용을 설법하고 있는 정토경전에 대한 믿음을 강조하고 있기도 하다.

두 번째, 발원(發願)은 수행의 궁극적 목적인 상구보리 하화중생, 곧 개인의 진리에 대한 깨달음(해탈과 열반)과 중생 구제에 대한 서원(誓願)을 다짐하고 세우는 것을 의미한다. 불교에서는 이렇듯 수행자가 수행의 궁극적 목적을 반드시 성취하겠다고 다짐하고 맹서하며 일으키는 성스러운 마음을 '발보리심(發菩提心)', 혹은 줄여서 '보리심'이라고 한다. 삼보에 대한 굳센 믿음을 바탕으로 수행의 목적을 어떠한 환경적 어려움과 마장의 방해가 있더라도 마침내 이루고 말겠다는 발원(발보리심)이야말로 수행자가 모든 어려움을 극복하며 흔들림과 좌절함 없이 수행을 실천해 나갈 수 있도록 지탱해 주는 원동력이고, 마르지 않는 에너지의 원천이라 할 수 있다. 석가세존도 생로병사의 윤회를 벗어날 수 있는 무상정등정각(無上正等正覺)의 깨침과 고통 받는 모든 중생의 구제를 발원하여 과감히 세속의 모든 명리와 권력을 버리고 출가의 길에 나섰고, 아미타불도 고통 없는 극락세계의 건설과 모든 중생의 구제를 위해 48대원(大願)을 발원하셨다. 또한 병고의 중생을 구제하신다는 약사유리광불(藥師瑠璃光佛)도 병고 중생의 구병(救病)을 내용으로 한 12대원을 발원하셨고, 큰 지혜(大智)를 상징하는 문수보살과 더불어 석가모니불의 좌우협시 보살로 계시는 큰 실천(大行)을 상징하는 보현보살도 중생 구원의 보살행을 내용으로 한 10대 행원(十大行願)을 세우셨으며, 대승보살 중에서 가장 큰 원력을 세운 보살로 지칭되는 대원본존(大願本尊) 지장보살도 가장 극심한 고통을 받고 있는 지옥 중생의 구원을 발원하며 "지옥이 텅 비지 않으면 성불하지 않을 것이며, 중생을 다 제도해야만 바야흐로 깨달음을 증득할 것이다. 내가 지옥에 들어가지 않는다면 그 누가 지옥에 들어가겠는가(地獄不空, 誓不成佛, 衆生度盡, 方證菩提, 我不入地獄, 誰入地獄)?"라는 대원력을 세우셨다. 『천수경』에서 언급되고 있는 '여래십대발원(如來十大發願)'과 '사홍서원(四弘誓願)' 등도 대승 불교를 실천하는 수행자가 발원하는 대표적인 발원들이라 할 수 있다. 또한 고려 시대의 유명한 나옹화상(懶翁和尙: 1320~1376)도 '행선축원문(行禪祝願文)'에서 "내 이름을 듣는 존재들은 삼악도(三惡道: 지옥, 아귀, 축생)를 면하옵고, 내 얼굴을 보는 자들은 해탈하게 하옵소서(聞我名者免三途, 見我形者得解脫)!"라고 발원하였고, 중국 명나라 말기의 유명한 고승인 우익 선사(藕益禪師: 1599-1655)도 "만약에 믿음과 발원이 견고하다면, 죽음을 맞이할 때에 지극히 열 번이나 한 번의 염불만으로도 서방정토에 왕생할 것이다. 그런데 만약에 견고한 믿음과 발원이 없다면, 설사 부처님 명호를 지니고 염불하기를 바람이 불어도 스며들지 못하고 비가 와도 적시지 못할 정도로 열심히 하여, 마치 은으로 된 담장과 철로 된 벽과 같이 견고한 삼매를 이룬다고 하더라도 그는 왕생하지 못할 것이다. 정토 수행자는 이러한 이치를 확실히 알아야만 한다(若信願堅固, 臨終十念一念, 亦決得生. 若無信願, 縱將名號持至風吹不入, 雨打不濕, 如銀牆鐵壁相以, 亦無得生之理, 修淨業者不可不知也.)"라고 설하며 믿음과 발원의 중요성을 강조하였다. 마지막으로 『불설아미타경(佛說阿彌陀經)』에서도 "모든 선남자 선여인 중에서 나의 가르침을 믿는 사람들은 마땅히 저 극락세계에 왕생하기를 발원해야 하느니라(諸善男子善女人, 若有信者, 應當發願, 生彼國土)"라고 교설하며, 염불 수행자의 발원을 크게 강조하고 있기도 하다.

세 번째, 수행은 믿음과 발원을 바탕으로 한 구체적인 실천행이라 할 수 있다. 아무리 염불 수행자가 믿음이 깊고 큰 발원을 세웠다고 하더라도 몸소 닦음의 실천 수행이 없으면 그 무엇도 변화시킬 수 없고 이룰 수 없다. 이른바 『팔만대장경』에서 설법하고 있는 모든 수행에 대한 가르침과 수행법을 줄이고 줄이면 오직 '정진(精進=修行)'만 남는다고 한다. 아무리 그 모든 불조(佛祖)의 가르침이 수승하고 수행법이 훌륭해도 몸소 나서서 직접 실천하는 닦음의 정진(수행)이 없으면, 그 어느 한 가지도 이룰 수 없기 때문이다. 염불 수행자의 기본 수행은 당연히 불보살님의 명호를 칭명하는 염불 수행을 간단없이 계속 이어가는 것이라 할 수 있다. 모든 수행이 다 그렇겠지만, 염불 수행자도 매일매일 일정한 정진의 시간을 정해 놓고 염불 수행을 실천하는 것이 좋다. 일정한 수행의 시간을 정해 놓고 이른바 '정토삼부경(淨土三部經)'이라 불리는 『불설아미타경』, 『무량수경(無量壽經)』, 『관무량수경(觀無量壽經)』 가운데 한 경전을 선택해서 매일 독경하고 아미타불을 칭명하는 염불을 해야 한다. 염불행자는 당연히 입으로만 염불해서는 안 되고 마음의 집중과 청정성을 유지해야 한다. 입으로는 염불을 하면서 마음으로는 다른 번뇌를 일으켜 잡념에 빠져서는 안 되는 것이다. 그렇게 하기 위해서는 무엇보다 다른 수행과 마찬가지로 매 순간 자신의 마음을 알아차리는 이른바 '바른 알아차림(正念, 싸띠 sati)'을 놓치지 않아야 된다. 정념의 알아차림은 깨어있는 각성의 마음이고, 밝게 비춰보는 지혜의 마음이며, 번뇌에서 벗어난 청정한 마음이다. 만약 염불을 하다가 자신이 다른 망념을 일으키고 있다면, 곧 바로 자신이 삿된 망념을 일으켰음을 알아차려서 다시금 염불에 집중해야 하는 것이다. 만약 염불행자가 이러한 싸띠의 알아차림을 하지 못하면 입으로는 불보살님의 명호를 칭명하는 염불을 하면서도 마음은 다른 번뇌를 일으켜 잡된 망념을 좇게 되는 것이다. 서산 대사가 『선가귀감(禪家龜鑑)』에서 "염불이란 입으로 하면 소리요, 마음으로 하는 것이 염불이다. 소리만 내고 마음을 잃으면 도를 이루는 데 아무런 이익이 없다(念佛者, 在口曰誦, 在心曰念, 徒誦失念, 於道無益)"라고 하신 말씀은 바로 이러한 이치를 가르치고 있는 내용이다. 번뇌 없는 일심불란(一心不亂)의 청정한 마음과 입으로 외는 불명과 그 소리를 듣는 귀가 하나 되어 순일하게 염념상속(念念相續)의 염불을 이어가는 것, 이것이 곧 바른 염불 수행법이라 할 수 있다.

붓다는 출가 수행자와 재가 불자를 막론하고 모든 제자들에게 가장 기본적인 실천 수행으로 '시계생천(施戒生天)', 즉 보시(施), 지계(持戒), 생천(生天)의 실천을 가르치셨다. 모든 수행자는 탐욕에서 벗어나 항상 자비심으로 모든 중생들에게 이익을 나누고 베풀어야 하고(施), 5계, 10계 등의 계율을 철저히 지켜 모든 악업에서 벗어나 그 누구에게도 비난받거나 지탄받지 않는 청정한 삶을 살아야 하며(戒), 또한 육도 세계 중에서 가장 상위 세계인 천상(天上, 혹은 극락세계)에 태어나기 위해서 그러한 세계에 태어날 만한 선업의 복덕을 쌓는 실천을 기본적으로 닦아야 한다(生天)는 가르침이다. 현세의 복락과 사후의 극락정토에의 왕생을 궁극적인 목적으로 하여 닦는 염불 수행을 함에 있어서도 보시와 지계는 당연히 염불 수행자의 가장 기본적인 실천행이라 할 수 있다. 염불 수행자 또한 탐욕과 성냄과 어리석음이라고 하는 모든 번뇌의 원천이 되는 삼독심에서 벗어나고자 자신의 마음을 청정하게 닦아야 하고(自淨其意), 나아가 무량한 자비심으로 모든 중생들의 안락과 제도를 위해 자비행을 닦아야 하며(衆善奉行), 계율을 철저히 지켜 모든 악업을 단절시킬 수 있도록(諸惡莫作) 모든 수행의 기본을 먼저 닦아야 하는 것이다. 염불 수행자가 이러한 기본적인 실천과 닦음을 전제로 하여 간절하고 정성스러운 마음으로 염불 수행을 실천해 간다면, 그 수행의 인과는 결코 헛되지 않는다. 반드시 현생에서는 복락의 삶을 성취하고 사후에는 극락정토에 왕생하여 마침내 생사윤회를 벗어날 수 있는 큰 선연의 인연을 만나게 될 것이다.

진언 수행

"진언을 외우는 것은 금생에 지은 업은 비교적 다스리기 쉬워 자기 힘으로도 고칠 수 있지만, 전생에 지은 업은 다스리기 어렵기 때문에 반드시 신비한 힘을 빌릴 수밖에 없기 때문이다(持呪者, 現業易制, 自行可違, 宿業難題, 必借神力)."

- 『선가귀감(禪家龜鑑, 서산 대사)』

어쩌면 소리는 사람뿐만 아니라, 모든 생물의 마음을 희로애락의 감정에 빠져들게 하는 살아있는 생물이라 할 수 있다. 번잡한 길거리에서 어쩔 수 없이 듣게 되는 자동차 소음과 공사상에서 들려오는 요란한 작업 소리, 사람이 서로 싸우며 질러대는 시끄러운 욕설과 원망과 시기, 질투를 담아 내뱉는 사람의 수다 소리, 물건이 부딪혀 깨지는 소리와 고통과 괴로움 속에서 터져 나오는 생명들의 비명소리 등은 사람의 마음에 불쾌감과 불안감, 괴로움을 안겨다 주는 공해를 동반한 소리라 할 수 있다. 반면에 깊은 산 속에서 흘러내리는 맑은 계곡물 소리, 새들의 고운 지저귐, 대숲을 흔드는 바람 소리, 산사의 풍경 소리, 가족의 행복을 기원하는 조용한 여인의 기도 소리, 어여쁜 아기의 옹알거림, 연인 간에 주고받는 사랑의 속삭임, 감사와 고마움을 표하는 애정이 담긴 언어, 조용한 음악과 감미로운 노랫소리 등은 사람들의 마음에 잔잔한 위안과 기쁨을 주고 행복감을 안겨 주는 유익하고 아름다운 소리라고 할 수 있다. 우리는 본능적으로 소리의 이 같은 선악의 효능을 알기에 가능한 한 좋은 소리를 듣고자 애쓰고, 반대로 나쁜 소리는 일부러 멀리 회피하려는지도 모른다.

아기를 잉태한 엄마가 태아에게 조용한 클래식 음악이나 명상 음악을 계속해서 들려주고 엄마의 애정이 듬뿍 담긴 사랑의 말을 속삭여주며 태교에 힘쓰는 것도 이러한 소리의 효용성을 익히 잘 알기에 하는 행위라고 할 수 있다. 어디 사람뿐이겠는가! 집에서 기르는 동물이나 심지어 화초와 같은 식물에 있어서도 아름다운 소리를 들려주는 것을 좋아하기는 매한가지이다. 토양이 같은 두 개의 화분에 같은 종류의 식물을 심어놓고 실험을 하였다. 한쪽 화분의 식물은 그냥 무심히 내버려 두고, 또 다른 화분의 식물에게는 매일매일 좋은 음악과 "사랑해!", "참 예쁘네~" 하고 속삭여 주었다. 그 결과 무심히 내버려두었던 식물은 성장도 둔하고 꽃과 열매도 시들한 데 반하여 매일 사랑의 언어를 속삭여 주고 듣기 좋은 음악을 들려준 식물은 성장도 빠를 뿐만 아니라, 꽃과 열매도 더 아름답고 튼실해지더라는 것이다. 일본의 에모토 마사루(江本 勝) 박사는 그의 저서 『물은 답을 알고 있다』에서 물을 실험 대상으로 해서 찍은 '물 빙결(氷結) 결정 사진'을 공개하였다. 그가 공개한 120여 컷의 물 결정 사진은 물을 대상으로 물에게 이런 저런 선악의 말을 들려주고, 주문을 적은 글씨를 보여주며, 시끄럽거나 조용한 음악을 들려주었을 때 물이 보여주는 신비하고 놀라운 결과의 결정체 사진들이었다. 그의 결론은 인간의 생각과 소리, 혹은 어떠한 선악의 외적 작용이 물에 전달되면 물이 얼었을 때 그 결정의 모양이 아름다워지거나 추해진다는 것이었다. 사람과 동물, 식물, 그리고 심지어 물조차도 듣는 소리에 희로애락의 감정적 영향을 받는다는 것을 증명해주고 있는 것이다.

진언(眞言, 다라니 dhāranī)은 글자 의미 그대로 비밀스러운 진리의 언어이다. 불교에서 말하는 진언, 다라니, 주(呪)는 넓은 의미에서 모두 같은 내용이라 할 수 있다. 단지 길게 장구(長句)로 된 것을 다라니, 몇 구절로 된 것을 진언, 짧게 한두 구절로 된 것을 주(呪)라 구분하기도 한다. 진언은 한마디로 단정 지어 쉽게 표현할 수 없는 비밀한 의미를 함축하고 있다. 우리가 헤아릴 수 없는 신묘한 뜻과 신비한 힘을 갖추고 있다고 해서 '신주(神呪)', '비밀주(祕密呪)'라고도 하며, 또는 모든 신묘한 이치를 담고 있다고 하여 '총지(總持)'라고도 불린다. 결론적으로 이러한 진언 등은 우주 본체의 진리와 법을 가르치고 있는 상징적인 언어임과 동시에 진리를 깨닫고 또 그러한 진리 세계에 나아가게끔 하는 신묘함을 담고 있는 진리 언어, 깨침의 소리라고 할 수 있다. 이러한 진언에 대해 대승 불교 국가에서는 인도 산스크리트어로 된 진언 등을 굳이 따로 자세히 해석하지 않고 본래의 음(音) 그대로 독송한다. 진언이 담아내고 있는 본뜻을 그릇되게 해석하여 훼손시킬 수 있는 위험성과 어려움이 있기 때문이다.

불자들은 부처님께 개인적인 복락을 발원하거나 삼독심의 번뇌를 단절하고 자신의 청정한 진리 본성을 찾기 위한 수행의 방편으로 이러한 진언을 지극정성으로 외운다. 그러한 진언 가운데 대표적인 것으로는 신묘장구대다라니, 관세음보살 육자대명왕진언, 능엄신주, 광명진언, 불설소재길상대다라니 등이 있다. 진언을 외우는 데 있어 우리는 다음과 같은 다섯 가지 사항을 중요시해야 한다.

첫째, 진언의 가피를 의심 없이 굳게 믿는 것이다. 진언을 외우면서 그 진언의 공덕에 대한 의심이 있다면, 아무리 많은 시간과 노력을 기울여 진언을 외운다고 해도 그 공덕은 크게 자신에게 다가오지 않기 때문이다.

둘째, 진언을 외울 때에는 오로지 그 진언에만 마음을 기울여 외워야만 한다. 진언을 외우는 과정에 당연히 잡된 생각이 일어날 수 있다. 그럴 경우에는 빨리 자신이 다른 잡된 생각을 하고 있음을 알아차리고 다시 진언을 외우는 데 마음을 돌이켜 집중하여 외워야 한다. 입으로만 진언을 외우고 마음으로는 다른 잡된 생각에 빠져 있다면 아무리 오랫동안 진언을 외워도 역시 아무런 공덕의 효과를 기대할 수 없기 때문이다.

셋째, 진언 수행자는 항상 탐진치 삼독심에서 벗어나 진언을 외워야 한다. 물질에 대한 탐욕의 마음, 남을 시기, 질투하고 미워하고 원망하고 화내는 등의 성내는 마음, 그리고 세상의 이치와 실상을 바르게 이해하지 못하고 오직 소유에 대한 애착과 세속적 욕심을 이루기 위한 목적만으로 진언을 외우고자 한다면, 이 역시 아무리 오랫동안 진언을 외워도 그 공덕은 극히 미약하기 때문이다.

넷째, 진언 수행자는 항상 자비심을 잃지 말아야 한다. 진언을 외우면서 남을 이해하고 포용하지 못하고 자기만의 욕심과 이익만을 생각하여 지극히 인색하거나 옹졸한 마음으로 진언을 외운다면, 이 또한 아무리 많은 시간을 진언을 외우는 데 투자하여도 그 공덕은 극히 미약하게 나타나기 때문이다.

다섯째, 진언을 외우는 궁극적인 목적을 생사윤회에서 벗어나 깨달음의 열반을 이루는 것에 둬야만 한다. 진언에 마음을 집중하여 외우다 보면 자신의 청정한 진리 본성을 가리고 있는 어두운 삼독심을 단절할 수 있다. 진언을 외우는 것에 마음을 집중하는 것은 결과적으로 선정 수행과 같이 마음을 고요하게 하고 감각적 욕망을 제어하는 효과를 얻을 수 있기 때문이다. 또한 마음이 고요해지고 청정해짐으로써 우리는 자연스럽게 존재의 실상과 이치를 바르게 헤아릴 수 있는 지혜의 눈(慧眼)을 얻을 수 있게 된다. 이러한 이치에서 지극한 진언 수행은 결과적으로 우리들로 하여금 진리를 깨닫게 하여 불교의 궁극적인 목적지인 열반에 이르게 할 수 있는 밑거름이 되는 것이다.

불자는 누구나가 수행자이다. 머리를 삭발하고 회색 옷을 입은(削髮染衣) 스님들이 출가 수행자라면 불자는 세속에서 출가승을 외호하며 출가슴으로부터 부처님 법을 배우고 닦는 재가 수행자이다. 까닭에 불자가 오로지 개인적인 복락만을 비는 기복에만 매달린다면 그러한 불자는 부처님 가르침을 바르게 실천하는 참된 부처님 제자라고 할 수 없다. 불자는 누구나가 자신의 삶을 고통으로 인도하는 삼독심을 단절하고 지고지순한 열반의 피안으로 건너가기 위해 수행해야 한다. 참선 수행, 염불 수행, 진언 수행, 그 어떤 수행을 선택하든 불자들 또한 누구나 궁극적으로는 열반을 목표로 두고 수행을 실천해야 하는 것이다.

경전에 대한 이해와 공부

경전(經典, 숫타 Sutta)은 부처님이 안 계신 무불(無佛) 시대에 붓다를 대신하여 우리에게 수행의 바른 길과 삶을 자세히 안내해주는 수행의 지침서이자 안내서라 할 수 있다. 경전에는 붓다가 깨달으신 바의 수승한 모든 진리와 체험하신 수행의 내용이 자세히 설법되어 있다. 또한 우리들이 무엇을 목적으로 어떻게 수행하고 어떠한 삶을 살아야 하는지를 세밀히 가르치고 있다. 까닭에 붓다가 설법하신 이러한 경전에 대한 깊이 있는 공부와 바른 이해 없이는 결코 바른 수행이 이루어질 수도 없고 또한 바른 깨달음에도 도달할 수 없다. 붓다의 가르침을 담고 있는 경전이야말로 부처님이 안 계신 이 사바세계에서 우리가 일차적으로 유일하게 의지할 귀의 대상이요, 훌륭한 스승인 것이다.

불교 경전은 경전이 편찬된 시기와 전승된 지역에 따라 크게 두 종류로 분류할 수 있다. 하나는 비교적 붓다의 원음을 그대로 담아내고 있는 근본 불교 계통의 니까야(nikaya) 경전이고, 다른 하나는 보다 철학적이고 깊은 신앙적인 내용의 가르침을 담아내고 있는 대승 불교 계통의 대승 경전이다. 부처님 당시에 부처님이 직접 사용하셨다고 알려진 대중 언어인 빨리어(Pāli)로 편찬된 니까야 경전은 주로 미얀마, 스리랑카, 태국 등과 같은 남방 불교(南方佛教 일명 상좌부上座部 불교, 테라와다Theravada 불교)권에서 전승, 유통되고 있고, 인도의 상류층이 주로 사용했다고 알려진 산스크리트(Sanskrit, 梵語)어로 편찬된 대승 경전은 중국, 티벳, 한국, 일본, 대만 등과 같은 북방 불교(北方佛教, 대승 불교)권에서 전승, 신앙되고 있다. 다행히 근래에 들어 우리나라에서도 남방 불교의 대장경이라 할 수 있는 5부 니까야 경전이 모두 번역되고 유통되면서 붓다의 근본 가르침을 배우고 익히는 데 많은 도움을 주고 있다.

불교 경전은 한 시기, 혹은 한 번에 모든 경전이 결집(結集, 편찬)된 것이 아니라, 붓다가 열반하신 이후 오랜 시기를 거치며 점차적으로 결집, 편찬되었다. 남방 불교에서 주로 봉행되는 니까야 경전(일명 빨리어 대장경, 또는 남전대장경) 등은 붓다 입멸 후 3개월이 지나서 라자가하(Rājagaha)의 칠엽굴 옆의 집회당에서 처음으로 열린 1차 결집을 시작으로 100년경에 웨살리(Vaiśālī)의 왈리까(Vālikārāma) 승원에서의 2차 결집, 불멸 후 300년경(B.C.3세기)에 인도에 최초로 통일 국가를 세운 아쇼카(Aśoka)왕의 주도로 이루어진 3차 결집, B.C.80-94년 사이에 스리랑카 아바야 왓따가마니(Vattagamani Abhaya, 재위 B.C.43~17)왕 시기에 마딸레(Mātale) 지방의 알루위하라(Aluvihāra) 승원에서 이루어진 4차 결집 등 모두 네 차례에 걸쳐서 결집되었다. 이에 비해 대승 경전의 결집은 붓다가 입멸하신 이후 약 500년이 지난 시기(A.D.1-2세기), 즉 기존의 교단과 수행을 비판하며 새롭게 불교의 대중화와 개혁을 주장하여 일어났던 대승 불교 운동 시기에 주로 결집되었다. 그 결과 A.D.1세기경에 반야 계통의 대승 경전이, A.D.2세기경에는 화엄경이, A.D.4세기경에는 법화경 등이 점차적으로 편찬되며 현재와 같은 대승 경전류가 완성되었다.

남방 불교의 근본 경전인 니까야 경전에 있어 '니까야(Nikaya)'란 말은 '모음'이라는 뜻이다. 이러한 니까야는 모두 5부로 나뉘는데, 바로 디가 니까야(Digha Nikaya, 장부長部 : 길이가 긴 길이의 경전들을 모은 것, 34개의 경이 담겨있다), 맛지마 니까야(Majjhima Nikaya, 중부中部 : 중간 길이의 경전을 모은 것, 152개의 경이 담겨있다), 상윳따 니까야(Samyutta Nikaya, 상응부相應部 : 주제별로 모은 것, 56개의 주제 아래 2,904개의 경들이 담겨있다), 앙굿따라 니까야(Anguttara Nikaya, 증지부增支部 : 주제의 개수 별로 경전을 모은 것, 법수法數에 따라 전체 160장에 2,344개의 경들이 담겨있다), 쿳다까 니끼야(Khuddaka Nikaya, 소부小部 : 분류에 들어가지 않는 15개의 독립된 경전을 모은 것) 등이다. 이러한 각각의 니까야에는 많은 경(숫타 Sutta: '숫타'의 문자적인 뜻은 실, 줄이라는 뜻으로, 보석을 실에 꿰듯이 붓다의 가르침을 함께 꿰어 묶는다는 뜻이다)이 담겨있다. 우리가 익히 알고 있는 대표적인 초기 경전인 『법구경(담마빠다 Dhammapada)』, 『숫따니빠다(Sutta Nipata, 經集)』, 『비유경(譬喩經, Apadāna)』, 『자따까(Jātaka, 本生經)』등은 모두 쿳다까 니까야에 담겨 있는 경들이다. 이러한 5부 니까야는 붓다의 중요 가르침이라 할 수 있는 연기, 무상, 무아, 중도, 4성제, 8정도, 호흡 집중, 4선정, 4념처, 5온, 6근, 6경,

6식, 7각지, 5력, 5장애, 탐진치 삼독심, 신구의 삼업, 근본적인 계율, 삼학의 수행, 보시, 인과, 윤회, 해탈 등등에 대한 가르침의 내용을 담고 있다. 니까야 경전의 특징은 지혜로운 사람이라면 누구나 경전의 내용을 쉽게 이해하고 받아들일 수 있는 보다 용이한 내용으로 설법되고 있다는 사실이다.

일명 『팔만대장경』, 『북전대장경』 등으로 불리는 북방 불교의 대승 경전은 주로 한문으로 이루어진 경전들이다. 우리가 익히 알고 있는 화엄경(華嚴經), 법화경(法華經), 금강경(金剛經), 반야심경(般若心經), 열반경(涅槃經), 유마경(維摩經), 원각경(圓覺經), 능엄경(楞嚴經), 관무량수경(觀無量壽經), 무량수경(無量壽經), 아미타경(阿彌陀經) 등등이 바로 대승 불교를 대표하는 경전들이다. 이러한 대승 불교 경전에서는 주로 보살의 원력과 수행과 자비구제 내용을 중심으로, 여래장(如來藏), 성불(成佛), 공(空), 반야(般若, 智慧), 유식(唯識), 불이(不二), 중관(中觀), 법계(法界), 삼신불(三身佛: 法身 報身 化身) 사상 등이 주요 내용으로 담겨있다. 이러한 대승 경전 역시 모두 한글로 번역되어 있어 누구나가 쉽게 보고 읽을 수는 있다. 하지만 그 내용이 대부분 높은 철학적, 비유적, 상징적, 은유적인 표현으로 깊은 깨달음과 종교적 수행 내용을 담고 있는 까닭에 누구나가 그 뜻을 쉽게 이해하고 깨닫기 어려운 난점이 있다.

불교에서 경전을 공부하는 방법에는 크게 세 가지가 있다. 바로 경전을 소리 내어 읽는 독경(讀經)과, 눈으로 보며 그 뜻을 헤아리고 새기는 간경(看經)과 경전의 내용을 직접 집중해서 쓰며 그 뜻을 이해하고 깨닫고자 하는 사경(寫經)이 그것이다.

첫 번째, 독경은 글자 의미 그대로 어느 한 경전을 선택해서 매일 일정한 시간을 정해 놓고 꾸준하게 독송하는 것을 말한다. 니까야 경전이든, 아니면 대승 경전이든 자신이 좋아하고 배우고자 하는 어느 한 경전, 혹은 가르침을 주시는 스승이 지정해 주는 경전을 선택해서 조용한 곳에 정좌하여 정성스럽게 소리 내어 독송하는 것이 바로 독경이다. 우리나라 불자들은 대부분 대승 경전인 금강경, 아미타경, 지장경, 관세음보살 보문품, 천수경 등과 니까야 경전인 자애경, 보석경, 행복경, 초전법륜경, 무아경, 대념처경 등을 독경하는 경우가 많다. 경전을 소리 내어 독경하면, 경전의 내용을 독경하는 자신이 직접 들을 수 있어 경전 내용을 귀에 익힐 수 있고, 주위에 있는 사람도 함께 들을 수 있는 인연을 갖게 하며, 보이지 않는 유주무주 영가와 모든 생명체들이 들을 수 있게 하여 그들의 마음을 일깨우고 위안을 주는 공덕이 있다. 혼자 독경하는 것도 중요하지만, 예불이나 법회와 천도 의식에서 많은 대중이 합동으로 합송하는 독경은 듣는 모든 대중들에게 신심과 환희심을 일으키게 하는 큰 공덕이 있다.

두 번째, 간경은 특정한 경전을 눈앞에 펼쳐놓고 마음을 집중해서 조용히 경구를 눈으로 읽으면서 경전의 뜻을 이해하고 마음에 깊이 새기며 공부하는 방법이다. 독경이 경전을 입 밖으로 소리 내어 읽는 데 중심을 둔다면, 간경은 조용히 눈으로 경전의 내용을 관하며 경전의 깊은 가르침을 바르게 이해하고 깨닫고자 하는 데 중심을 두는 공부법이라고 할 수 있다. 한 경전이라도 선택해서 매일매일 간경의 공부를 실천하다 보면, 비록 어려운 내용의 경전이라고 하더라도 어느 순간 그 경전의 가르침이 깊이 이해되고 깨닫게 되는 경지에 이를 수 있음을 믿어야 한다.

마지막 세 번째 사경 역시 글자 의미 그대로 경전의 경구를 직접 손으로 정성을 다해 쓰며 그 뜻을 이해하고 깨닫고자 노력하는 공부라 할 수 있다. 경전을 소리 내어 독경하고, 눈으로 보며 그 뜻을 헤아리고 이해하는 간경의 공부도 좋지만, 정성을 다해 손으로 경전의 경구를 직접 쓰며 그 뜻을 이해하고 새기는 사경 또한 훌륭한 경전 공부법이라 할 수 있다. 사경은 한 개인의 경전 공부에 국한되는 것이 아니라, 정성을 다해 쓴 사경의 경전은 다른 사람들이 또다시 볼 수 있고 공부할 수 있는 경전의 복사본 역할을 하기에 훌륭한 전법의 수단으로도 활용될 수 있는 계기가 된다. 까닭에 예부터 사경은 불법을 널리 대중에게 전교하는 훌륭한 수단으로도 활용되고 있다.

독경, 간경, 사경 모두는 경전을 공부하는 데에 훌륭한 공부법이다. 당연히 이 중에서 어느 한 가지 방법만을 선택하기보다는 세 가지 공부를 함께 실천하는 것이 가장 합리적이고 바람직한 경전 공부라 할 수 있다. 입으로 소리 내어 읽고, 눈으로 보고 손으로 쓰며 그 뜻을 이해하고 마음에 새기는 공부야말로 경전을 공부하는 필수적인 요소인 것이다. 간혹 선불교에서 주장하는 '불립문자(不立文字), 사교입선(捨敎入禪)', 즉 "문자에 얽매이지 않고, 교학을 버리고 선에 들어간다"라는 선언적인 말을 잘못 이해하고 받아들여 붓다께서 설하는 경전에 대한 배움과 공부를 무시하고 소홀하게 여기거나 게을리하는 사람들이 있다. 참으로 무지하고 어리석으며 못난 사람이 아닐 수 없다. 어찌 불법승 삼보에 귀의하여 진리의 깨침을 위해 수행 길에 나선 사람이 고구정령 붓다께서 자비심으로 중생의 무명을 일깨우고 지혜를 밝혀주기 위해 설법하신 내용의 경전에 대한 공부와 배움을 등한시할 수 있겠는가? 경전을 버리고 따로 그 무엇을 의지해 수행 길에 나설 것이며, 무엇을 배우고 익혀 자신의 무명한 마음을 맑히고 밝힐 것인가? 불교의 기본 수행인 계율을 닦는 지계 수행, 선정을 닦는 사마타 수행, 지혜를 닦는 위빠사나 수행 역시 붓다께서 설법하신 경전에 대한 깊이 있는 공부를 전제로만 닦을 수 있음을 알아야 한다. 경전에 대한 깊이 있는 공부와 바른 이해와 깨침 없이 맹목적으로 알량한 자신의 지식과 견해만을 믿고 수행의 길에 나선 사람은 백이면 백 사람 모두 중간에 정도의 길을 잃고 삿된 길에 빠져 허우적거리게 될 것이며, 퇴굴심(退屈心)으로 좌절하여 중도에 수행과 불교에 대한 신행을 포기하고 만다. 붓다의 가르침을 배우고 닦고자 하는 사람이라면 반드시 경전이야말로 무불 시대에 우리들이 유일하게 의지해야 할 단단한 기둥이고, 수행 길을 밝게 비춰주는 밝은 등불이며, 바른 길을 안내하는 정확한 안내서이고 지침서임을 조금도 의심하지 말고 열심히 정성을 다해 공부해야만 한다.

인욕 수행

"너희 비구들이여! 만약 어떤 사람이 와서 너희의 육신을 마디마디 자르고 갈래갈래 찢으려 하더라도 절대로 그에 맞서서 화를 내거나 원한을 품어서는 안 되느니라. 다만 자기의 마음을 흐트러지게 하지 말고, 그 인과만을 조용히 생각하여야 할 것이니라. 그때에는 비록 말할 수 없는 고통과 원한이 사무치게 되겠지만 그 상황이 그렇게밖에 될 수 없다면, 너희는 그때 더 이상의 악연을 맺게 하지 않도록 입을 잘 보호해야 할 것이니라. 그에게 악한 말을 내뱉어 버리면 새로운 원한을 더 일으킬 수 있으니 차라리 목숨을 버릴지언정 흉악한 말을 내뱉어서는 안 되느니라. 만약에 분노를 참지 못하여 마구 극언을 해 버리면 그것이 곧 너희가 이제까지 닦아온 구도의 길을 막아버리는 동시에 오랫동안 쌓아온 일체의 공덕과 복까지도 다 잃게 할 수 있기 때문이니라."

— 『유언경(遺言經)』

"자기를 해치는 대상이 하늘만큼 가득 차 있어
그것을 다 없앨 수는 없지만,
화내는 자기 마음 하나만 없앤다면,
그 모든 것을 없애는 것과 같다."

— 『입보리행론(入菩提行論: 샨티데바 Santideva, 寂天, 687~763)』

우리가 사는 이 현상 세계를 '사바세계'라고 한다. 사바세계란 인토(忍土), 즉 '인내하며 참고 살아가야 하는 국토'라는 의미이다. 무수한 삶의 질곡들을 인내하며 살 수밖에 없는 괴로움의 세계가 바로 우리들이 사는 이 현실 세계인 것이다. 불교에서 인내는 곧 수행의 한 덕목으로 제시되고 있다. 위로는 궁극적인 참된 진리를 구하고 아래로는 고통 받는 중생들의 구원을 서원하여 수행하는 보살이 닦아야 될 여섯 가지 수행 덕목(육바라밀: 보시, 지계, 인욕, 정진, 선정, 반야) 가운데 세 번째 바리밀인 인욕바라밀이 바로 그것이다. 붓다는 인욕이야말로 닦기 어려운 수행 중에서 가장 최고의 수행임을 가르치셨다. 뿐만 아니라 몸소 인욕 수행을 실천적으로 보여주셨다. 태자의 신분으로 세속의 모든 정리와 명리를 버리고 출가한 실달태자는 6년 동안 피골이 상접할 정도로 그 어떤 수행자도 경험하지 못한 극단적 고행을 수행하셨는데, 이는 실달태자가 깨달음의 성취를 위해서 얼마나 힘든 인욕 수행을 실천했는가를 단적으로 보여주는 예라 할 수 있다. 참으로 깨달음에 대한 대원력의 발심과 모든 역경을 참고 극복해 내고자 하는 인욕의 마음이 없었다면 결코 견디기 어려운 난행(難行)이었다. 부처님의 전생 수행담을 실은 『본생경(本生經, 자타카)』에서도 부처님의 무수한 인욕 수행에 대한 예화를 설하고 있다. 깨달음의 성취를 위해 자신의 몸을 비롯한 모든 것을 기꺼이 보시하고, 수행을 방해하는 온갖 마장과 유혹에도 굴하지 않고 오직 정각을 이루고자 하는 보리심과 생사윤회의 괴로움에서 벗어나고자 하는 출리심으로 수행하는 인욕 수행자의 모습을 설하고 있는 것이다.

인욕 수행이야말로 모든 역경을 참고 극복하여 이겨내는 가장 수승한 수행 덕목이다. 붓다의 가르침을 배우고 닦고자 하는 사람들 또한 인욕을 마땅히 닦아야 할 수행 덕목으로 받아들여 인욕 수행을 실천해야 한다. 인욕의 내용은 곧 모든 삶의 환경적, 물질적 어려움, 수행을 실천해 가는 데 있어 방해가 되는 온갖 감각적 욕망과 무수한 번뇌마장이다. 인욕 수행을 위해서는 무엇보다 불법승 삼보에 대한 깊은 신심과 깨달음을 위한 원력의 보리심, 마침내 중생의 삶과 생사윤회의 고통에서 벗어나고자 하는 출리심이 먼저 밑받침이 되어야 한다. 그러한 원력의 보리심과 출리심이 마음속에 단단히 자리하지 못하면, 결코 인욕 수행을 이어갈 수 없기 때문이다.

  참는 자에게 크고 작은 흉화는 멀어지고 반대로 반드시 복락이 찾아 옴을 믿어야 한다. '인과불공(因果不空)'이라 하였듯이, 인욕 수행을 실천하는 사람에게는 반드시 그에 합당한 선과(善果)가 생겨난다. 일반적으로 인욕을 수행하는 사람에게는 다섯 가지 인과의 공덕이 있을 수 있다. 후회가 없어지고, 원망이 없어지며, 많은 사람들로부터 존경과 사랑을 받고, 평판이 좋아지며, 현세에서의 복락은 물론, 사후에 좋은 선처에 태어나게 되는 수행 공덕이다. 인생을 살면서 경험하게 되는 모든 괴로움과 슬픔, 그 어떤 대상에 대한 원망과 미움, 채우고 채워도 만족스럽게 채워지지 않는 감각적 욕망, 자신의 의지에 반해서 찾아오는 모든 삶의 역경과 장애 등을 용기 있게 참고 인내하여 극복해내고 이겨내는 것, 이것이 바로 우리 불자들이 수행으로 받아들여 실천해야 될 인욕바라밀 수행이라 할 수 있다.

느낌에 대한 통찰

우리는 매 순간 몸과 마음에 갖춰진 여섯 가지 감각 기관(六根: 눈眼, 귀耳, 코鼻, 혀舌, 몸身, 마음意)으로 밖의 경계인 여섯 가지 대상(六境: 형색色, 소리聲, 냄새香, 맛味, 감촉觸, 마음의 대상法)을 접촉하고 산다. 여섯 가지 감각 기관을 통해 여섯 가지 대상을 접촉하는 순간, 우리는 그 접촉 대상에 대해서 좋아하고 싫어함, 그리고 무덤덤한 느낌을 필연적으로 갖게 된다. 우리의 일상적 언행은 바로 이러한 세 가지 느낌의 반응에 따른 행위라고 해도 과언이 아니다. 느낌에 대해 깨어있지 못하면, 우리는 매 순간 느낌을 좇아 감각적 욕망을 일으키고 욕망을 일으키는 대상에 집착하며 희로애락의 감정에 빠져든다. 붓다와 중생, 현자와 범부의 차이는 여기서부터 갈린다. 깨어있는 붓다는 느낌을 통찰하여 느낌에 유혹되지 않지만, 무명한 중생은 느낌에 유혹되어 그러한 느낌을 좇아 온갖 감각적 욕망을 일으키고, 욕망의 대상에 매달려 불선한 업을 지으며 어리석은 중생의 삶을 이어가는 것이다.

우리가 일상적으로 경험하는 모든 느낌들은 단지 물질적인 몸에 의존하여 생겨났다가 사라져 버리고 만다. 위빠사나에 있어 수념처(受念處)의 알아차림(正念, 싸띠 sati) 수행은 바로 이러한 느낌의 생겨남(生)과 사라

짐(滅)을 바르게 통찰하는 수행이다. 예컨대 어떠한 소리가 귀에 들리면, 그 소리에 이끌려 분별과 애증의 마음을 일으키지 말고 단지 "아, 이것은 무슨 소리이구나"라고 알아차리는 것이 바로 느낌에 대한 알아차림이다. 이렇듯 객관적이고 평정한 마음의 알아차림이 있을 때, 우리는 들리는 소리에 대한 시비분별에서 벗어날 수 있고, 애증의 마음을 일으키거나 유혹되지 않을 수 있으며, 집착하여 불선한 업을 짓지 않을 수 있게 된다. 반대로 알아차림을 놓치는 순간, 우리는 들리는 소리의 느낌에 민감하게 반응하며 시비하고 분별하여 애증의 마음을 일으키거나 집착하거나 불선한 업을 짓게 되는 것이다. 다른 감각 기관으로 접하는 느낌에 대한 경우도 마찬가지이다. 통찰은 곧 지혜의 발현이다. 통찰의 지혜를 통해 우리는 느낌이 단지 무상하고 괴로움이며 무아의 일시적 생멸 현상(dhamma, 法)임을 깊이 깨달을 수 있다. 통찰의 지혜는 우리들로 하여금 느낌에 대한 탐욕(貪, lobha)과 성냄(瞋, dosa), 그리고 어리석음(痴, avijja)의 마음을 일으키는 것을 막아주어 평정한 마음을 유지할 수 있게 한다. 더불어 그러한 마음을 좇아 취사(取捨)의 행위를 일으켜 불선한 업을 짓는 것을 예방해 준다. 이 또한 위빠사나 수행이 우리들에게 가져다주는 현실적인 수행의 큰 이익이라 할 수 있다.

몸에 대한 알아차림

 붓다의 가르침을 배우고 닦는 수행자와 모든 불자는 자신을 비롯한 모든 세상 만법이 항상 무상하고 공하고 덧없음을 깊이 억념하고 깨달아야 한다. 그러한 억념과 깊은 깨달음이 있을 때, 나를 비롯한 세상 모든 것에 대한 탐욕을 줄이고 집착하지 않으면서 붓다의 가르침을 좇아 수행 정진할 수 있다.

 우리의 몸과 마음(五蘊: 色受想行識) 역시 당연히 무상하고 공하고 덧없다. 그러하기에 몸과 마음은 생로병사의 흐름에서 결코 자유로울 수 없다. 몸과 마음이 늙고 병들고 죽음에 이르는 것은 자기 자신도, 그 누구도 어찌지 못하는 단지 자연적인 이치이고, 피해갈 수 없는 생명 순환의 현상(法, dhamma)일 뿐이다. 단지 노병사(老病死)에 대해 우리가 할 수 있는 것은 빨리 늙지 않기를, 병들지 않고 오래도록 건강을 유지하기를, 몸을 잘 돌보아 장수하기를 희망하여 그에 따른 여러 가지 개인적인 정성과 노력을 기울이는 것뿐이다.

 수행자는 자신의 몸에서 일어나는 노병사의 현상(法, dhamma)에 대해 늘 깨어있어야 한다. 깨어있다는 것은 몸이 아프면 그 아픔(病, 法)에 대해, 몸이 늙어 가면 그 늙음(老, 法)에 대해, 몸이 죽음에 이르면 그 죽음(死, 法)에 대해 평정한 마음으로 객관적인 시각을 유지하여 그러한 노병사의 육체적 변화 흐름을 바르게 통찰(觀, 正念, sati 싸띠, 알아차림)할 수 있어야 된다는 의미이다.

 노병사에 대한 바른 통찰과 그렇지 못한 것은 큰 차이가 있을 수 있다. 몸에 대한 통찰은 몸의 무상한 현상인 노병사에 대한 바른 인식과 지혜를 가져오고, 그러한 인식과 지혜는 몸의 변화 현상인 노병사에 대해 우리들로 하여금 좀 더 냉정하고 객관적이고 평정한 시각과 마음을 유지할 수 있게 도와준다. 당연히 몸의 변화 현상인 노병사에 대하여 크게 슬퍼하거나, 괴로워하거나, 분노하거나, 애통해하지 않을 수 있게 되고, 육체에 대한 맹목적인 애착과 구속에서 벗어날 수 있게 되며, 나아가 죽음의 두려움에서 해방되어 당당하고 떳떳하게 죽음을 맞이할 수 있게 된다. 몸의 변화 흐름인 노병사에 대한 성성한 깨어있음, 곧 바른 통찰이 필요한 이유인 것이다.

세 가지 진리적 특성에 대한 깨달음

"비구들이여, 물질(色, 루빠 rūpa)은 무상하다. 무상한 것은 괴로움(苦)이요, 괴로움인 것은 무아(無我)다. 무아인 것은 '이것은 내 것이 아니고, 이것은 내가 아니고, 이것은 나의 자아가 아니다'라고 있는 그대로 올바른 통찰지로 여실하게 보아야 한다.

비구들이여, 느낌(受, Vedanā 웨다나)은 무상하다. 무상한 것은 괴로움이요, 괴로움인 것은 무아다. 무아인 것은 '이것은 내 것이 아니고, 이것은 내가 아니고, 이것은 나의 자아가 아니다'라고 있는 그대로 올바른 통찰지로 여실하게 보아야 한다.

비구들이여, 인식(想, Saññā 싼야)은 무상하다. 무상한 것은 괴로움이요, 괴로움인 것은 무아다. 무아인 것은 '이것은 내 것이 아니고, 이것은 내가 아니고, 이것은 나의 자아가 아니다'라고 있는 그대로 올바른 통찰지로 여실하게 보아야 한다.

비구들이여, 형성(行, Sankhāra 쌍카라)은 무상하다. 무상한 것은 괴로움이요, 괴로움인 것은 무아다. 무아인 것은 '이것은 내 것이 아니고, 이것은 내가 아니고, 이것은 나의 자아가 아니다'라고 있는 그대로 올바른 통찰지로 여실하게 보아야 한다.

비구들이여, 의식(識, Viññāna 윈냐나)은 무상하다. 무상한 것은 괴로움이요, 괴로움인 것은 무아다. 무아인 것은 '이것은 내 것이 아니고, 이것은 내가 아니고, 이것은 나의 자아가 아니다'라고 있는 그대로 올바른 통찰지로 여실하게 보아야 한다.

비구들이여, 이렇게 보는 잘 배운 성스러운 제자는 물질에 대해서도 싫어하여 떠나며(염오하고), 느낌에 대해서도 싫어하여 떠나고, 인식에 대해서도 싫어하여 떠나고, 형성에 대해서도 싫어하여 떠나고, 의식에 대해서도 싫어하여 떠난다. 싫어하여 떠나서 탐욕이 사라지고, 탐욕이 사라져서 해탈한다. 해탈하면 해탈했다는 지혜가 생겨난다. '태어남은 다했다. 청정범행(梵行, brahma-cariya)은 성취되었다. 할 일을 다 마쳤다. 다시는 어떤 존재로도 돌아오지 않을 것이다'라고 꿰뚫어 보고 안다.

- 『무상한 것 경(S22:15)』

붓다는 모든 물질적, 정신적 존재는 세 가지 공통된 특성을 지니고 있음을 가르치셨다. 곧 모든 존재는 무상(諸行無常)하고 괴로움(一切皆苦)이며 무아(諸法無我)라고 하는 세 가지 진리의 보편적 특성(三特相, 三法印)을 지닌다는 것이다.

붓다의 가르침처럼 모든 존재는 무상하여 처음 형성된 한 형태로 고정되어 있지 못하고, 매 순간의 다른 모습으로 변화하고 있다. 시간이 변하고 계절이 변하고 산천이 변하고 형상이 변하고 마음이 변하고 육체가 변하고 물질이 변하고 제도가 변하고 삶의 환경이 변하고, 그 모든 것들이 변한다. 변화는 곧 괴로움일 수밖에 없다. 내가 지금 누리고 있는 젊음, 건강, 사랑, 인연, 감각적 쾌락, 행복, 만족, 평화, 자유, 환경…, 이 모든 것들은 영원히 지속될 수 없는 무상한 것들이다. 그러니 당연히 괴로움으로 귀결된다. 모든 것이 영원히 지속된다면 얼마나 좋을까? 하지만 무상하기 때문에 우리가 아무리 욕심내고 애착하여 영원히 소유하고 지키려고 노력해도 그 모든 것들은 변화하여 영원히 나와 함께 지속할 수 없다. 그러니 슬픔이고 불행이고 괴로움이고 불만족인 것이다. 이처럼 모든 것이 무상하고 괴로운 것은 영원히 변하지 않는 불변한 자아의 실체가 없기 때문이다. 바로 무아이기 때문에 변화하는 것이고 그 변화의 결과로 우리가 괴로움을 느끼게 되는 것이다.

우리는 이러한 존재의 세 가지 특성을 일상적인 삶 속에서 피부로 느끼고 마음으로 체험한다. 계절의 변화를 통해서 존재의 무상함, 괴로움, 무아를 느낀다. 자신의 육체적 생로병사의 변화를 통해서 존재의 무상함, 괴로움, 무아를 느낀다. 찰나로 일어났다 사라지는 마음의 생주이멸을 통해서 존재의 무상함, 괴로움, 무아를 느낀다. 급변하는 삶의 환경을 마주하면서 존재의 무상함, 괴로움, 무아를 느낀다. 어제의 사랑이 오늘 미움으로 바뀌고, 어제의 미움이 오늘 사랑으로 바뀌는 인연의 무상한 변화를 보면서 인연의 무상함, 괴로움, 무아를 또한 느낀다.

이렇듯 일상적인 삶 속에서 존재에 대한 무상함, 괴로움, 무아의 진리를 느끼고 체험하면서 우리는 존재에 대한 맹목적인 욕심과 애착의 마음을 다스릴 수 있는 지혜를 얻을 수 있다. 우리가 한평생 아등바등 살면서 욕심내고 애착하고 매달리며 괴로워하고 슬퍼하고, 불행을 경험하게 하는 그 모든 존재들이 본래부터 무상함, 괴로움, 무아의 진리 속에 놓여 있는 허망한 대상이었음을 분명하게 깨달았기 때문이다.

무아에 대한 깨달음

"수행승들이여, 물질(色, rūpa)은 내가 아니다. 수행승들이여, 만약 이 물질이 나라면 이 물질에 질병이 들 수가 없고, 이 물질에 대하여 '나의 물질은 이렇게 되라. 나의 물질은 이렇게 되지 말라'라고 말할 수 있을 것이다.

수행승들이여, 물질은 내가 아니므로 수행승들이여, 이 물질이 질병이 들 수가 있고 이 물질에 대하여 '나의 물질은 이렇게 되라. 나의 물질은 이렇게 되지 말라'라고 말할 수 없는 것이다.

수행승들이여, 느낌(受, vedanā)은 내가 아니다. 수행승들이여, 만약 이 느낌이 나라면 이 느낌에 질병이 들 수가 없고 이 느낌에 대하여 '나의 느낌은 이렇게 되라. 나의 느낌은 이렇게 되지 말라'라고 말할 수 있을 것이다.

수행승들이여, 느낌은 내가 아니므로 수행승들이여, 이 느낌이 질병이 들 수가 있고 이 느낌에 대하여 '나의 느낌은 이렇게 되라. 나의 느낌은 이렇게 되지 말라'라고 말할 수 없는 것이다.

수행승들이여, 지각(想, saññā)은 내가 아니다. 수행승들이여, 만약 이 지각이 나라면 이 지각에 질병이 들 수가 없고 이 지각에 대하여 '나의 지각은 이렇게 되라. 나의 지각은 이렇게 되지 말라'라고 말할 수 있을 것이다.

수행승들이여, 지각은 내가 아니므로 수행승들이여, 이 지각이 질병이 들 수가 있고 이 지각에 대하여 '나의 지각은 이렇게 되라. 나의 지각은 이렇게 되지 말라'라고 말할 수 없는 것이다.

수행승들이여, 형성(行, saṅkhāra)은 내가 아니다. 수행승들이여, 만약 이 형성이 나라면 이 형성에 질병이 들 수가 없고 이 형성에 대하여 '나의 형성은 이렇게 되라. 나의 형성은 이렇게 되지 말라'라고 말할 수 있을 것이다.

수행승들이여, 형성은 내가 아니므로 수행승들이여, 이 형성이 질병이 들 수가 있고 이 형성에 대하여 '나의 형성은 이렇게 되라. 나의 형성은 이렇게 되지 말라'라고 말할 수 없는 것이다.

수행승들이여, 의식(識, viññāṇa)은 내가 아니다. 수행승들이여, 만약 이 의식이 나라면 이 의식에 질병이 들 수가 없고 이 의식에 대하여 '나의 의식은 이렇게 되라. 나의 의식은 이렇게 되지 말라'라고 말할 수 있을 것이다.

수행승들이여, 의식은 내가 아니므로 수행승들이여, 이 의식이 질병이 들 수가 있고 이 의식에 대하여 '나의 의식은 이렇게 되라. 나의 의식은 이렇게 되지 말라'라고 말할 수 없는 것이다."

– 『무아상경(Pañcavaggiya sutta, S22)』

우리는 현재의 몸과 마음을 고유한 자기 자신의 몸과 마음으로 생각한다. 그러나 그러한 생각은 지극히 잘못된 생각이다. 지금 내가 나의 육체라고 생각하는 것은 단순히 지수화풍(地水火風)의 사대 요소로 이루어진 물질의 임시적인 축적(色蘊, 假我)에 지나지 않는다. 또한 내 마음이라고 생각하는 마음 역시 느낌(受), 표상 작용(想), 의지 작용(行), 인식(識)이라고 하는 정신적인 요소의 축적에 지나지 않는다.

이러한 육체와 마음은 찰나로 생성과 소멸을 반복해가며 한순간도 멈춤 없이 변화를 계속하고 있다. 곧 육체는 매 순간 생로병사의 윤회를, 마음은 생주이멸(生住異滅)의 윤회를 거듭하고 있는 것이다. 육체와 마음의 이러한 변화는 곧 우리의 몸과 마음이 한순간도 고유한 모습(自相)으로 존재하고 있지 않음을 뜻한다. 겉으로 보기에 현재의 이 몸이 어제의 몸과 동일한 것으로 보일 수 있으나, 오늘의 이 몸은 이미 어제의 몸과 다른 새롭게 변화된 또 다른 몸일 뿐이다. 마음도 마찬가지이다. 오늘의 마음은 이미 어제의 동일한 마음이 아니다. 새롭게 변화된 오늘의 또 다른 마음인 것이다. 몸과 마음이 이렇듯 고유한 한 모습으로 고정되어 있지 않고 매 순간 다르게 변화하고 있는 것은 우리의 몸과 마음에 고유한 실체, 곧 불변한 자아(自我, 아트만 ātman)가 없기 때문이다. 몸과 마음에 고유한 실체가 없는 것, 이것을 불교에서는 '무아(無我, anātman)'라고 한다.

그렇다. 우리의 몸과 마음은 공성(空性)에 바탕을 둔 고유한 실체, 곧 불변한 자아가 없는 무아의 존재일 뿐이다. 그렇기 때문에 몸은 생로병사의 과정을 피할 수 없는 것이며, 마음 역시도 생주이멸의 과정을 벗어날 수 없는 것이다. 만약에 우리의 몸과 마음에 고유하고 불변한 자아와 실체가 있다고 한다면, 우리의 몸은 영원히 소멸되지 않고 한 가지 모습 그대로 영원히 존재할 수 있어야 한다. 마찬가지로 마음 역시 한 번 일으킨 마음이 그대로 영원히 지속하여 같은 마음이어야 한다.

우리는 육체의 생로병사를 막을 수 없다. 또한 마음의 생주이멸도 막을 수 없다. 왜냐하면 자신의 몸과 마음이라고 생각하는 우리의 몸과 마음이 내 마음대로 할 수 없는, 본래 자신의 것이라고 고유하게 내세울 수 없는, 나의 의지를 벗어난 매 순간 변화하는 무아의 존재이기 때문이다. 우리는 자신의 몸과 마음이 고유한 실체로써의 자기 자신이라고 생각하는(有身見, 사까야딧띠, sakaya-ditti) 까닭에 그 몸과 마음에 대해서 강하게 애착하고 또한 그 몸과 마음이 일으키는 감각적 욕망에 맹목적으로 탐착한다. 또한 그 몸과 마음을 현생에서뿐만 아니라, 내생에 있어서도 계속하여 영원히 지속시키고자 하는 생존에 대한 강한 욕구(有愛)를 버리지 못한다. 죽어서도 자신이라고 생각하는 현재의 이 몸과 마음을 계속 유지하고 싶어 하는 것이다.

결국 인간의 모든 감각적 탐욕과 애착(貪愛), 그리고 생존에 대한 강한 집착은 바로 우리의 몸과 마음이 고유한 실체가 없는 무아의 존재임을 모르고 자기 자신이라고 왜곡되게 생각하는(전도몽상 顚倒夢想) 어리석음

(無明, 癡心)에서 비롯되는 것이라고 볼 수 있다. 우리가 우리의 몸과 마음이 무아의 존재임을 깨닫는 것은 매우 중요한 인식의 전환이다. 무아의 존재를 깨닫는 것에서 우리는 몸과 마음이 일으키는 감각적 욕망과 그러한 욕망을 이루려는 악업에서 벗어날 수 있다. 또한 그 몸과 마음에 대한 강한 애착과 구속에서 벗어나 자유로울 수 있다. 나아가 그 몸과 마음을 영원히 지속시키고자 하는 존재에 대한 욕망에서도 해탈할 수 있다.

이렇듯 무아에 대한 바른 깨달음은 우리의 삶을 근본적으로 새롭게 변화시키는 계기가 된다. 궁극적으로는 악업을 일삼는 중생의 삶에서 벗어나 지혜로운 부처의 삶을 지향하게 하는 매우 중요한 출발이 된다.

무상의 진리를 깨달은 사람

"모든 현상은 변화하니(諸行無常),
이는 곧 생하고 멸하는 법이라네(是生滅法).
생멸의 이치를 깨달아 마음에 생멸이 없으니(生滅滅已),
적멸의 경지를 즐거움으로 삼는다네(寂滅爲樂)"

- 『열반경(涅槃經, 四句偈)』

"마땅히 색(色)은 무상하다고 관찰하라. 이렇게 관찰하면 그것은 바른 관찰(正觀)이니라. 바르게 관찰하면 곧 싫어하여 떠날 마음이 생기고, 싫어하여 떠날 마음이 생기면 기뻐하고 탐하는 마음이 없어지며, 기뻐하고 탐하는 마음이 없어지면 이것을 심해탈(心解脫)이라 하느니라(當觀色無常, 如是觀者, 則爲正觀. 正觀者, 則生厭離, 厭離者, 喜貪盡, 喜貪盡者, 說心解脫).

이와 같이 수(受), 상(想), 행(行), 식(識)도 또한 무상하다고 관찰하라. 이렇게 관찰하면 그것은 바른 관찰이니라. 바르게 관찰하면 싫어하여 떠날 마음이 생기고, 싫어하여 떠날 마음이 생기면 기뻐하고 탐하는 마음이 없어지며, 기뻐하고 탐하는 마음이 없어지면 이것을 '심해탈'이라 하느니라(如是觀, 受想行識無常. 如是觀者, 則爲正觀. 正觀者, 則生厭離, 厭離者, 喜貪盡, 喜貪盡者, 說心解脫).

이와 같이 비구들이여, 마음이 해탈한 사람은 만일 스스로 증득하고자 하면 곧 스스로 증득할 수 있으니, 이른바 '나의 생은 이미 다하고 청정한 행은 이미 세워졌으며, 할 일은 이미 마쳐 후세의 몸을 받지 않는다'고 스스로 아느니라. '무상하다'고 관찰한 것과 같이, '그것들은 괴로움이요, 공하며, '나'가 아니다'라고 관찰하는 것도 또한 그와 같으니라(如是比丘, 心解脫者, 若欲自證, 則能自證, 我生已盡, 梵行已立, 所作已作, 自知不受後有. 如觀無常, 苦空非我, 亦復如是)."

- 「잡아함경1(無常經)」

만법은 나고 죽는 생멸의 흐름에서 그 어떤 것도 결코 벗어날 수 없다. 나의 몸과 마음이 그렇고, 나를 벗어난 밖의 모든 존재가 그렇다. 왜냐하면 존재 법칙이 본래 스스로 그러하기(自然) 때문이다. 이러한 존재의 생멸이치를 불교에서는 '생멸법(生滅法)'이라 하고 다른 말로 '제행무상(諸行無常)'이라고 표현하기도 한다.

한번 흘러간 물에 두 번 다시 발을 담글 수 없다. 우리는 어제 보았던 강물이나 오늘 보는 강물이나 내일 보게 될 강물이 같은 강물인 것으로 착각할 수 있다. 그러나 어제의 강물은 이미 흘러가 버려 오늘의 강물이 아니며, 내일의 강물 역시 오늘의 강물이 아니다. 강물은 한순간도 멈춤 없이 흘러가기 때문이다. 내 몸과 마음을 비롯한 모든 존재 역시 저 흘러가는 강물처럼 한순간도 멈춤 없이 흘러가고 있다. 흘러간다는 것은 곧 생멸한다는 말이고, 무상하다는 말이며, 변화한다는 의미이다. 몸과 마음을 비롯한 모든 존재는 이렇듯 찰나에 생로병사(生老病死), 생주이멸(生住異滅), 성주괴공(成住壞空)의 변화된 모습으로 흐르고 있는 것이다. 이렇듯 나의 몸과 마음을 비롯한 모든 존재가 찰나로 한 모습, 한 장소에 머물러 있지 않고 끊임없이 흘러가고 있다는 진리가 바로 생멸법이고 제행무상이다.

당연히 생멸법, 제행무상의 진리를 알지 못하는 무명한 사람들은 모든 것에 대한 탐욕심이 많고 애착과 집착이 강할 수밖에 없다. 무상의 진리를 알지 못하기에 자신의 몸과 마음이 영원히 존재할 것처럼 착각하고, 자신의 소유한 물질적 재화, 사회적 지위와 권력, 혈육과 애정으로 맺어진 인연들 역시 영원히 변치 않고 함께할 것으로 착각하기 때문이다. 이들의 공통된 특징은 인색하여 나눌 줄 모르고, 버리고 비울 줄 모르며, 만족하고 감사할 줄 모른다. 그렇다고 행복하고 즐거운 삶을 살 수 있는 것도 아니다. 탐심이 많고 애착과 집착이 강한 사람일수록 마음에 부족함과 진심(瞋心)이 많고, 세상을 넉넉히 관조하며 평화롭게 살 수 있는 마음의 평정과 여유가 없기 때문이다. 이와는 반대로 자신의 몸과 마음뿐만 아니라 모든 존재의 생멸법과 무상함을 아는 지혜로운 사람은 변화의 진리 속에 놓인 자신의 몸과 마음을 비롯해 유형무형의 모든 존재에 대해서 탐욕, 애착, 집착하지 않는 무욕(無欲), 무애(無愛), 무집착(無執着)의 현명한 태도를 지켜나갈 수 있다. 한순간도 멈춤 없이 변화하는 무상한 존재에 대한 탐욕, 애착, 집착의 행위가 모두 괴로움을 불러오는 어리석은 행위임을 밝게 헤아릴 수 있기 때문이다. 또한 생멸법과 무상의 진리를 깨달은 사람은 자신에게 주어진 현재의 소중한 삶을 헛되이 낭비하지 않고 정성과 열의를 다해 살고자 노력한다. 이번 생이 다음 인생을 기약할 수 없는 한 번의 인생(一期), 한 번의 만남(一會)임을 잘 알기 때문이다. 이처럼 무상의 진리를 철저히 깨닫고 체험하는 것만으로도 우리는 커다란 삶의 지혜를 얻을 수 있고, 보다 청정하고 선한 삶을 살 수 있는 변화를 갖게 된다.

번뇌는 단지 알아차려야 할 대상

'번뇌가 곧 보리(煩惱卽菩提)'라고 말하는 경우가 있다. 그러나 번뇌가 곧 보리라는 말은 어디까지나 생사의 근원을 깨달은 현자가 할 수 있는 듣기 좋고 말하기 좋은 선언적 언설일 뿐이다. 어디까지나 번뇌는 번뇌이고, 보리는 보리라고 분명하게 지혜로써 분별해 아는 것(擇法覺支)이 바로 수행자가 가져야 할 바른 견해이다. 번뇌를 번뇌라고 분명히 이해할 수 있어야 번뇌에서 벗어나 보리(깨달음)에 이를 수 있기 때문이다. 모든 불자들이 예불과 기도 의식에서 매번 독송하는 『천수경』의 사홍서원(四弘誓願) 중에 첫 번째 서원은 "번뇌가 끝이 없지만 모두 끊겠습니다(번뇌무진서원단 煩惱無盡誓願斷)"라는 내용의 서원이다. 우리들의 마음에서 일어나는 온갖 잡된 생각, 즉 번뇌는 찰나에 생겨났다가 찰나에 사라진다. 그렇다면 쉼 없이 일어났다 사라지는 헤아릴 수도 잡을 수도 없는 번뇌를 어떻게 하면 일어나지 않게 할 수 있을까? 사홍서원의 서원처럼 다함이 없는 번뇌(煩惱無盡)를 과연 서원대로 끊을 수는 있는 것일까? 아무리 마음을 독하게 먹고 번뇌를 일으키지 말아야지 하고 다짐하고 맹서해도 번뇌는 그러한 다짐과 맹서를 비웃듯이 부지불식간에 저절로 일어났다 저절로 사라지니 말이다. 참으로 번뇌야말로 여름날의 저 끈질긴 잡초처럼, 없애고 없애도 또다시 되살아나는 불사의 생명력을 자랑하는 난적 중에 난적이라 할 만하다. 그렇다면 과연 번뇌와 싸워 이길 방법은 없는 것일까? 자비로운 붓다께서는 이미 팔정도에서 정념이라는 수행법을 통해 다함이 없는 번뇌를 끊어내고 없애는 방법을 친절히 알려주셨다. '바른 억념과 알아차림'을 뜻하는 정념(正念, 싸띠 sati)이 바로 그것이다. 번뇌에 대해 우리가 바르게 알아야 할 것은 마음에서 일어난 번뇌는 벗어나거나 끊고 없애야 할 대상이 아니라, 단지 알아차리고 이해해야 할 무상하고 실체 없는 대상일 뿐이라는 진실이다. 번뇌가 일어나면 즉각 그 실상을 바르게 알아차리고 이해하는 것(一念卽覺), 이것이 바로 수행자가 번뇌를 마주하여 쉼 없이 실천해야 할 일이다. 찰나에 일어났다 찰나에 사라지는 마음의 생멸, 그러한 생멸하는 마음이 지혜와 자비의 선한 마음인지, 아니면 탐욕과 성냄의 불선한 번뇌의 마음인지를 매 순간 바르게 알아차려 선한 마음은 향상시키고 불선한 번뇌의 마음은 없애야 한다. 이렇듯 자신의 마음에서 일어나는 번뇌를 바르게 알아차리고 이해하는 힘(정념, sati 싸띠, 지혜의 힘)이 커지고 깊어지는 것을 계기로 수행자는 번뇌의 싸움과 얽매임에서 서서히 벗어나 마침내 궁극적인 보리를 성취할 수 있게 되는 것이다.

바르게 분별하라

　간혹 이름 있는 큰스님들이 법상에 올라 법문을 설하면서 수행자는 모든 것에 대해서 분별하지 말 것(無分別)을 설법한다. 제법(諸法)에 대한 시비분별이야말로 큰 번뇌요 마장이며 그릇된 견해라는 것이다. 그러면서 무심한 본성을 지켜야 된다고도 강조한다. 물론 이러한 큰스님들의 설법은 모든 것에 대해 시시비비를 가리어 다투거나 분별, 혹은 차별하지 말고 모든 것을 원만하게 살피고 자유롭고 평화롭게 살라는 큰 의미의 가르침이라고 할 수 있다. 하지만 이러한 가르침을 잘못 받아들이고 이해할 경우 우리는 악과 비윤리, 비진리와 삿된 견해, 거짓과 불의 등에 대해 바르게 분별하여 그 그릇된 것을 보다 적극적으로 타파하고 개선하고자 하는 의지와 책임을 방기하는 어리석음을 범할 수도 있다.

　붓다는 제자들에게 반야(prajna, 지혜)를 바탕으로 한 제법에 대한 '분명한 앎(正知, 삼빠잔냐 sampajañña)'을 가르치셨다. 여기서 분명한 앎이란 바로 물질과 정신, 세간법과 출세간법, 정법과 사법, 선과 악, 윤리와 비윤리, 선한 행위와 불선한 행위, 바른 견해와 삿된 견해, 정의와 불의, 고락 등에 대한 분명한 분별과 인식, 그리고 이에 대한 바른 정견의 깨달음을 의미한다고 할 수 있다.

제법에 대한 분명한 앎이 선행되어야 우리는 몸과 마음의 실상에 대한 바른 지견을 얻어 그에 대한 강한 애착과 집착에서 벗어날 수 있고, 선악을 바르게 구별하여 악업을 단절하고 선업을 쌓을 수 있다. 또한 어떻게 사는 것이 나와 남을 이롭게 하는 행위인지를 분명하게 구별하여 바른 삶을 살 수 있다. 나아가 모든 존재가 더불어 평화롭고 자유롭고 행복하게 공존할 수 있는 길이고 가치인지를 바르게 깨달아 그러한 세상을 창조하고 지켜나가기 위한 바른 노력을 기울일 수도 있다. 청정한 근원적 본성을 지키는 수행자의 무분별도 중요하지만, 다른 한편으로 바르게 분별함도 역시 중요한 수행임을 알아야 한다.

탐욕의 목마름

"결박의 대상이 되는 현상에서 즐거움을 보는 자에게는 갈애가 생겨난다. 갈애를 조건으로 집착이 생겨나고, 집착을 조건으로 존재가 생겨나며, 존재를 조건으로 태어남이 생겨나고, 태어남을 조건으로 늙음과 죽음, 슬픔, 비탄, 고통, 근심, 절망이 생겨난다.

이 모든 괴로움의 다발들은 이와 같이 해서 생겨난다."

— 『결박의 경(Saññojana sutta, S12:53)』

불타는 탐욕의 목마름, 만족을 모르는 사랑의 갈증이 바로 갈애(渴愛, 딴하 tanhā)이다. 갈애는 마치 뜨거운 여름날에 끝없이 사막을 걷는 마시고 마셔도 갈증이 해소되지 않는 나그네의 목마름과 같다. 어쩌면 인간은 언제나 이러한 갈애의 목마름으로 온전한 행복과 만족을 찾거나 누리지 못한 채, 한평생을 덧없이 살다 허무한 죽음을 맞이하는지도 모른다. 이러한 갈애에서 벗어나지 못하는 한, 우리는 이 세상에서뿐만 아니라 천당과 극락을 비롯한 그 어느 곳에서도 궁극적인 만족과 행복을 결코 얻지 못할 것이다. 왜냐하면 설령 천당과 극락에 태어난다고 하더라도 만족을 모르는 갈애가 작용하는 한 그곳에서도 만족을 얻지 못한 채, 또 다른 그 무엇인가를 찾고 얻고자 마음이 분주할 수밖에 없기 때문이다. 이렇듯 불타는 갈애를 좇아 사는 인간에게 주어지는 대가는 오직 괴로움과 불행뿐이다. 보라, 한평생 갈애를 좇아 사는 뭇 군상들이 과연 얼마나 즐겁고 행복함 속에 만족스러운 삶을 살고 있는지를…!

갈애의 목마름에서 벗어나 청량한 행복과 만족을 얻기 위해서는 무엇보다 우선적으로 갈애의 뿌리인 깊고 질긴 어리석음의 무명을 뽑아내야만 한다. 갈애는 어리석음, 즉 중생들이 왜 괴로운 삶을 살게 되는지, 그 근본 원인과 그러한 원인을 제거하는 방법이 무엇인지를 모르는 무지(無知, 無明)에 그 뿌리를 두고 있기 때문이다. 존재의 이치와 실상을 모르는 이러한 무지로 인해 갈애는 생성되고 갈애에 집착하며 불만족스러운 삶을 살게 되는 것이다. 그렇다면 어찌해야 무명을 타파하고 갈애에서 벗어날 수 있을까? 결론은 수행뿐이다. 오직 불법승 삼보에 대한 믿음에 의지하여 계와 선정과 지혜를 닦는 부단한 수행을 통해서만이 무명과 갈애에서 벗어나 마침내 청량하고 행복한 삶을 살 수 있게 되는 것이다.

인간의 탐욕

　세상에서 인간이 만물의 영장인 것은 분명하지만, 한편으로 인간이 가장 어리석고 삿되고 잔인한 동물인 것 또한 부할 수 없다. 동물은 자기가 거처할 영토만 있으면 다른 동물의 영토를 넘보지 않지만, 인간만은 자신이 살 만한 영토(혹은 집)가 있으면서도 사적인 이익을 취하기 위해 또 다른 영토에 집착하여 지나친 욕심을 부린다. 동물은 당장의 배고픔을 해결하는 것으로 만족해하지만, 인간만은 내일 먹을 것, 한 달 후에 먹을 것, 나아가 십년 후, 백년 후에 먹을 것까지를 준비하고 축적하기 위해 무한한 탐욕을 일으킨다. 동물은 자신들이 사는 자연을 자신의 이익과 욕심의 충족을 위해 오염시키거나 파괴하지 않지만, 인간만은 이런저런 이유와 명분으로 자연을 파괴하고 오염시켜 인간 자신뿐만 아니라, 다른 여타의 생명마저도 살생하고 위태롭게 하거나 살 수 없게 만드는 죄악을 일삼는다.

　왜 붓다께서 인간의 탐심을 가장 무서운 독성의 마음이라 정의하여 강하게 경책하셨는지 우리는 그 이유를 깊이 이해하고 깨달아야만 한다. 현재와 같은 경제적인 차별과 불평등, 극심한 자연환경의 파괴와 오염, 국가와 인종간의 극한 대립과 갈등, 다른 생명체와 인간과의 공존 문제

등 지구상의 모든 모순과 문제에는 모두 인간의 무서운 탐욕이 그 근원적인 병인(病因)으로 작용하고 있기 때문이다. 인간이 만족을 모르는 무한한 탐욕과 참된 진리와 존재 가치를 모르는 어리석음에서 벗어나지 못하는 한, 아무리 과학 문명이 발달하고 세계적인 경제 번영이 이루어진다 해도 지금과 같이 인간이 당면하여 경험하고 있는 지구상의 모든 위태로운 모순과 문제는 결코 쉽게 해결될 수 없을 것이다.

근원적인 해결책은 지구상에서 만물의 영장임을 자랑하는 인간이 먼저 탐욕을 줄이려는 노력이다. 지금처럼 모두가 탐욕을 수순하여 소유와 감각적 욕망의 충족을 삶의 일차적 가치로 삼는 인간의 전도된 가치와 삶의 그릇된 방향을 교정하거나 바꾸지 않는다면, 인류가 현재 당면한 모든 위기와 문제는 결코 쉽게 해결할 수 없다. 거대한 탐욕의 바다를 역류하여 저마다 탐욕을 줄이고 소욕지족의 가치를 찾고자 하는 것에서 인류의 보편적인 행복과 평안은 모색될 수 있을 것이다.

알아차리기 어려운 탐심

 탐욕과 성냄과 어리석음, 이른바 탐진치 삼독심 가운데 탐심(貪心)은 좋아하는 대상을 좇는 마음, 애착하는 마음, 소유하려는 욕망의 마음이다. 탐욕의 특징은 마치 뜨겁게 달구어진 쇠붙이에 고기가 달라붙어 쉽게 떨어지지 않듯, 대상에 달라붙는 것을 특징으로 삼는다. 물질적인 것이든, 정신적인 것이든 자신이 좋아하는 것이기에 우리는 그러한 탐욕의 대상에 쉽게 마음이 달라붙고 정신을 빼앗겨 맹목적으로 매달리고 좇아가게 된다. 이에 비해 진심(嗔心)은 싫어하는 대상을 멀리하고자 하는 마음, 싫어하는 대상에서 벗어나고자 하는 성냄의 마음이다. 물질적인 것이든 정신적인 것이든 자신이 싫어하는 것이기에 우리는 그러한 진심의 대상을 멀리하고자, 또는 그러한 진심의 대상에서 멀리 벗어나고자 한다.

 이러한 탐심과 진심 중에서 우리는 탐심보다는 진심에 대해 더 알아차리기가 쉽다. 대상을 좇고 매달리는 탐심은 자신이 좋아하는 것에 대한 욕망이기에 쉽게 알아차리지 못한다. 예컨대 담배를 피우고 술 마시는 것을 좋아하는 사람은 담배와 술에 대한 자신의 탐심을 쉽게 알아차리지 못한다. 자신이 좋아하는 대상에 대해 일으키는 자연스러운 마음이기 때문이다. 까닭에 담배와 술에 대한 탐심을 계속 일으키고 그것들을 끊지 못하고 계속 즐기게 되는 것이다. 하지만 자신이 싫어하는 대상을 어쩔 수 없이 마주하거나 경험하게 됨으로써 일으키게 되는 진심은 자신을 불편하고 괴롭고 불만족스럽게 만드는 마음이기 때문에 쉽게 알아차릴 수 있다. 예컨대 담배와 술을 싫어하는 사람은 마음으로 자신이 담배와 술을 싫어한다는 것을 쉽게 알아차릴 수 있다. 자신이 싫어하는 대상에 대해 일으키는 마음이기 때문이다. 때문에 자신이 싫어하는 담배와 술을 멀리하고자, 혹은 담배와 술을 즐기는 환경에서 벗어나고자 적극적으로 의지적인 노력을 기울이게 되는 것이다.

붓다는 탐심과 진심, 그리고 이러한 두 마음의 근원을 이루고 있는 어리석은 마음(無明心)은 인간의 삶을 불행하게 만들고 생사윤회의 근원적인 병의 원인이 되는 세 가지 독성의 마음이라고 가르치셨다. 우리가 탐심과 진심을 끊기 위해서는 그러한 마음들이 일어났을 때 즉각적으로 바르게 알아차릴 수 있어야 한다. 문제는 위에서 설명한 것처럼 진심은 비교적 알아차리기 쉽지만, 탐심은 알아차리기가 그리 쉽지 않다는 사실이다. 탐심을 알아차리지 못하는 까닭에 우리는 계속해서 정신적, 물질적 대상에 탐심을 일으켜 물질적, 감각적 욕망을 추종하는 중생의 삶을 살게 되는 것이다.

탐심이 일어났음을 쉽게 알아차리기 위한 가장 좋은 방법은 오직 자신이 일으키는 매 순간의 마음을 바르게 알아차리는 정념(正念, 싸띠 sati)의 힘을 향상시키는 것뿐이다. 매 순간 일으키는 모든 마음을 놓치지 않고 바르게 알아차릴 수 있는 정념의 힘이 길러졌을 때, 우리는 자신이 일으키는 탐심에 대해서도 쉽게 알아차릴 수 있고, 또한 그러한 불선한 마음에 대해 적절히 제어하고 다스릴 수 있게 된다. 그렇다면 바르게 알아차리는 싸띠의 힘(지혜의 힘)을 향상시키기 위해서는 어떻게 해야 하는가? 무엇보다 매 순간 자신이 일으키는 마음을 알아차리려는 의지적인 노력을 기울여야 한다. 바로 팔정도에서 가르치는 바른 정진(正精進)의 수행이다. 정정진의 수행은 알아차림의 힘을 향상시키는 유일한 실천이다. 자신이 지금 밖의 경계 대상을 접촉하여 일으키는 현재의 마음이 삼독심과 같은 불선한 마음인지, 아니면 자비와 지혜, 연민과 이해와 같은 선심인지를 바르게 알아차려 불선심은 즉각 버리거나 일어나지 않게 노력하고, 선심은 계속 일으키고 향상해 나가도록 의지적인 노력을 게을리하지 않음으로써 싸띠의 힘을 점차 강화시켜 나가는 것이다.

바른 알아차림은 곧 밝은 지혜의 마음이고 성성하게 깨어있는 마음이다. 그러한 알아차림, 지혜, 깨어있는 마음이 함께할 때, 우리는 탐심이 일어나면 그것이 탐심인 줄 알고, 진심이 일어나면 그것이 진심인 줄 곧 깨달아 그러한 불선한 마음에 유혹되거나 이끌리지 않을 수 있게 된다. 나아가 탐심과 진심으로 인한 해악으로부터도 벗어나 자유로울 수 있게 되는 것이다.

갈애의 소멸

  이 세상에서 가장 끊기 어려운 건 무명을 바탕으로 한 갈애(渴愛, 딴하 tanhā)이다. 마시고 마셔도 목마름의 갈증이 해소되지 않는 사랑에 대한 욕망, 그것이 바로 갈애의 실상이다.

  부모, 자식, 형제자매, 이성, 친구와 같은 사람에 대한 사랑의 갈애, 돈, 권력, 명예와 같은 사회적 출세와 성공에 대한 사랑의 갈애, 그 무엇보다 이생이든 저승이든 죽지 않고 영원히 존재하고 싶은 생명 존속(영생)에 대한 사랑의 갈애.

  사랑에 대한 욕망의 갈애는 곧 소유에 대한 갈애이기도 하다. 사랑은 소유에 대한 욕망으로 귀착되고, 소유는 또 다른 사랑의 갈애로 이어진다. 까닭에 갈애는 뽑아내고 뽑아내도 어느새 금방 자라나는 무서운 생명력을 자랑하는 잡초와 같다. 뽑아내고 뽑아내도 단절되지 않고 끈질긴 생명력으로 우리들의 마음을 지배하기 때문이다. 어쩌면 삶의 만족과 행복은 바로 이러한 갈애를 없애고 줄이는 것에서 비롯되는지도 모른다. 그러나 무시이래(無始以來)로 갈애를 삶의 에너지로 의지해 살아온 일반 중생들이 이러한 갈애를 한순간 없애고 줄인다는 것은 그리 만만하고 단순한 일이 결코 아니다.

그럼에도 우리는 애써 노력해야 한다. 보다 큰 삶의 만족과 행복을 얻기 위한 가장 바르고 빠른 길이기 때문이다. 갈애를 애써 없애고 줄이려는 의지적인 노력, 바로 의지적인 수행이고 정진이다. 수행은 갈애를 일으키는 자신의 마음의 실상을 깊이, 그리고 세세히 살피는 통찰에서 비롯된다. 우리는 마르지 않는 샘처럼, 끊임없이 갈애를 일으키는 마음의 실상을 살피고 그 본성을 깨달아야 한다. 그래서 마치 마부가 말을 자유자재로 몰아가듯이, 자신의 갈애의 근원인 마음을 적절히 제어하고 의지대로 다스릴 수 있어야 한다. 이러한 경지에 이르러서야 갈애는 비로소 그 생명력을 서서히 잃어가게 되며 반대로 마음의 자유와 평정은 점차 향상되어 간다.

세상에서 가장 무거운 짐

 간혹 길을 가다 무겁게 폐지를 실은 손수레를 힘겹게 끄는 노인들을 볼 수 있다. 젊어서도 결코 편안한 삶을 살지 못했을 거 같은 노쇠한 육신의 노인이 저렇듯 늙어서도 무거운 삶의 무게를 내려놓지 못하고 생존을 위해 고단하게 사는 모습에 '삶은 과연 무엇인가' 하고 무거운 마음으로 인생을 성찰하게 된다. 어디 그러한 노인뿐이겠는가? 같은 또래와 근심, 걱정 없이 자유분방하게 맘껏 뛰어 놀며 건강하게 성장해야 할 아이들을 볼 때도 간혹 같은 느낌이 들 때가 있다. 어린 나이에도 불구하고 어른들이 부여한 학습량에 짓눌려 무거운 책가방을 어깨에 메고 밤늦게까지 학교와 학원가를 오가는 모습을 보면 아이들 역시 인생 초반부터 짊어진 삶의 무게가 결코 가볍지 않음을 느끼게 된다. 고단한 인생을 살면서 누구나가 한 번쯤은 자신이 짊어진 삶의 무게를 버거워할 때가 있다. 가정의 경제를 책임진 가장의 어깨는 늘 무겁게 느껴지고, 육아를 전담하는 전업주부, 혹은 육아와 일을 병행하는 주부(Working mom)의 어깨 또한 무겁기는 매한가지이다. 부모를 모셔야 하는 자식의 어깨도 때때로 무겁게만 느껴지고, 힘에 부친 업무에 시달리는 직장인의 어깨도 늘 무겁기만 하다. 어깨를 짓누르는 삶의 무게를 어디 어른들만 느끼겠는가? 공부에 전념하는 나이 어린 청소년들과 사회의 진출을 앞둔 대학

생과 취업 준비생들 또한 공부와 불확실한 미래의 삶에 대한 근심, 걱정으로 결코 가볍지 않은 삶의 무게를 느낄 수밖에 없다. 그리고 보면, 인생을 살아가는 남녀노소 누구나가 자신들이 짊어진 삶의 무게를 느끼고 살아간다고 해도 과언이 아닌 것 같다.

"비구들이여, 그대들에게 짐과 짐을 나르는 사람과 짐을 지는 것과 짐을 내려놓는 것을 설하리라.

비구들이여, 어떤 것이 짐인가? 취착의 (대상이 되는) 다섯 가지 무더기(五蘊: 色受想行識)라는 것이 그에 대한 대답이다. 어떤 것이 다섯인가? 취착의 (대상이 되는) 물질의 무더기(色蘊), 취착의 (취상이 되는) 느낌의 무더기(受蘊), 취착의 (대상이 되는) 인식의 무더기(想蘊), 취착의 (대상이 되는) 심리현상들의 무더기(行識), 취착의 (대상이 되는) 알음알이(蘊識)의 무더기이다.

비구들이여, 그러면 어떤 것이 짐을 나르는 사람인가? 이러한 이름과 이러한 족성을 가진 사람이라는 것이 그에 대한 대답이다. 비구들이여, 이를 일러 짐을 나르는 사람이라 한다.

비구들이여, 그러면 어떤 것이 짐을 지는 것인가? 그것은 갈애이니, 다시 태어남을 가져오고 즐김과 탐욕이 함께하며 여기저기서 즐기는 것이다. 즉 감각적 욕망에 대한 갈애(慾愛), 존재에 대한 갈애(有愛), 존재하지 않음에 대한 갈애(無有愛)가 그것이다.

비구들이여, 그러면 어떤 것이 짐을 내려놓는 것인가? 이러한 갈애가 남김없이 빛바래어 소멸함, 버림, 놓아버림, 벗어남, 집착 없음이다. 비구들이여, 이를 일러 짐을 내려놓는 것이라고 한다."

세존께서는 이렇게 말씀하셨다. 스승이신 선서(善逝)께서는 이렇게 말씀하신 뒤 다시 이와 같이 설하셨다.

"짐은 오온이요,
짐을 나르는 자는 사람을 말하네.
짐을 지는 것은 세상에서 괴로움이요,
짐을 내려놓는 것은 즐거움이라네.

무거운 짐을 내려놓고,
다른 짐을 지지 않는 자는
갈애를 뿌리째 뽑아버려
갈증이 풀리고 (삼독의 불이) 꺼지노라."

- 『짐 경(Bhāra-sutta, S22:22)』

흥미롭게도 붓다께서는 인간의 어깨를 무겁게 짓누르는 짐에 대해 위와 같은 내용의 설법을 하셨다. 붓다는 인간에게 있어 가장 무거운 짐은 다름이 아니라 취착의 대상이 되는 오온, 즉 우리들의 몸(色)과 마음(受想行識)임을 가르치신다. 세상에서 자기 자신을 가장 힘들고 괴롭게 하는 짐, 그것은 나를 벗어난 밖에 있는 것이 아니라 바로 자기 자신이라는 말씀이다. 무슨 의미를 담은 가르침일까? 가만히 숙고해 보면 이 세상에서 자신이 경험하게 되는 모든 삶의 고락과 행불행은 바로 자신이 이 세상에 태어난 것에서부터 비롯된다. 이 세상에 생명체로 태어남으로 인해 생로병사의 괴로움을 피할 수 없게 되었고, 몸과 마음이 불변한 나(自我)라는 강한 개념이 일어나 나를 중심으로 모든 것을 생각하고 판단하고 행동하게 되었으며, 그러한 나를 기준하여 많은 인연이 형성되어 현재와 같은 힘들고 고단한 삶을 살게 되었기 때문이다. 당연한 말씀이다. 우리는 오온의 축적물인 몸과 마음으로 이 세상에 생명체로 태어났기에 생로병사를 비롯한 인생의 온갖 괴로움과 불행을 경험하고 살 수밖에 없다. 만약에 우리의 몸과 마음이 없었다면, 우리를 그토록 힘들게 하고 괴롭게 하는 삶의 온갖 무거운 짐도 짊어지지 않게 되었을 것이다. 그럼에도 불구하고 우리는 삶의 모든 괴로움의 근원이 자신의 몸과 마음에 대해 애지중지하며 취착한다. 무상한 물질적 육체(色)에 대해서는 계절의 변화에 때맞춰 적절히 옷을 갈아입히고, 굶주리지 않게 좋아하는 것을 찾아 먹이며, 추위와 더위를 피해 쉬게 하고, 이런저런 장식과 화장으로 꾸미고 가꾸는 데 게을리 하지 않는다. 찰나에 생겨났다 사라지는 실체 없는 마음에 대해서는 나라는 개념(自我, 아트만)을 강하게 세우고, 나를 내세워 세상 모든 것을 자신을 중심으로 생각하고 판단하며 행동하고자 한다. 이러한 몸과 마음에 대한 취착은 현생에서뿐만 아니라, 내생에까지 이어져 죽어서도 현재의 몸과 마음이 그대로 존속되기를 욕망하여(有愛) 영생을 꿈꾸고 천상의 즐거움을 누리고자 희망한다. 생로병사의 근원이 되고 삶의 무거운 짐 자체라 할 수 있는 우리의 몸과 마음을 자신을 힘들게 하고 괴롭게 만드는 짐이라고 전혀 인식하지 못하고, 도리어 그러한 몸과 마음에 강하게 취착하여 죽어서까지 그것들을 내려놓지 못하고 계속하여 이어가고 싶어 하는 것이다. 우리의 몸과 마음(오온)이 바로 무거운 짐이라는 붓다의 말씀은 바로 이러한 의미를 담고 있다.

오온의 축적인 몸과 마음이 바로 중생을 힘들고 괴롭게 하는 무거운 짐이라고 한다면, 그러한 짐을 짊어지고 사는 존재 역시도 다름 아닌 우리들 자기 자신이다. 위에 적은 붓다의 말씀에 따르면 몸과 마음이 짐인 동시에 그것에 강하게 취착하여 내려놓지 못하고 스스로 버겁게 짊어지고 살아가는 존재 역시도 바로 나라고 생각하는 우리들의 몸과 마음인 오온이다. 이렇듯 오온이 짐인 동시에 그러한 짐을 나르는 존재라고 한다면, 그러한 짐을 내려놓지 못하고 무겁게 짊어지게 되는 계기는 어떤 것일까? 붓다는 몸과 마음에 강하게 취착해서 일으키는 중생들의 갈애(渴愛, 딴하 tanhā)가 바로 그 원인임을 가르치신다. 오온에 대한 취착, 그러한 취착을 바탕으로 하여 일으키는 만족을 모르는 탐애의 욕망이 바로 갈애이다. 불교에서는 갈애는 크게 세 종류가 있음을 가르친다. 바로 보고 듣고 냄새를 맡고 맛보고 신체적으로 접촉하여 마음의 즐거움을 좇는 감각적 욕망에 대한 갈애(慾愛), 현재의 자신의 몸과 마음에 취착하여 영원히 같은 몸과 마음으로 계속 존속하고 싶어 하는 유애(有愛), 현재의 삶이 괴롭고 불행하다 생각하여 죽은 이후에 더 이상 새롭게 태어나고 싶어 하지 않는 무유애(無有愛)가 바로 그것이다. 붓다는 바로 이러한 갈애가 중생들이 오온이라는 무거운 짐을 짊어지게 되는 원인과 조건이 됨을 말씀하시는 것이다. 병의 원인을 알면 병을 치유할 수 있는 처방을 찾을 수 있다. 붓다는 갈애로 인해 존재들이 무겁게 짐을 짊어지고 윤회의 삶을 계속 반복해 간다고 병인(病因)을 밝힘과 동시에 그러한 갈애를 내려놓고 버림으로써 무거운 짐을 내려놓고 영원히 짐에서 벗어나 자유로울 수 있음도 가르치시고 있는 것이다.

어리석음에 대한 자각

　인류의 물질문명과 자본주의 경제가 발전하고 성장해갈수록 인간 사회는 더욱더 혼탁해지고 어지러워짐을 느끼게 된다. 개개인이 모여서 한 사회와 국가의 구성원을 이루고 있다는 사실에 비춰보면, 인간 사회가 이렇듯 혼탁하고 어지럽다는 것은 개개인이 그만큼 불선한 마음으로 불선한 업을 짓고 살아가고 있다는 것을 반증하는 것이라 볼 수 있다.

　참으로 우리 모두는 어리석은 중생이 아닐 수 없다. 동업중생(同業衆生)들이 몸과 입과 마음으로 일으키는 삼업의 행위들로 인해 세상이 이렇듯 혼탁하고 어지럽기 때문이다. 그런데 중생들이 이렇듯 어리석으면서도 스스로 어리석은지를 모르는 무지야말로 중생의 치유할 수 없는 가장 깊은 병인이라 할 수 있다. 모든 것이 원인과 조건에 의해 생겨난다는 연기와 인과의 이치를 알지 못하는 인간의 어리석음, 또한 그러한 어리석은 마음을 의지해 괴로움과 불행한 과보를 가져오는 불선한 업을 행하면서도 그러한 행위가 불선한 행위인지를 미처 바르게 헤아리지 못하는 것이야말로 중생의 가장 깊은 병인 것이다.

　자신이 짓는 행위가 죄업인지도 모르고 짓는 죄와 반대로 자신의 행위가 죄업인지 스스로 알면서도 짓게 되는 죄 가운데 과연 어느 죄가 더 무거울까? 불교적인 시각에서 보면, 모르고 짓는 죄업이 더 무겁다고 답할 수 있다. 왜일까? 모르고 짓는 죄는 그것이 죄업인지 모르기 때문에 마음에 전혀 거리낌 없이 죄업을 쉽게 짓게 되고, 나아가 자신의 행위가 죄업인지 알지 못하기 때문에 다음에도 같은 죄업을 반복해서 범할 수 있는 위험성이 있다. 또한 자신의 불선한 행위에 대한 죄의식과 참회의 마음마저 없기 때문에 죄에 대한 성찰과 개선의 마음조차 일으킬 수 없는 까닭이다. 예컨대 살생의 과보가 얼마나 무섭고 지중한지를 모르는 사람은 다른 생명을 함부로 죽인다. 다른 존재의 생명을 빼앗는 살생이 얼마나 무서운 과보를 낳게 되는 행위인지를 알지 못하기 때문에 마음에 전혀 거리낌이나 죄의식 없이 쉽게 살생을 자행하는 것이다. 길을 가다가 보이는 개미나 벌레를 그냥 아무 생각 없이 밟아 죽이거나 아니면 일부러 찾아서 죽이기도 한다. 또한 낚시와 같이 자신의 감각적 즐거움을 위한 취미로 존귀한 생명을 함부로 죽이기까지 하는 것이다. 하지만 살생의 과보가 얼마나 무섭고 지중한지를 아는 사람은 가능한 한 살생을 함부로 하지 않으려고 노력한다. 부득이하게 살생을 하는 경우에 있어서도 마음에 살생에 대한 뉘우침과 죄의식을 갖게 된다. 나아가 가능하면 살생을 더 이상 하지 않겠다는 다짐과 각오를 다지게 된다. 설사 살생을 하더라도 그 행위에 대한 죄의식을 마음속에 부끄러움으로 간직하게 된다. 모르고 짓는 죄가 알고 짓는 죄보다 더 무겁다고 하는 것은 바로 이러한 이유에서다.

『밀린다 왕문경(milindapañha)』에서도 이러한 이치를 비유를 들어 설명하고 있다. 밀린다 왕과 가세나존자는 아래와 같이 묻고 답한다.

"존자여, 알고 짓는 죄와 모르고 짓는 죄는 어느 쪽이 더 큽니까?"

"대왕이시여, 모르고 짓는 죄가 더 큽니다."

"그것은 무슨 까닭입니까?"

"대왕이시여, 사람이 불에 달구어진 쇳덩이를 뜨거운 줄 모르고 잡으려 하는 것과 뜨거운 줄 알고 잡으려 하는 것이 어느 쪽이 더 심한 화상을 입을까요?"

"그것은 모르고 잡는 쪽이 더 심한 화상을 입겠지요."

"왕이시여, 그와 같이 모르고 짓는 죄가 더 큽니다."

흔히 우리가 알고 있는 상식적인 측면에서는 모르고 짓는 죄보다 알고 짓는 죄의 비중이 더 크다고 말한다. 그런데 경전의 비유처럼 불교에서는 모르고 짓는 죄업이 알고 짓는 죄업보다 그 과보가 더 크다는 것을 가르치고 있는 것이다.

붓다께서는 중생의 근원적인 삶의 불만족과 괴로움은 바로 인간의 어리석음(無明)에서 비롯됨을 설파하셨다. 어리석기 때문에 나와 밖의 경계에 대해서 무한한 탐욕을 일으키고, 그러한 탐욕의 대상에 대한 소유와 애착을 이유로 불선한 마음(번뇌)과 불선한 행위(악업)를 일으키게 된다는 것이다. 따라서 무명한 마음에서 벗어나는 것이야말로 인간의 근원적인 불만족과 괴로움을 해결하는 첩경이라는 가르침이다. 가만히 숙고해 보면, 인간이 일으키는 모든 불선한 행위와 그에 따른 괴로움의 경험은 바로 세상 이치와 삶의 이치를 바르게 알지 못하는 인간의 어리석음에서 비롯되는 것임을 쉽게 알 수 있다. 중생들이 업과 업의 과보, 즉 심은 대로 거둔다는 분명한 인과의 이치를 바르게 알지 못하는 어리석음 때문에 한 치 앞을 내다보지 못하고 불선한 마음으로 불선한 행위를 일삼는 것이다. 결과적으로 자신들이 지은 죄업의 그물에 덮여 스스로가 괴로움의 과보를 경험하며 불행한 삶을 반복해 살고 있는 것이다.

어둠을 밝히는 것이 오직 밝은 빛뿐이다. 눈앞의 사물을 분간할 수 없을 정도로 아무리 칠흑같이 깜깜한 어둠일지라도 밝은 등불을 비추면 그 어둠은 일순간에 사라져 사물을 밝게 분별할 수 있게 된다. 무명한 어리석음을 밝힐 수 있는 것은 오지 밝은 지혜(반야)뿐이다. 이 세상이 어떠한 이치(법, 진리, 법칙)에 의해서 운용되고, 인간이 복락의 삶을 살기 위해서는 어떠한 마음과 행위를 해야 하는지 바르게 알 수 있게 하는 것이 바로 반야 지혜인 것이다. 어쩌면 수행은 스스로가 어리석다는 것을 깨닫고 받아들이는 것에서 시작된다고 볼 수 있다. 어리석음이 우리들 삶을 불행하게 하고 괴롭게 만드는 근원적인 병인임을 자각하고, 그러한 어리석음에서 벗어나 밝은 반야 지혜를 얻고자 계와 선정과 지혜를 닦는 수행을 실천하게 되는 것이다. 스스로의 어리석음을 깨닫는 것, 이것이야말로 깨달음 중에서도 가장 큰 깨달음일 수 있다. 자신이 병들었음을 아는 사람은 그 병을 치유하고자 노력하지만, 자신이 아예 병들었다는 사실조차 모르는 사람은 병을 치유할 생각조차 하지 못한다. 같은 이치로 자신의 어리석음을 모르는 사람은 그 어리석음으로 인해 스스로가 불행하고 괴로운 삶을 경험하면서도 어리석음을 치유할 생각조차 하지 못하는 것이다.

세상과 싸우지 않나니

"붓다께서 비구들에게 이렇게 말씀하셨다.
비구들이여!
나는 세상과 더불어 싸우지 않느니라.
세상이 나를 두고 싸우려들 할 뿐이니,
법을 설하는 자는 이 세상의 그 누구와도 싸우지 않느니라."

− 『상응부』

또 제자들을 이런 말씀으로도 훈계하신다.

"비구들이여! 남들이 여래를 헐뜯고, 법을 헐뜯고, 승단을 헐뜯는다 해서 그 때문에 난처해하거나 적대심, 악의 따위를 품어서는 안 되느니라.

비구들이여! 너희들이 그 때문에 못마땅해하거나 성을 내면 정신적 향상에 방해를 입을 뿐 아니라, 그들의 말이 어디까지 옳고 어디까지 그른지 판단할 수 없게 되고 만다. 너희들은 그런 때에 사실이 아닌 것은 해명함으로써 모든 것을 분명히 밝혀주도록 해야 한다.

비구들이여! 또한 남들이 여래를 추켜올리고, 법을 추켜올리고, 승단을 추켜올려 말하더라도 그것 때문에 마음이 자만해서는 안 된다. 그러면 너희들의 내면의 성숙에 큰 장애가 될 뿐이다. 그런 때는 옳은 말은 옳다고 인정하고 그 옳은 까닭을 설명해줘야 한다."

- 『장부(범동경)』

부처님께서는 일찍이 그 누구에게도, 심지어 반대자나 적대자에게까지도 불친절한 언사를 쓰신 경우는 한 번도 없으셨다. 기존의 기성 종교인 바라문들과 같은 타 종교인과 사상가들 중 붓다와 붓다가 가르치신 법에 대해 반대하는 사람들이 있었지만 부처님은 결코 그들을 적으로 보지 않으셨다. 남들이 격렬한 어조로 비난하고 헐뜯더라도 부처님은 결코 화를 내시거나 혐오감을 품거나, 불친절한 말을 입에 올리지 않으셨다. 붓다는 또 이렇게 말씀하셨다.

"전장에서 코끼리가 날아오는 화살을 견뎌내듯,
그처럼 나는 남들의 비방과 적대적 안색을 참아내니라."

- 『법구경(320)』

부처님은 이처럼 득과 실, 호평과 악평, 찬탄과 비난, 고통과 행복과 같은 여덟 가지 세속적인 가치(八風, 여덟 가지 세간법, Attha loka-dhamma: 이를 사람의 마음을 능히 어지럽히는 바람이라는 의미로 팔풍이라 한다. 곧 이익利, 손해衰, 불명예毁, 명예譽, 칭찬稱, 비방譏, 괴로움苦, 즐거움樂을 말한다)를 몸소 경험하시면서도 조금의 흔들림도 없이 마음의 고요와 평화를 지키셨다. 마치 단단한 바위와 깊은 바다의 심연처럼, 붓다의 마음은 요지부동이셨다. 행복한 일이 생겼다고 의기양양해 하시지도 않았고, 불행한 일이 생겼다고 해서 의기소침해하시지도 않았다. 물론 언쟁이나 적개심을 조장하는 일은 더욱 없으셨다. 붓다의 법을 배우고 닦는 모든 불자와 수행자 또한 반드시 닦고 실천해야 할 수승한 수행 덕목이 아닐 수 없다.

성내는 마음 다스리기

탐진치 삼독심 가운데 진심(瞋心)은 성냄, 분노, 원망, 증오, 시기질투, 불만족, 우울, 회한, 불안 등을 포함하는 불선한 마음(不善心)이다. 탐심과 더불어 대표적인 불선한 마음이라 할 수 있으며, 이러한 마음은 우리들로 하여금 한순간 악업을 짓게 만들고 정성스럽게 쌓은 선업의 공덕을 소멸시키며, 나와 남을 함께 불행하고 괴롭게 만드는 무서운 독성의 마음이라 할 수 있다. 수행자는 이러한 마음이 일어나지 않도록 항상 마음에 대한 통찰과 제어에 힘써야 한다. 하지만 이러한 불선심은 자기 의지에 무관하게 어떠한 안과 밖의 경계를 접하게 됨으로써 불현듯 한순간 일어나는 경우가 대부분이다. 그러하기에 평소에 쉼 없는 부단한 마음 수행을 통한 자기 마음의 살핌과 제어가 요구되는 것이다. 진심을 다스리는 아홉 가지 단계가 있다. 수행자는 이를 늘 억념하여 어느 순간 진심이 일어났을 경우 알아차림을 통해 스스로 진심을 제어하고 극복해낼 수 있어야 한다.

- 화를 화로써 앙갚음하지 않는다.
- 연민을 통해 적개심을 가라앉힌다.
- 늘 자신을 먼저 훈계하여야 한다.
- 업(業, Karma)이 각자 자기의 주인임을 반조(返照)한다.
- 부처님이 전생에 인욕 수행한 공덕을 반조해야 한다.
- 일체중생에 대하여 나를 한 번쯤 낳아준 부모로 생각한다.
- 자애(慈愛) 수행의 열한 가지 이익에 대하여 생각한다.
- 나의 몸과 마음을 오온, 12처, 18계의 요소로 본다.
- 보시를 통하여 성냄을 제거한다.

기도와 발원

"중생이 끝없지만 다 제도하기를 서원합니다.
(중생무변서원도 衆生無邊誓願度)

번뇌가 다함이 없지만 다 끊기를 서원합니다.
(번뇌무진서원단 煩惱無盡誓願斷)

법문이 무량하지만 다 배우기를 서원합니다.
(법문무량서원학 法門無量誓願學)

불도가 위없지만 모두 이루기를 서원합니다.
(불도무상서원성 佛道無上誓願成)"

- 『사홍서원(四弘誓願)』

'기도(祈禱)'는 자신이 믿는 신앙의 대상에게 그 무엇인가를 이루어주기를 간절히 바라는 기복의 행위에 속한다. 하지만 '발원(發願)'은 스스로가 몸과 마음을 청정히 닦고 믿음의 바른 가치를 성실히 수행함으로써 참된 진리에 대한 깨달음의 성취와 더불어 나와 남을 위해 그 무엇인가를 성취하고 실천할 것을 굳세게 약속하고 다짐하는 거룩한 서원의 행위이다.

기도가 개인적으로 복락을 얻고 흉화를 멀리하고자 하는 '취길피흉(取吉避凶)'의 이기적인 바람의 행위를 전제로 한다면, 발원은 참된 진리의 깨침을 전제로 개인적인 복락과 길흉을 초월하여 보다 크고 넓은 무량한 마음으로 나와 남을 동시에 이롭게 하고 구제하고자 하는 이타적인 수승한 종교적 행위라 할 만하다.

참된 종교인이 되기 위해서는 피취길흉만을 기도하는 이기적이고 소아적인 기복적 기도인이 되기보다는 나와 남을 위해 그 무엇인가를 성취하고 실천하고자 발원하는 원력의 수행자가 되어야 한다. 대승 불교에서 삼보에 귀의한 불자라면 누구나가 공통적으로 세워야 하는 '사홍서원'은 바로 이러한 의미를 담고 있는 대표적인 큰 발원이다. 대승 불교의 근본 실천 이념인 '상구보리, 하화중생' 또한 보살의 삶을 위해 보리심을 일으킨 수행자라면 누구나가 반드시 맹세하고 세워야 하는 가장 기본적인 발원이다.

업에 대한 바른 견해

한때, 부처님이 제따와나(Jetavana, 기원정사 祇園精舍)의 기수급고독원(祇樹給孤獨園, 아나타삔디까 Anāthapiṇḍika) 승원에 계실 적에 한 바라문 청년이 찾아와 부처님께 다음과 같은 질문을 올렸다.

"존자 고따마여, 어떠한 원인(因, hetu)과 어떠한 조건(緣, paccaya) 때문에 인간의 모습을 한 인간들 사이에 천하고 귀한 차별이 있습니까?

존자 고따마여, 참으로 인간들은 목숨이 짧기도 하고 목숨이 길기도 하고, 질병이 많기도 하고 질병이 없기도 하고, 용모가 추하기도 하고, 용모가 아름답기도 하고, 권세가 없기도 하고, 권세가 있기도 하고, 빈궁하기도 하고, 부유하기도 하고, 비천하기도 하고, 고귀하기도 하고, 우둔하기도 하고 현명하기도 합니다.

존자 고따마여, 어떠한 원인과 어떠한 조건 때문에 인간의 모습을 한 인간들 사이에 천하고 귀한 차별이 있습니까?"

"바라문 청년이여, 뭇 삶들은 자신의 업을 소유하는 자이고, 그 업을 상속하는 자이며, 그 업을 모태로 하는 자이며, 그 업을 친지로 하는 자이며, 그

업을 의지처로 하는 자입니다. 업이 뭇 삶들을 차별하여 천하고 귀한 상태가 생겨납니다."

- 『업에 대한 작은 분석의 경(Cūḷakammavibhaṅga suttaṃ, M135)』

이 세상에는 무수한 사람들이 존재한다. 각기 다른 마음, 형상, 생활환경, 신분, 인연, 직업으로 차별적인 희로애락을 경험하며 각자 주어진 인생들을 살아간다. 어느 한 사람도 같은 마음과 형상으로 같은 내용의 삶을 사는 경우는 있을 수 없다. 모두 다 천차만별의 마음과 형상으로 이 세상을 차별적으로 살아가는 것이다. 바라문 청년이 궁금해한 것은 바로 모든 사람들이 왜 '천차만별'이냐는 것이다. 생긴 것도 모두 다르고 성향도 다르고 누리고 사는 삶의 질과 양태가 모두 각기 다른 이유가 도대체 어디에 있느냐는 근본적인 질문인 것이다. 이러한 바라문 청년의 질문은 어쩌면 우리들도 평상시 한 번쯤은 던져봤을 법한 질문이라 할 수 있다. 같은 인간으로 태어났으면서도 모두가 천차만별로 각기 다른 삶을 살 수밖에 없는 이유가 도대체 어디에 있는가 하는 근본적인 질문 말이다.

그렇다면 도대체 왜 같은 인간이면서 이렇듯 각기 다른 얼굴과 성향으로 천차만별의 차별적인 삶을 살게 되는 것일까. 아마 이에 대한 해답도 각자가 믿고 의지하는 종교, 가치에 따라 천차만별일 것이다. 유일신을 믿는 사람들은 아마도 모든 것이 자신이 믿고 의지하는 유일신의 섭리와 의지 때문이라고 답할 것이다. 만물을 창조했다고 믿는 유일신이 피조물들의 차별적인 모습과 성향, 그리고 삶을 지배하고 이끈다고 믿는 것이다. 혹은 사주팔자의 운명론을 믿는 사람들은 모든 것이 숙명적으로 타고난 팔자에 의해 차별을 드러낸다고 믿을 수도 있을 것이다. 이도 저도 아닌 사람들은 모든 인간의 차별과 각기 다른 삶은 아무런 원인과 조건도 없이 그냥 우연적으로 정해지고 타고난 것임을 믿을 수도 있을 것이다.

그렇다면 이에 대한 불교적 해답은 무엇일까? 위에 적은 한 바라문 청년과 붓다와의 대화는 인간을 비롯한 모든 존재의 차별적인 마음과 성향, 그리고 천차만별적인 삶이 결국은 각자가 지은 '업(깜마 Kamma)'이 그 원인과 조건으로 작용하여 결과적으로 일어난 것임을 가르치고 있다. 업은 자신이 몸과 말과 생각으로 지은 행위를 말한다. 붓다는 그러한 업이 원인과 조건이 되어 인간이 각기 다른 천차만별의 외모와 성격과 삶의 질과 양태가 정해지고 그 업의 결과(果報)대로 살게 된다고 가르치고 있는 것이다. 인간의 천차만별적인 각기 다름은 어떠한 전지전능한 절대적인 신에 의해서도, 아무런 원인과 조건도 없이 그냥 우연적인 것도, 그도 아니면 사주팔자에 따라 운명적으로 그냥 그렇게 태어난 것이 아니라는 말이다. 오직 자신이 과거에 이미 지었고 현재에 다시 몸과 말과 생각으로 짓고 있는 업이 원인과 조건이 되어 같은 사람임에도 불구하고 이렇듯 천차만별적인 삶을 살게 된다는 설명인 것이다.

이러한 부처님의 업에 대한 가르침을 가만히 생각해 보면, 우리가 인생을 살아가는 데 있어 제일 중요하게 생각해야 할 것은 바로 자기 자신의 행위이고, 또한 그 행위의 결과에 대한 책임임을 스스로 받아들이는 것이라 할 수 있다. 스스로의 행위(業)가 자신의 운명(果報)을 만들고, 자신에게 주어지는 화복을 창조해 낸다는 업에 대한 바른 이해와 견해를 갖추는 것, 이를 불교에서는 '업자성정견(業自性正見)'이라 한다. 이렇듯 업에 대한 바른 견해를 스스로가 체득하고 받아들이는 것에서 우리는 자신의 인생을 보다 창조적이고 주체적으로 살 수 있게 된다. 자신의 운명과 인생에 대한 원인과 책임 역시 자신을 떠나 밖에서 어리석게 찾지 않고 또한 그 누구에게도 돌리지도 않는다. 자신의 운명이나 신, 세상과 주위 인연을 탓하거나 원망하지 않는다. 부처님 가르침에 따라 오로지 자신이 업의 주인과 주재자임을 깨달아 신구의 삼업을 청정히 하여 선업을 쌓고 악업을 짓지 않으며, 주어진 삶에 정성을 다하고 최선을 다해 산다. 그 무엇에도 유혹되거나 걸림이 없이 운명의 주인으로서 언제 어디서나 주인이 되어서(隨處作主) 당당히 인생을 살아갈 뿐이다.

업의 상속자

  사람들은 간혹 운명을 논하며 팔자타령을 한다. 먹고 살기 힘들고, 하는 일이 뜻하는 바대로 잘 풀리지 않고, 남들과 비교했을 때 가지고 태어난 모든 환경이 열악하고, 아무리 애써 노력해도 원하는 것을 얻지 못하고, 원하지 않는 불행한 일들이 불현듯 찾아오고, 병약하여 건강에 자신이 없고, 뜻하지 않은 질병으로 생사의 기로에 놓이게 되고, 부부지간, 부모와 자식지간, 형제자매지간의 잘못된 만남의 인연으로 평생을 속을 썩이며 살게 되는 등의 인생사를 경험하는 경우에 특히 자신의 팔자와 운명을 생각하며 자신의 팔자를 원망하고 탓하는 것이다.

  세상에는 매 순간 무수한 인간이 나고 죽는다. 그중에는 비교적 부족함 없는 풍족하고 좋은 환경에서 태어나 평생을 평안하고 무탈한 삶을 살다가 가는 복 받은 삶들도 있고, 아주 열악하고 부족한 환경에서 태어나 평생 동안 갖은 고생만 하다가 고통스럽게 세상을 떠나는 박복한 사람들도 많다. 수명에 있어서도 타고난 천명을 다하고 편안히 가족과 아쉬운 이별을 하며 고종명(考終命)의 복을 누리는 사람들도 있고, 그렇지 못하고 이런 저런 질병과 사고로 천수를 누리지 못한 채 중간에 운명과 세상을 탓하며 고통스럽게 눈을 감는 사람들도 많다. 아마도 저마다 타고난 운명이 다르고 복락과 흉화가 다르기 때문일 것이다. 그렇다면 이러한 인간의 길흉화복(吉凶禍福)은 어떻게 정해지는 것일까? 그냥 우연적인 운명으로 타고나는 것일까? 아니면 보이지 않는 전지전능한 절대적 유일신이 있어 인간의 운명을 창조하는 것일까? 그도 아니면 어떠한 자연적인 불변한 법칙이 있어 그러한 법칙에 의거해 길흉화복의 운명이 정해지는 것일까?

우연론을 따르는 사람들은 인간의 운명과 길흉화복은 아무런 원인과 조건 없이 그냥 우연적으로 정해지고 타고난 것이라 믿고, 그러한 믿음에 의지해 현생의 삶을 자기 멋대로 살아갈 것이다. 모든 것이 신의 의지에 의해 결정된다고 믿어 그러한 신을 의지하는 사람들은 자신의 운명을 신의 의지에 맡기고 오직 신의 은총과 가피를 얻기 위해 신앙적인 노력을 기울이며 살게 될 것이다. 아마도 세상 사람들 가운데 붓다의 가르침을 믿고 따르는 불교도를 제외하고는 대부분 이러한 두 가지 견해와 사고를 따르는 사람들일 것이다. 특히나 아랍의 주 종교인 이슬람교와 서양의 주 종교인 기독교인들, 그리고 온갖 신을 모시는 인도의 힌두교 사람들이 세계에서 가장 많은 종교 인구라는 점에 비춰보면 인간의 운명이 신의 의지에 의해 정해지고 좌지우지된다고 믿고 따르는 사람들이 얼마나 많은지를 미루어 짐작할 수 있다.

그렇다면 불교의 운명론은 어떠한가? 당연히 인간의 길흉화복은 우연적인 것도 아니고, 신의 의지에 의한 것도 아니며, 인간 스스로가 자신의 짓는 선악의 행위를 원인과 조건으로 길흉화복을 받게 된다는 인과론을 믿고 따른다. 그런데 이러한 선인선과 악인악과의 인과론은 신이 만든 것도 아니고, 붓다가 만드는 것도 아닌, 본래 자연적으로 정해져 있는 불변한 법칙이고 진리이다. 까닭에 이러한 인과의 법칙과 진리는 유일신과 붓다를 비롯해 그 어느 누구도 바꾸거나 없앨 수 없으며, 또한 그 누구도 이러한 인과에서 벗어나거나 피할 수 없는 불변한 법칙과 진리이다. 붓다는 이러한 인과법칙에 의거해 인간의 운명과 길흉화복이 자신이 짓는 의지적인 행위(業)에 의해 정해지고 받게 된다는 설법을 다음과 같이 설하신다.

"세존께서 사왓티 제따와나의 아나타삔디까 사원에 머무실 때 과보의 원인에 대해 묻는 바라문 학도(manava) 데이야의 아들 수바에게 이와 같이 말씀하셨다.

학도여, 존재들은 업의 주인이고, 업의 상속자이고, 업에서 생겼고, 업의 권속이고, 업이 키의처이다. 업이 존재들을 구분지어 천하고 키하게 만든다."
— 『업 분석의 짧은 경(Cūḷakammavibhaṅga suttaṃ, M135 5.)』

간혹 버스 터미널과 역사, 그리고 명동 거리나 광화문 광장과 같이 사람이 많이 모이는 번잡한 길거리를 지나다 보면 커다란 피켓에 붉은 글씨로 '믿음천당, 불신지옥'이라는 문구를 써서 들고 다니며 목소리 높여 선교하는 사람들을 만날 수 있다. 어쩌다 잿빛 승복을 입은 출가자가 지나가려고 하면 일부러 다가와 시비를 걸듯 더욱 강압적인 목소리로 피켓을 눈앞으로 내밀며 '믿음천국 불신지옥'을 외친다. 유일신을 믿는 사람들의 강한 믿음과 가치관이 낳은 무지한 행위다. 그들은 자신들이 믿는 신을 믿는가 불신하는가에 따라 인간의 모든 운명이 달리 정해진다는 논리를 편다. 그들은 인간이 누리는 길흉화복이 인간의 선한 의지와 행위와는 무관하게 자신들이 믿는 신의 의지에 의해 결정되어진다는 왜곡된 믿음의 지배를 받고 있는 듯 보인다. 붓다는 당연히 세상의 창조주, 모든 존재의 운명과 길흉화복을 마음대로 좌지우지한다는 전지전능한 유일신을 부정하셨다.

위 경문에서 붓다는 창조의 신을 믿고 따르는 한 바라문(Brahman) 학도의 과보에 대한 질문에 답하고 계시다. 아마도 바라문 학도는 요즈음 길거리에서 '믿음천국, 불신지옥'을 외치는 일부 광신자들처럼 자신이 믿는 신이 세상을 창조하고 모든 존재의 운명을 결정한다고 주장하였을 것이다. 붓다는 학도의 이 같은 주장이 그릇된 사견(邪見)임을 일깨우시며, 모든 존재의 운명은 인과법에 의해 자신이 짓는 행위에 따라 달리 차별적으로 나타남을 설법하고 계신 것이다.

붓다는 먼저 모든 존재들이 '업의 주인'임을 말씀하신다. 무슨 말인가? 불교에서 업(業, Karma)은 모든 의지적인 행위(상카라 saṅkhāra, 行, 의도)를 가리킨다. 그런데 존재의 모든 행위(業)는 삼업(三業)이라고 명명되는 세 가지 내용으로 표현된다. 바로 신체적인 행위(身業), 언어적인 행위(口業), 정신적인 행위(意業)가 그것이다. 그런데 이러한 세 가지 업이 표현되기 위해서는 먼저 무언가를 하고자 하는 내적 의도가 있어야 한다. 의도(saṅkhāra, 行)가 먼저 일어나고 곧이어 의지적인 행위가 드러난다는 의미이다. 예컨대 산길을 가다가 예쁜 꽃을 보고 그 꽃을 꺾어서 가졌다면, 그 꽃을 보고 예뻐서 갖고 싶다는 의도를 먼저 일으키고 다음에 직접 손으로 꽃을 꺾는 행위(身業)의 결과가 생겨난다는 말이다. 예쁜 꽃을 보고 그 꽃을 꺾는 행위는 우연히 일어난 행위도 아니고, 신이나 어떤 그 누가 강압적으로 시켜서 한 행위도 아니다. 본인 스스로가 꽃을 보고 예쁘니 꽃을 꺾어야 되겠다는 의도를 일으켰고, 직접 행위로 옮겨 그 꽃을 꺾었을 뿐이다. 모든 것이 자신이 일으킨 마음과 자신의 의적인 행위로 이루어진 결과라는 의미이다. '존재들은 업의 주인이다'라는 붓다의 말씀은 바로 이러한 의미에 대한 가르침이다. 선악의 모든 업은 우연적인 것도, 누가 시켜서 한 것도 아닌, 각자 본인 스스로의 마음과 행위에 따른 결과라는 설법인 것이다.

 선악의 업을 짓는 자도 본인이고, 그 업에 대한 선악의 과보를 받는 자도 본인 자신이다. 자신이 짓는 업에 대한 과보는 그 누구도 대신하여 받을 수 없다. 자신을 세상 그 누구보다도 깊이 사랑하고 아끼는 부모도, 모든 것을 아낌없이 주고받는 이성의 연인과 배우자도, 수어지교(水魚之交)의 절친한 친구도, 나아가 자신이 믿고 의지하는 전지전능한 붓다와 유일신 그 누구도 자신이 지은 업에 대한 과보를 대신 받거나 소멸시켜 줄 수는 없다. '존재들은 업의 상속자다'라는 붓다의 설법은 바로 이러한 내용을 가르친다. 자신이 짓고(自作) 자신이 상속자가 되어 그 결과(업보)

또한 스스로가 받게 된다는 것(自受)이다. 이렇듯 업을 짓는 자도 자신이고, 그 업에 따른 과보를 받는 자도 자기 자신이기에 자신이 그 어떤 업을 짓느냐에 따라 각자가 받는 과보 또한 천차만별일 수밖에 없다. 각자가 짓는 선악의 업에 따라 차별적인 길흉화복을 다르게 받게 된다는 말이다. 붓다의 "업에서 생겼고, 업의 권속이고, 업이 귀의처이다. 업이 존재들을 구분지어 천하고 귀하게 만든다"라는 설법은 바로 이러한 뜻을 나타내고 있다. 모든 존재의 차별적인 형상과 마음, 차별적인 길흉화복과 삶은 바로 자신이 쌓은 업에 따른 필연적인 결과라는 의미이다. 붓다는 같은 경전에서 이를 구체적으로 다음과 같이 설법하신다.

"학도여, 살아있는 생명을 죽이고 잔인하고 손에 피를 묻히고 살육을 일삼고 생명에 자비가 없는 행위는 수명을 짧게 하는 길이다.

학도여, 살아있는 생명을 죽이는 것을 떠나고 살아있는 생명을 죽이지 않고 몽둥이를 내려놓고 칼을 내려놓고 양심이 있고 자비롭고 모든 생명의 유익을 위하고 연민하며 머무는 행위는 수명을 길게 하는 길이다.

학도여, 손이나 흙덩이나 몽둥이나 칼로 존재들을 해치는 행위는 질병이 많게 하는 길이다.

학도여, 손이나 흙덩이나 몽둥이나 칼로 존재들을 해치지 않는 행위는 질병이 적게 하는 길이다.

학도여, 성을 잘 내고 사납고 사소한 비난에도 화를 내고 성내고 분노하고 분개하고 분노와 성냄과 불만을 드러내는 행위는 못생기게 하는 길이다.

학도여, 성을 잘 내지 않고 사납지 않고 많은 비난에도 화를 내지 않고 성내지 않고 분노하지 않고 분개하지 않고 분노와 성냄과 불만을 드러내지 않는 행위는 잘생기게 하는 길이다.

학도여, 질투가 심하여 다른 사람이 얻은 이득과 존경과 명성과 존중과 칭송과 예경을 시기하고 시샘하고 질투하는 행위는 권세가 없게 하는 길이다.

학도여, 질투가 심하지 않아 다른 사람이 얻은 이득과 존경과 명성과 존중과 칭송과 예경을 시기하지 않고 시샘하지 않고 질투하지 않는 행위는 권세가 있게 하는 길이다.

학도여, 출가자(사문)·성직자에게 음식, 가사(옷), 탈것(운송 수단), 화환, 향, 기름, 침상, 거처, 등불을 보시하지 않는 행위는 가난하게 하는 길이다.

학도여, 출가자·성직자에게 음식, 가사, 탈것, 화환, 향, 기름, 침상, 거처, 등불을 보시하는 행위는 부유하게 하는 길이다.

학도여, 완고하고 오만하여 공경해야 할 사람을 공경하지 않는 행위는 천한 가문에 태어나게 하는 길이다.

학도여, 완고하지 않고 오만하지 않아 공경해야 할 사람에게 공경하는 행위는 귀한 가문에 태어나게 하는 길이다."

- 『업 분석의 짧은 경(Cūḷakammavibhaṅga suttaṃ, M135 5.)』

이처럼 붓다는 수명, 질병, 미추, 권세, 빈부, 가문의 귀천 등을 예로 들며 인간이 차별적으로 다르게 받고 경험하게 되는 모든 것이 결국 자신이 지은 업에 따른 결과(果報, 業報)임을 말씀하신다. 인간의 차별적인 모든 것이 그냥 우연적인 것도, 전지전능한 신의 의지에 따른 것도 아닌, 본인 자신이 심은 대로 거두고 짓는 대로 받는다는 인과법에 따른 필연적인 결과라는 가르침인 것이다. 우리는 이 같은 붓다의 업에 대한 가르침을 바르게 이해하고 깊이 있게 깨달을 수 있어야 한다. 인간의 모든 길흉화복이 결국 자신의 의지적인 마음과 행위에 달려 있음을 바르게 이해하고 깨닫는 것에서 우리는 보다 주체적인 견지에서 선한 마음으로 선한 업을 쌓으려고 노력하게 될 것이다. 또한 보다 윤리 도덕적인 자세로 나와 남을 함께 이롭게 하는 올바른 삶을 살고자 노력하게 될 것이다. 업을 바르게 이해하고 깨닫는 것만으로도 우리는 커다란 삶의 질적 변화를 이룰 수 있게 되는 것이다.

업습과 성향

"업이 바로 그의 주인이고,

그는 업의 상속자고, 업에서 태어났고,

업이 그의 권속이고, 업이 그의 의지처이다.

좋은 업이든 나쁜 업이든

그가 업을 지으면,

그는 그것의 상속자가 될 것이다."

— 『원함을 제거함 경1(A5.4.2.1)』

비록 비슷한 형상으로 태어났지만 사람들의 마음과 성향(性向)은 한 사람도 같은 사람이 없다. 백이면 백, 천이면 천 사람이 모두 다른 마음, 다른 성향을 갖고 태어났기 때문이다. 까닭에 사람이 세상을 이해하고 살아가는 모습 또한 각기 다를 수밖에 없다. 같은 사람으로 태어났으면서도 세상을 살아가면서 이런 저런 이유로 어떤 사람은 도둑이 되고, 어떤 사람은 사기꾼이 되고, 어떤 사람은 난봉꾼이 되고, 어떤 사람은 폭력배가 되고, 어떤 사람은 살인자가 되기도 한다. 또 어떤 사람은 부족한 물질적 환경 속에서도 다른 사람을 위한 봉사자의 삶을 살기도 하고, 어떤 사람은 비록 지극히 가난할지라도 양심을 저버리지 않고 바르게 살기 위해 노력하고, 어떤 사람은 힘들게 축적한 자신의 전 재산을 사회에 모두 환원하여 사회를 이익되게 한다.

그런데 사람의 이러한 차별적인 변화의 삶은 반드시 부모의 사랑, 제도적인 교육과 사회적인 환경 등의 요인 때문만은 아니다. 선천적으로 타고난 사람의 본마음과 성향이 사람들의 이러한 삶의 차별을 결정짓는 데 일정한 영향을 주었다고 볼 수 있다. 사람의 마음과 성향은 단지 어머니 뱃속에서만 형성된 것이 아니며, 또는 후천적인 교육과 환경에 의한 것만도 아니다. 불교적인 가르침에 비춰보면 모든 인간의 마음과 성향은 그 시작을 알 수 없는 무량한 과거 전생부터 현생까지 오랜 세월동안 실천해온 행위, 곧 업의 습성(業褶)이 익숙해지고 축적되어온 결과로 나타나는 것이라고 볼 수 있다. 같은 부모, 같은 환경에서 태어난 사람이라도 어떤 사람은 착한 마음으로 바른 삶을 사는 사람이 있는가 하면, 또 어떤 사람은 불선한 마음으로 모든 사람들에게 지탄받는 그릇된 삶을 살아가는 사람이 있다. 이러한 차별 역시 반드시 부모의 사랑과 교육과 환경의 차별 때문만은 아니다. 부모가 아무리 아낌없는 사랑을 쏟고 바른 교육을 시키고 좋은 환경에서 애지중지 길러도 태어난 근본적인 마음과 성향이 불선한 사람은 그러한 부모의 헌신적인 노력을 거슬러 스스로가 부모가 말리는 불선한 마음과 그릇된 행위를 일삼는 것이다. 이와는 반대로 비록 부모의 사랑과 교육이 좀 부족하고 삶의 환경이 열악해도 태어난 본마음과 성향이 선천적으로 선하고 바른 사람은 그 누가 잘못된 길로 유혹해도 스스로가 절제하고 단속하여 결코 삿된 길로 빠져들지 않는다. 타고난 본마음과 성향에 따라 부모의 사랑, 교육, 환경에 상관없이 서로 다른 삶의 모습을 드러내고 있는 것이다.

현재 내가 매일매일 어떤 마음과 어떤 행위를 하느냐에 따라 우리의 업습은 달리 축적된다. 만약 지금 우리가 지나치게 욕심이 많고, 작은 일에도 화내기를 좋아하고, 남에게 인색하여 나눌 줄 모르고, 거친 말을 하고, 진실을 숨겨 남을 잘 속이고, 폭력적인 언행을 일삼고, 남의 것을 훔치거나 빼앗기를 좋아하고, 감각적인 욕망에 빠져 향락적인 물질과 환경에 탐닉하고, 혼자만을 위한 이기적인 삶을 산다면, 이러한 불선한 행위의 나쁜 업습은 우리의 마음과 성향에 뿌리 깊게 축적된다. 당연히 이렇게 축적된 불선한 업습은 현생에서뿐만 아니라, 다음 생에까지 이어지게 되어 또 다시 불선한 마음과 성향을 가진 사람으로 태어나게 된다. 당연히 현생에서도 스스로가 불선한 행위를 일삼아 스스로를 파멸에 빠뜨리고 괴롭고 불행한 삶을 살게 되는 결과를 낳게 되는 것이다.

지금 우리가 분명하게 알아야 할 것은 선천적으로 타고난 본 마음과 성향은 쉽게 바뀌지 않는다는 사실이다. 현재의 마음과 성향은 과거 전생부터 오랜 세월 동안 익히고 축적된 업습이 뿌리 깊게 층층이 물들어 있기 때문이다. 까닭에 현재의 마음과 성향을 바꾸기 위해서는 오랜 세월을 두고 점차적으로 꾸준히 노력하고 수행해야 한다. 붓다께서 고구정녕 가르치신 삼보에 대한 믿음과 지계와 선정과 지혜의 쉼 없는 닦음은 그래서 우리에게 반드시 필요한 삶의 지표이자 실천행이다. 이러한 삼보에 대한 믿음과 계정혜 삼학에 대한 수행만이 우리들의 불선한 마음과 삿된 성향을 선하고 바르게 변화시킬 수 있음을 우리는 믿어야 한다. 우리가 이 같은 믿음과 수행을 통해 우리의 불선한 마음과 삿된 성향을 선한 마음과 바른 성향으로 변화시키지 않는 이상, 우리는 현생의 불행한 삶과 영원히 이어지는 생사윤회의 괴로움에서 결코 벗어날 수 없기 때문이다.

과거의 업, 현생의 업

여기에 한 조각의 소금 덩어리가 작은 그릇의 물속에서 녹고 있다. 당연히 작은 그릇에 담겨 있는 물은 금방 마실 수 없을 정도로 짜게 될 것이다. 그러나 같은 양의 소금을 저 넓은 한강에 넣어 녹인다면 한강은 전혀 짜지지 않을 것이다. 강물의 양에 비해 소금 덩어리 양이 아주 보잘것없이 작은 양이기 때문이다.

우리는 매 순간 몸과 입과 마음이라고 하는 세 가지 행위를 통해 무수한 업을 짓고 산다. 만약에 무시이래로 비롯된 과거 전생부터 현생에 이르기까지 부지불식간에 많은 나쁜 악업을 지었다면, 자신이 지은 것은 자신만이 받게 된다는 인과 법칙에 의해 우리는 그 모든 악업에 대한 과보를 스스로 고스란히 받을 수밖에 없을 것이다. 그런데 부처님은 설령 과거에 나쁜 업을 지었더라도 지금 과거에 지은 악업보다 더 많은 양의 선업의 공덕과 수행의 덕을 쌓으면 우리가 과거에 지은 나쁜 악업의 영향력을 최소화할 수 있음을 가르치셨다.

비유하자면 한 줌의 작은 소금 덩어리는 과거의 행위에 의해 초래된 영향력(업력, 방해업)이고, 물은 지금의 행위라 할 수 있다. 과거의 행위는 이미 저질러진 과거의 업이고, 더불어 그에 따른 과보의 양(소금 덩어리)도 이미 정해져 있다. 그렇다면 우리는 무조건 이렇듯 정해진 과거의 업력을 그대로 피동적으로 수용해야만 하는가? 만약 우리가 이렇듯 정해진 과거의 업보를 그대로 수용해서 살 수밖에 없다면, 이는 곧 타고난 운명, 혹은 사주팔자대로 산다고 하는 숙명론 혹은 운명론과 하등 다름이 없을 것이다.

과거의 업보(소금 덩어리)는 현재의 나의 행위(물)에 의해서 얼마든지 변화시킬 수 있다는 것이 바로 붓다의 업에 대한 가르침이다. 과거의 업보를 약화시키는 현재의 행위는 바로 선업을 쌓는 것이고, 계·정·혜 삼학을 닦는 수행의 실천이다. 현재의 이러한 행위(물)에 따라 과거의 업력(소금 덩어리)의 작용을 얼마든지 자신의 의지대로 조절할 수 있게 되는 것이다. 만약에 현재의 행위를 통해 쌓은 선업과 수행의 공덕이 저 한강 물처럼 과거의 업력보다 많은 양이라면, 과거의 업력은 현재의 내 삶에 아무런 작용을 끼칠 수 없게 되는 것이다.

『금강경』에서 설하고 있는 "또한 수보리여, 선남자 선여인이 이 경을 수지독송함에도 만약 남에게 무시당하고 천시당한다면, 이 사람은 선세(先世 전생)의 죄업으로 인해 마땅히 악도에 떨어져야 함에도 불구하고 금세에 남에게 무시당하고 천시당함으로써 선세의 죄업이 곧 소멸될 뿐만 아니라, 마땅히 아뇩다라삼먁삼보리를 얻게 되느니라"라는 내용도 현생의 선업을 통해 과거의 업보가 줄어들고 소멸됨을 가르치고 있는 내용이라 할 수 있다.

붓다의 담마를 배우고 닦는 수행자와 불자는 지금 나의 몸과 입과 마음으로 짓는 선업과 계·정·혜 삼학을 닦는 수행이야말로 과거 전생의 업보를 소멸시키고 현재와 미래의 내 삶을 평안하고 복되게 만드는 가장 훌륭한 실천임을 잊지 말아야 한다.

오직 업만이 함께한다

　제행무상(諸行無常)이다. 인간 또한 그러한 불변한 진리에서 벗어날 수 없다. 아무리 오래 살려고 발버둥치고 영생을 바라며 보이지 않는 절대자에게 매달려 간구한들 그 누구도 죽음에서 자유로울 수 없다. 그러니 우리 모두 언젠가는 죽음을 맞이할 수밖에 없다. 그 누구도 어떤 곳으로도 피할 수도 없고 벗어날 수도 없다. 그렇다면 막상 죽음을 맞이할 때 자신과 함께 동행하고 저세상으로 가져갈 수 있는 것은 무엇이 있을 수 있을까?

　슬프고 안타깝지만 아무것도 없다. '공수래(空手來), 공수거(空手去)'다. 올 때도 빈 몸으로 태어났듯이 갈 때도 빈 몸으로 갈 수밖에 없는 것이 모든 생명의 숙명이니 어찌하겠는가? 한평생 희로애락을 함께 나눴던 부모와 자식, 아내와 남편, 형제자매, 친척과 친구, 재산과 명예, 한평생 생명과도 같이 사랑하고 애착했던 그 어떤 인연과 소유도 우리가 가는 마지막 죽음의 길을 함께할 수 없는 것이다.

　우리가 일평생 지어놓은 행위(業, karma), 볼 수도 만질 수도 없지만 오직 그 업만이 그림자처럼 죽음의 순간에 우리와 함께 동행한다. 그 선악의 업력은 죽은 자와 유일하게 동행하며 또 다른 육도의 세계로 이끌어 새로운 생을 이어가게 하는 것이다. 불교에서 죽음은 모든 것이 소멸되어 없어지는 단멸이 아니라, 자신이 일평생 지은 선악의 업에 따라 새로운 몸을 받는 새 생명의 탄생으로 받아들여진다. 죽음을 곧 새 생명의 탄생과 시작으로 이해하고 있는 것이다.

죽어서 어느 세계에 새롭게 태어나게 되는가 하는 문제는 오직 자신이 지은 업에 달려있다. '선인선과(善因善果) 악인악과(惡因惡果)'라 하였듯이 선업의 양이 많으면 육도 중에서 선처인 인간이나 천상세계에 태어날 것이고, 그렇지 못하고 악업의 양이 더 무겁다면 악처인 축생 지옥 아귀 아수라의 세계에 각기 다르게 태어나게 되는 것이다. 자신이 일평생 지은 업만이 죽어서 함께 동행할 수 있고, 또한 죽음 이후의 세계를 결정짓는 중요한 원인이 됨을 아는 것만으로도 삶의 태도와 가치는 많은 변화를 갖게 될 것이다.

죽음, 어떻게 맞이해야 할까?

 근본적으로 사람이 아무리 노력해도 어쩔 수 없는 네 가지 현상이 있다. 바로 인간의 생로병사이다. 우리 모두는 자신의 의지와 무관하게 이 세상에 태어났다. 처음부터 미리 계획을 세밀히 세워 어느 지역과 부모, 어떤 성별과 외모 등을 따지고 계획하여 현생에 태어난 것이 아니라는 말이다. 본인의 의지와 무관하게 태어나고 보니 현생의 부모요, 국토이며, 현생과 같은 생활 환경에 놓였을 뿐이다.

 불교에서는 모든 존재들이 각자 자신이 지은 선악의 업을 의지해 육도를 윤회함을 가르친다. 이러한 업설을 따른다면 우리 모두는 자신이 기억하지 못하는 전생의 업을 의지해 현생에 태어났음을 알 수 있다. 하지만 불행하게도 우리는 그 전생을 기억하지 못한다. 단지 자신이 경험하는 현생의 길흉화복을 따져 전생에 자신이 어떠한 삶을 살았는지를 미루어 짐작할 수 있을 따름이다. 이렇게 자신의 탄생을 어찌하지 못했듯이, 세월이 흘러 자신의 건강했던 육체가 늙고 병들어 감도 마음대로 어찌하지 못한다. 단지 늙음과 병듦의 속도를 줄이고 늦추기 위해 애처롭게 애쓰다 마침내 힘없이 죽음을 맞이할 뿐이다. 태어남이 삶의 시작이라면 죽음은 삶의 종착점이다. 모든 생명체는 태어나는 순간부터 죽음을 향해

달려간다. 삶은 곧 죽어가는 과정인 것이다. 죽음과 소멸, 이는 그 누구도 막을 수 없고 피할 수 없는 모든 존재의 타고난 필연적인 숙명이다. 어떤 일부 종교에서는 자신들이 믿는 유일신을 의지하면 죽어서도 영생을 얻어 영원한 삶을 산다고 주장하지만, 이는 영생을 꿈꾸고 희망하는 연약한 인간의 탐욕과 갈애가 만들어낸 이룰 수 없는 허상이고 잡을 수 없는 꿈속의 헛소리에 불과할 따름이다. 왜냐하면 이 세상에서 같은 마음, 같은 모습으로 영원히 지속되고 불변하게 존재할 수 있는 존재는 그 어느 것도 없기 때문이다.

 이처럼 생로병사의 현상이 인간의 의지를 벗어난 것이라고 한다면, 인간은 단지 이러한 현상에 대해 그저 무력하게 지켜만 보고 순종해야 하는 것일까? 만약 그렇다면 인간의 주체적 의지와 타고난 운명이 얼마나 초라하고 하찮은 것이겠는가? 당연히 불교에서는 비록 현생의 육체적 생로병사를 마음대로 어찌하지 못한다고 하더라도, 자신의 의지적인 노력에 따라 죽은 이후 내생의 생로병사를 미리 준비하고 대비하는 의지적이고 주체적인 삶을 살 수 있음을 가르친다. 현생의 몸과 마음을 있게 한 전생은 어쩔 수 없다고 하더라도, 죽어서 새롭게 태어날 다음 생은 현생에서 자신의 의지적인 노력과 주체적인 행위로 얼마든지 새롭게 준비하고 창조해낼 수 있다는 말이다. 현생에서 자신이 짓는 선악의 업력을 의지해 다음 생의 몸과 마음, 그리고 인생사의 길흉화복이 정해지기 때문이다. 그렇다면 우리가 현생에 지은 선악의 업이 죽은 이후 내생과 어떻게 서로 연관되는 것일까? 초기 불교에서는 사람은 호흡이 끊어지는 임종 직전에 세 가지 업의 표상 가운데 하나가 나타난다고 한다. 바로 업(業 kama), 업상(業相 Kamma nimitta), 태어난 곳의 취상(取相 gati nimitta)이 그것이다.

첫 번째, 업의 표상은 현생에서 쌓았던 수많은 선악의 업 가운데 가장 무거운 업이 표상으로 나타남을 말한다. 불교에서는 생전에 지은 업 가운데 가장 무거운 업을 내생의 몸과 마음을 결정짓는 업이라는 의미로 '생산업(生産業)'이라고도 한다. 업은 마음에서 일으키는 선악의 의도(意圖, intention)이다. 우리가 임종 직전에 과거에 자신이 일으켰던 무수한 선악의 의도(業) 중에 특별히 어느 특정한 선악의 의도가 떠오른다면 이것이 바로 생산업이 표상으로 나타난 경우라고 할 수 있다. 평생 동안 주로 선업을 쌓고 산 사람이라면 죽음 직전에 과거에 자신이 일으켰던 선한 의도(업) 가운데 가장 강력한 선한 의도가 표상으로 나타날 수 있다. 예컨대 보시를 많이 한 사람이라면 보시할 때의 선한 의도가, 봉사를 많이 했다면 봉사할 때의 선한 의도가, 좌선을 오래 수행했다면 좌선할 때의 선한 의도(선업)가 임종 직전에 다시 인식 과정에 떠오르게 되는 것이다. 반대로 평생 동안 불선한 악업을 많이 쌓은 사람이라면 죽음 직전에 과거에 자신이 일으켰던 불선한 의도(業) 가운데 가장 강력한 불선한 의도가 표상으로 나타날 수 있다. 예컨대 도둑질을 자주 한 사람이라면 도둑질할 때의 불선한 의도(악업)가 표상으로 나타날 수 있고, 살생을 많이 한 사람이라면 살생할 때의 불선한 의도가 나타날 수 있으며, 음행을 자주 한 사람은 음행할 때의 불선한 의도가 임종 직전에 표상으로 떠오르게 되는 것이다. 평생 바다에서 고기를 잡던 어부가 임종하는 순간에 마치 고기를 잡는 것처럼 생각하거나 말하기도 하고, 일평생 남에게 보시하기를 좋아하던 사람이 죽기 직전에 보시를 행하는 것처럼 생각을 일으키거나 말한다면, 이러한 경우가 바로 업이 생산업의 표상으로 나타나는 예라 할 수 있다. 당연히 임종 직전에 선업의 표상이 떠오른 사람은 선처에 태어나게 되고, 불선한 악업의 표상을 떠올린 사람은 악처에 태어나게 된다.

두 번째, 업상(業相)이 임종 직전에 표상으로 떠오르는 경우이다. 업상은 선악의 업을 행하면서 활용했던 어떠한 도구나 주위 환경 등이 표상으로 떠오르는 경우를 말한다. 예컨대 재가 불자가 깊은 신심으로 승단이나 사원에 선업의 보시를 실천하며 살았다면 죽음 직전에 공양물, 가사, 승원, 불상, 법회 장소 등과 같은 행한 업의 도구나 환경 등이 표상으로 나타날 수 있다. 혹은 평생을 살생을 주업으로 산 사람이라면 칼과 같은 살생 도구, 살생 장소, 피해 동물의 죽어가는 모습 등이 표상으로 나타날 수 있다. 당연히 선한 업상이 떠오른 사람은 선처에 태어나기 쉽고, 불선한 업상을 떠올린 사람은 악처에 태어나기 쉽다.

마지막 세 번째, 죽어서 새롭게 태어나게 될 곳의 취상(取相)이 나타나는 경우이다. '선인선과 악인악과'라 하였듯이, 현생에서 선업을 많이 쌓으면 당연히 선처(善處 인간, 천상세계)에 태어날 확률이 높고, 불선한 악업을 많이 쌓으면 악처(惡處 축생, 지옥, 아귀, 아수라)에 태어날 확률이 높다. 취상은 바로 선악의 업에 따라 죽음 이후 다음에 태어날 세계에 대한 표상, 다음 생에 만나게 될 대상들, 경험하게 될 물품들이 떠오르는 경우를 말한다. 예컨대 선처인 인간 세계에 태어나게 될 사람은 자궁 속의 붉은 색상이 취상으로 나타날 수도 있고, 천상에 태어나게 되는 경우 천상의 선녀나 궁전, 천상으로 올라가는 사다리 같은 취상이 나타날 수도 있다. 반대로 악처인 지옥에 태어나게 되는 경우 지옥의 불꽃이나 검은 옷을 입은 저승사자 등이 취상으로 나타나기도 하고, 축생으로 태어날 경우는 숲, 늪지, 강이 보일 수 있으며, 아귀로 태어날 경우 짙은 어둠이 취상으로 나타나기도 한다. 『법구경 이야기, 게송 16번』에 보면 천상의 표상이 나타남을 보고 하늘 세계인 도솔천에 태어나게 된 재가 신도 담미까에 대한 이야기가 전해진다. 담미까는 사왓티성에 살고 있는 신심 깊은 재가 신도였다. 그는 평소 계행을 철저히 지키며 나눔을 통해 덕을 쌓았고, 출가승에게 공양 올리는 것을 게을리하지 않았다. 그는 병이 들어 죽음이 임박한 것을 알고 비구승들을 집에 초청하여 『대념처경(大念處經 Mahāsatipatthāna Sutta)』을 독송해 주기를 간청하였다. 지금도 미얀마, 스리랑카 같은 남방 불교 국가에서는 죽음 직전에 『대념처경』의 서문을 주로 독경해 준다. 담미까의 집을 찾은 비구승들이 경을 암송하자마자 눈을 감고 죽음을 맞이하고 있던 그에게 욕계의 여섯 천상에서 화려하게 장식한 황금 마차를 탄 천인들의 무리가 내려오는 것이 보였다. 천인들은 각자 "우리 천상 세계로 모시고 가겠습니다"라고 말하며 서로 자신의 수레에 탈 것을 권하였다. 당연히 그 모습과 소리는 오직 담미까만이 보고 들을 수 있었다. 그는 그 천인들 무리가 자신을 그 하늘 세계로 인도하려고 하는 것임을 알았으나 아직 비구승들의 독경이 끝나지 않았기에 "잠깐만 기다려 주시오, 잠깐만!"이라고 말하였다. 그는 임종을 지키던 자녀들에게 자신이 본 여섯 하늘 세계로부터 내려오는 천인들에 대해 얘기해 주었다. 그러면서 혹시 집안에 준비된 꽃다발이 있는지를 자녀들에게 물었다. 자녀들이 있다고 대답하자 담미까는 그 꽃다발을 공중으로 높이 던지며 "이 꽃다발이 뚜시따(tusita) 천의 마차에 걸리기를!"이라고 외치라고 말하였다. 뚜시따 천은 당시 석가모니 붓다의 어머니가 머물러 계시고, 미래에 붓다가 될 미륵보살이 설법하고 있는 도솔천을 말한다. 담미까는 도솔천에 태어나고 싶은 마음에 자녀들에게 그렇게 외치라고 했던 것이다. 꽃다발은 그의 바람대로 도솔천에서 내려온 마차의 장대에 걸렸다. 물론 마차는 그의 눈에만 보였을 뿐이지만, 꽃다발이 공중에 떠 있는 것은 누구나 볼 수 있었다. 이후 그는 곧바로 숨을 거두었고 바로 도솔천에 천신으로 태어났다. 임종 직전에 천신과 하늘 수레의 취상을 보고 곧바로 천상 세계에 태어난 경우의 이야기라 할 수 있다. 이러한 담미까에 대한 감흥을 붓다께서는 다음과 같은 게송을 지어 대중들을 일깨웠다.

"선행을 하는 이는
금생에서 즐거워하고,
내생에서 즐거워하며,
두 생에서 즐거워한다.
그는 자기가 지은 선행을 떠올리고
참으로 즐거워한다."

- 『법구경(16)』

이와는 반대로 살생의 악업을 많이 지어 죽음 직전에 지옥의 불길이 표상으로 떠올라 지옥으로 떨어진 백정 쭌다의 경우도 『법구경 이야기, 게송 15번』에 전해진다. 그는 돼지를 직접 잡아서 팔아 먹고사는 백정의 일을 근 45년 동안 하며 살았다. 그가 돼지를 도살할 때면 언제나 돼지를 나무 기둥에 움직이지 못하도록 단단히 묶어놓고 모난 몽둥이로 잔인하게 사정없이 두들겨 패서 죽였다. 돼지고기를 부드럽고 연하게 만들기 위해서이다. 심지어는 살아있는 돼지의 턱을 억지로 벌려서 쐐기를 박고 목구멍으로 펄펄 끓는 뜨거운 물을 강제로 부었다. 뜨거운 물이 뱃속으로 들어가 창자에 있는 똥과 같은 불순물을 깨끗이 씻어내려는 목적에서다. 그의 성품이 얼마나 잔인하고 포악한지를 단적으로 보여주는 예라 할 수 있다. 어느 날 그는 병이 들어 생사의 경계를 헤매게 되었는데 아비지옥(阿鼻地獄: 8열 지옥 중에 가장 낮은 층에 있으며, 가장 고통스러운 지옥이다. 괴로움을 받는 일이 쉼 없이 계속 이어지기 때문에 무간지옥無間地獄으로도 불리고, 극열지옥極熱地獄이라고도 한다)의 시뻘건 불길이 눈앞에 치솟는 것을 보았다. 눈앞에서 지옥의 불길이 치솟자 그는 두려움에 정신을 잃고 마치 살아있는 돼지처럼 무릎과 손등으로 방안을 기어 다니면서 돼지가 죽을 때처럼 꽥꽥거리며 몸부림쳤다. 집안사람들이 놀라서 억지로 붙잡아서 입에 재갈을 물리고 별짓을 다했으나 그는 계속해서 돼지가 죽어가며 울부짖던 소리를 흉내 내며 멈추지를 않았다. 그는 이런 행동을 무려 7일 동안이나 계속하며 살아서 지옥의 고통을 미리 경험하다 마침내 고통스럽게 죽어 곧바로 아비지옥에 태어났다. 붓다는 이러한 쭌다의 이야기를 듣고 다음과 같은 게송을 읊어 대중들을 일깨우셨다.

> "악행을 저지른 자는
> 금생에서 슬퍼하고,
> 내생에서 슬퍼하며,
> 두 생에서 슬퍼한다.
> 자기가 지은 악행을 떠올리고
> 그는 슬퍼하고 괴로워한다."
>
> – 『법구경(15)』

'고종명(考終命)'이라는 말이 있다. 오복(五福) 가운데 하나로, 사람이 제명대로 살다가 편안히 죽음을 맞이하는 것을 가리킨다. 사람이 타고난 수명을 다 살고 가족의 보살핌을 받으며 편안히 눈을 감을 수 있는 것은 참으로 큰 복이 아닐 수 없다. 그러하기에 옛사람들은 수(壽), 부(富), 강녕(康寧), 유호덕(攸好德: 덕을 쌓기를 좋아하는 것, 곧 착한 성품으로 태어나는 것)과 함께 천명을 다하고 편안히 죽을 수 있음을 오복에 포함시켰다. 그런데 불교적인 관점에서 보면 이에 못지않게 중요한 것이 죽을 때 맑은 정신과 고요한 마음으로 편안히 죽음을 맞이하는 일이다. 왜냐하면 죽음 직전에 일으킨 마음이 다음 생에까지 영향을 끼치고, 내생을 좌우하기 때문이다. 물론 선업이 아주 강하거나, 악업이 아주 강한 경우는 선택의 여지없이 그 업대로 내생이 결정된다. 강한 업이 생산업이 되어 내생으로 곧바로 이끌어 가기 때문이다. 예컨대 평생 동안 계율을 지키며 선정과 지혜를 닦은 수행자는 그 수행의 공덕으로 선처인 인간 세계나 천상 세계에 바로 태어날 수 있다. 하지만 살생을 많이 하고 남의 것을 훔치는 등의 악업을 많이 지은 사람은 지옥이나 축생 등과 같은 악처에 곧바로 태어나게 된다. 그런데 문제는 선업과 악업의 비중이 엇비슷하여 어느 한쪽으로 치우치지 않고 어중간한 경우이다. 이런 경우 임종 직적에 선업이 표상으로 나타날 수도 있고, 악업이 표상으로 떠오를 수도 있다. 아니면 선업과 악업이 번갈아 가며 여러 개가 교차하며 나타날 수도 있다. 이때 중요한 것이 바로 맑은 정신과 고요한 마음을 유지하는 일이다. 맑은 정신과 고요한 마음을 유지할 수 있으면 설령 임종 직전 악업의 표상이 떠올랐다고 하더라도 이를 알아차리고 바로 지난날 자신이 지은 선업을 생각해 낼 수도 있고, 아니면 정신을 바짝 차려 불보살님의 명호를 부르며 죽는 순간에 새롭게 선업을 지어 악처에 떨어질 것을 선처에 태어나는 것으로 바꿀 수도 있기 때문이다. 대승 경전인 『불설아미타경』에서도 임종 직전에 정신을 차리고 정성으로 아미타불을 염불하면 그 선업의 공덕으로 극락세계에 왕생할 수 있음을 다음과 같이 설법하고 있다.

"만약 선남자 선여인이 아미타 부처님을 듣고 그 명호를 붙잡아 지니기를 하루, 이틀, 삼일, 사일, 오일, 육일, 칠일 동안 한마음으로 어지럽지 않게 이어가면, 그 사람이 목숨을 다할 때 아미타불께서 뭇 성인 대중과 함께 그 사람 앞에 나타나시리니, 이 사람은 목숨이 끊어질 때 마음이 뒤바뀌지(어리석지) 않고 곧바로 극락국토에 왕생하게 된다(若有善男子, 善女人, 聞說阿彌陀佛, 執持名號, 若一日, 若二日, 若三日, 若四日, 若五日, 若六日, 若七日, 一心不亂, 其人臨命終時, 阿彌陀佛與聖衆, 現在其前, 是人終時, 心不顚倒, 卽得往生極樂國土)."

죽음을 앞둔 사람이 죽음을 맞이하면서 두려워하거나 불안한 마음에서 벗어나 평안하고 고요한 한마음(一心不亂)으로 아미타불의 명호를 간절히 염불하면 편안한 마음으로 선처인 극락세계(천상 세계)에 태어날 수 있다는 말씀이다. 이 역시 죽음을 앞둔 사람이 불안하고 두려운 마음에서 벗어나 고요하고 깨어있는 정신을 유지하는 것이 중요함을 일깨우고 있는 가르침이라 할 수 있다. 고요하고 깨어있는 정신으로 부처님의 명호를 염불하면 그 자체가 임종 직전에 선업을 쌓는 일이기도 하며, 나아가 죽어서 왕생하고 싶은 극락세계를 취상으로 떠올릴 수도 있기 때문이다.

생명이 있는 모든 존재는 모두가 살기를 원하고 죽기를 좋아하지 않는다. 당연히 죽음이 닥쳐오면 죽음을 슬퍼하고 괴로워하며 두려워한다. 생전에 아무리 죽음에 대해 아무렇지도 않게 말하며 담담해하다가도 막상 본인이 죽음에 임하게 되면 죽음을 두려워하며 마치 폭우에 강물에 빠져 떠내려가는 사람처럼 혼미해지고 정신없어한다. 폭우 때에 강물에 빠지면 어떻게 되겠는가? 이리저리 떠내려가며 돌에 부딪히기도 하고, 몸이 찢어지기도 하며 정신이 없는 상태에 빠지게 될 것이다. 까닭에 눈에 보이고 손에 잡히는 것이면 그 무엇이라도 붙잡고 매달리고 싶은 마음일 것이다. 썩은 나뭇가지든 상한 축생의 몸통이든 그저 보이고 스쳐 지나가는 그 무엇이든지 거머쥐고 매달리고 싶은 간절한 마음뿐인 것이다. 죽음을 앞둔 사람도 역시 마찬가지이다. 이때 나타나는 것이 바로 앞에 설명한 세 가지 업의 표상들이다. 현생에서 지은 선악의 표상들을 좇아 내생이 결정된다면, 임종을 앞둔 사람들은 가능하면 선처에 태어날 수 있는 업의 표상을 떠올릴 수 있도록 자신도 노력해야 되고, 주위 사람도 그렇게 하도록 도와주어야 한다. 물론 선업을 많이 지은 사람은 당연히 그 선업의 무거운 과보로 인해 바로 선처에 태어나고, 악업을 많이 지은 사람 역시 그 무거운 악업의 과보로 인해 바로 악처에 태어난다. 하지만 그렇지 않은 대부분의 사람들은 임종 직전에 선업과 악업의 표상들이 번갈아 교차하며 떠오를 수밖에 없다. 이때 정신을 바짝 차리지 못하면 잘못 악업의 표상을 붙잡게 되고, 이로 인해 불행하게 악처에 떨어질 위험성이 있다.

이와 관련한 예화가 바로 인도 마가다국 마우리아(Mauryan) 왕조 제3대왕이며, 인도에 최초의 통일왕국을 세워서 불교를 보호하고 포교한 인도의 전륜성왕이라고 일컬어지는 아쇼카 왕(Asoka, 阿育王)에 대한 이야기다. 아쇼카 왕은 인도에 통일 국가를 세우는 과정에서 많은 전쟁을 하면서 수많은 인명을 살상했다. 통일 국가를 이룬 이후, 이에 대한 자책으로 고민하다가 불법에 귀의하였고, 무력을 포기하고 오직 붓다가 설한 담마(Dhamma, 法)에 의한 비폭력 통치를 이상으로 내세웠다. 돈독한 신심으로 불법이 전 세계에 전파되기를 발원하며 인도 전역에 마애상과 붓다의 가르침을 담은 석주를 세우며 선업의 공덕을 쌓았다. 이러한 아쇼카 왕이 죽음에 임했을 때 당연히 많은 선악의 표상들이 교차하며 업의 표상으로 나타났다. 그런데 마지막에 임종 직전에 왕을 치료하던 의사가 구스베리 열매를 건네자 왕은 순간 "내가 한때는 인도를 통일하여 천하를 지배하던 왕이었는데 어찌 이러한 구스베리 열매 하나 밖에 지배를 못하는가?" 하는 슬픈 마음을 일으키며 마지막 숨을 거두었다. 슬픈 마음은 어떠한 대상과 상황을 싫어하는 성내는 마음이고 불선한 번뇌의 마음이다. 안타깝게 불선한 업을 표상으로 취했기에 왕은 죽어서 구렁이의 몸을 받았다. 하지만 구렁이의 짧은 삶이 끝나자마자 전생에 지은 많은 선업의 공덕으로 다시 인간의 몸으로 태어났고, 열심히 수행하여 마침내 아라한의 경지를 얻었다고 한다. 처음부터 충분히 선처에 태어날 수 있었지만, 한순간 악업의 표상을 일으켜 악처에 태어나게 된 경우의 이야기라 할 수 있다.

가족이 임종을 앞두면 사람들은 누구나 울고불고 슬퍼하는 경우가 많다. 혹은 종교를 믿는 사람들은 임종하는 사람을 위한다며 시끄럽게 찬송가를 부르며 기도하거나 염불을 외우기도 한다. 그런데 이때 임종하려는 사람은 육문(六門: 눈, 귀, 코, 혀, 몸, 마음) 중에서 오직 소리를 들을 수 있는 두 귀만 예민하게 열려있다. 귀의 센서(sense)만이 가장 민감하게 작동하고 있는 것이다. 몸은 이미 그 기능을 잃어 점차 극심한 고통 속에 굳어가지만 오직 귀만이 민감하게 마지막까지 그 작용을 유지하고 있는 것이다. 이때 누군가가 옆에서 조금만 크게 소리를 내거나 떠들면 죽어가는 사람은 그 소리에 극심한 스트레스를 받게 되고 나아가 짜증과 분노까지 일으키게 된다. 짜증과 분노는 불선한 마음이다. 만약 임종하는 사람이 이러한 불선한 마음으로 죽게 되면 그 불선한 마음으로 인해 잘못 악처에 태어날 수도 있고, 내생에서도 불선한 마음을 계속 이어가게 되는 결과를 낳게 할 위험이 있다. 가족이 임종을 앞둔 사람을 위해 할 수 있는 일은 가능하면 조용히 임종하는 사람 옆을 지키며 임종하는 사람에게 지난날의 선업을 말해주거나 일깨워 주고, 스스로가 선업에 대한 생각을 떠올릴 수 있도록 도와주어야 한다. 더불어 부처님 경전을 조용히 읽어주거나, 좋은 법문을 들려주고, 아니면 환자를 대신하여 불보살님의 명호를 지극히 외우며 임종하는 사람이 선처에 왕생할 수 있도록 염불해주어야 한다. 이렇듯 죽어가는 사람을 대신하여 환자의 왕생을 기도해주는 것을 불교에서는 '조념염불(助念佛)'이라고 한다. 조용히 임종자의 옆을 지키며 죽음을 맞이하는 사람이 죽음을 두려워하고 불안해하지 않도록 위로하고 기도해 주는 것, 가족이 먼저 세상을 떠나는 사람을 위해 해줄 수 있는 가장 큰 공덕행이라 할 수 있다.

생로병사에 관한 역학 조사

 단순한 질문이지만 "모든 생명은 왜 죽을까?" 이에 대한 단순한 대답, "당연히 태어났기에 죽는다." 불교의 가르침에 비춰보면 생명체뿐만 아니라 세상 모든 존재는 탄생과 소멸이라는 굴레를 벗어날 수 없다. 그런데 불교에서는 존재의 탄생과 소멸은 한 시기로 끝나는 것이 아니라, 과거와 현재와 미래를 이어가며 계속 이어간다고 본다. 이른바 존재는 무시무종(無始無終)의 윤회하는 존재이다. 시작(탄생)은 끝(죽음)으로 이어지고, 끝은 또 다른 시작(來生)으로 이어진다. 불교의 관점에서 보면 모든 생명체의 존재는 탐진치 삼독심에서 완전히 벗어나지 않는 한 무한히 이어지는 윤회의 굴레에서 결코 벗어날 수 없다.

 그렇다면 모든 존재는 왜 태어나서 죽고, 또 태어나서 죽고 하는 윤회를 거듭 이어가는가? 무슨 이유로 모든 생명체는 이 세상에 태어나서 생로병사의 온갖 괴로움을 경험하다 허무하게 죽고 마는가? 과연 태어남은 축복이고 경사스러운 일인가? 또한 죽음은 불행이고 슬픈 일이기만 한 것인가? 만약 아예 태어나지 않는다면 생로병사의 고통 또한 없는 것이 아니겠는가? 또한 모든 존재의 생로병사는 그 누가 있어 주관하고 운용하는가? 아니면 그냥 우연적인, 자연적인 생명체의 순환일 뿐인가? 당연히 인류의 역사가 시작된 이래로 수많은 철학자와 현자들이 이 같은 인간의 삶과 죽음, 생로병사의 고통에 대해 깊이 탐구하고 사색하며 그 해답을 얻고자 노력하였다. 고타마 싯다르타 또한 이러한 문제에 대한 해답을 얻기 위해 출가하셨고, 마침내 그 해답을 얻어 영원한 하늘과 인간의 스승(天人師)인 붓다가 되셨다.

　붓다는 존재의 생로병사의 문제에 대해서 그 누구보다도 깊이 탐구하고 철저히 그 원인을 조사하셨던 분이다. 붓다의 깨달음은 바로 이에 대한 해답이라고 할 수 있다. 존재들이 왜 태어나고, 그 태어남을 있게 한 원인과 조건은 무엇이고, 어떻게 하면 그 태어남과 죽음, 윤회의 고리를 끊어 그러한 생로병사의 굴레와 고통에서 완전히 벗어날 수 있는지를 명쾌하게 밝혀내셨다. 이른바 생로병사에 관한 역학 조사를 실시하여 그 병인과 처방을 성취해내신 것이다. 그러한 역학 조사를 실시하여 붓다가 얻으신 해답이 바로 연기(緣起, paticca-samuppaada)법이다. '연(緣, paticca)'은 어떠한 '조건, 인연'이라는 뜻이고, '기(起, samuppaada)'는 그러한 원인과 조건을 의지해서 무엇인가가 '일어나다'라는 뜻이다. 결과적으로 연기는 이 세상 모든 것은 그것이 생물이든 무생물이든 어떠한 신에 의한 창조물도 아니고, 그냥 우연적으로 생겨난 것도 아니며, 반드시 어떠한 원인과 조건의 결합으로 생성과 소멸이 이루어진다는 진리이다. 세상 모든 것이 원인과 조건에 따라 생성되고, 원인과 조건에 따라 소멸한다는 연기법은 붓다의 핵심적인 깨달음이며, 불교의 모든 교리 체계의 근간이 되는 진리이다. 이러한 연기법은 크게 두 가지 부분으로 나뉘어 설명

된다. 첫째, 인연화합에 의해서 '조건 짓는 법'이 있고, 둘째, '조건 따라 생긴 법'이 있다. 우리가 흔히 연기법이라 말하는 진리는 두 가지 내용을 담고 있는 것이다. 예컨대 누군가가 배가 고파 음식을 먹어서 배가 부른 결과가 생겨났다면, 음식을 먹은 것이 '조건 짓는 법'이 되고 배가 부른 결과는 '조건 따라 생긴 법'이 되는 것이다. 12연기는 이러한 연기법을 존재의 생로병사에 대비시켜 좀 더 구체적으로 펼쳐 설명한 것이라 할 수 있다. 12연기는 왜 태어남이 있고 죽음이 있는지, 그 원인과 조건이 무엇인지, 어떻게 하면 그러한 탄생과 죽음, 생로병사의 굴레에서 벗어날 수 있는지, 그 문제와 해답을 동시에 담고 있는 공식이고 방정식인 것이다.

애초 붓다의 출가 동기는 바로 존재의 생로병사에 대한 문제였다. "왜 존재는 태어나서 노병사의 괴로움을 경험하다 죽는가, 그러한 생로병사는 무엇 때문에 발생하는가, 그런 생로병사는 누가 주관하는가, 존재는 죽음으로서 단절되는가, 아니면 불변한 영혼이 있어 영원히 윤회하는가, 그 굴레에서 벗어날 수 있는 길은 무엇인가?" 하는 근원적인 생사 문제에 대한 해답을 얻고자 모든 세속적 인연을 과감히 털어 버리고 출가하셨던 것이다. 이러한 문제에 대해 붓다가 수행을 통해 얻으신 깨달음의 해답이 바로 앞서 설명한 연기법이다. 연기법에 대한 붓다의 간단명료한 공식은 이렇다.

"이것이 있을 때 저것이 있다.
(此有故彼有, imasmiṁ sati idaṁ hoti)

이것이 일어날 때 저것이 일어난다.
(此生故彼生, imassuppādā idaṁ uppajjati)

이것이 없을 때 저것도 없다.
(此無故彼無, imasmiṁ asati idaṁ na hoti)

이것이 멸할 때 저것도 멸한다.
(此滅故彼滅, imassa nirodhā idaṁ nirujjhati)"

– 『사꿀루다이 짧은 경(Cūla- sakuludāyi Sutta, M79 218)』

위에 적은 경구는 연기법을 설명하는 대표적인 정형구이다. 첫 구절과 두 번째 구절은 연기의 순관(順觀, 流轉門, anuloma)에 대한 설명이고, 세 번째 구절과 네 번째 구절은 연기의 역관(逆觀, 還滅門, paṭiloma)에 대한 설명이다. 연기의 순관은 어떠한 존재와 현상이 생겨남을 기준한 설명이고, 역관은 존재와 현상의 소멸을 기준한 설명이다. 이를 좀 더 쉽게 설명하면 이렇다.

세상 모든 존재와 현상의 생성과 소멸은 어떠한 절대적인 유일신이 있어 창조해낸 것도, 우연적으로 만들어진 것도 아닌, 반드시 어떠한 직접적인 원인(因)과 간접적인 조건(緣)이 결합하여 생성과 소멸이 이루어진다는 말씀이다. 이른바 인연취산(因緣聚散)의 법칙이 바로 연기법이다. 예컨대 여기에 한 생명체가 있다면, 이 생명체는 어떻게 태어나게 된 것일까? 연기법의 순관으로 그 해답을 찾으면 이렇다. 한 존재의 탄생은 유일신의 창조물도, 우연적인 태어남도 아닌, 반드시 어떠한 원인과 조건의 결합에 의해 현재의 태어남이 있게 된 것이라 할 수 있다. 전생에 지은 선악의 생산업, 부모의 난자와 정자의 결합, 자궁에서의 성장, 마침내 세상으로의 출생이라는 많은 원인과 조건이 하나로 어울리고 결합하여 현재의 결과인 한 생명체가 존재할 수 있게 되었다는 말이다. 그렇다면 반대로 현재의 한 생명체가 처음부터 아예 태어나지 않게 하려면 어떻게 해야 하는가? 이에 대한 연기법의 역관으로 그 해답을 찾는다면 이렇다. 가장 첫 번째 조건은 존재의 탄생과 윤회의 원인인 무명과 갈애에서 벗어나야 한다. 무명과 갈애가 없다면 선악의 업도 짓지 않게 되며, 생산업으로 인해 부모의 모태에도 들지 않게 되며, 마침내 세상에 태어남도 없게 되기 때문이다.

기독교의 신앙적 출발은 창조주의 뜻을 저버리고 낙원에서 선악과를 따먹은 인간의 원죄에서 출발한다. 원죄에서 벗어나 구원을 얻기 위해서는 필연적으로 창조주에 대한 귀의와 믿음이 필요하고, 창조신의 의지에 수순(隨順)하여 몸과 마음을 바쳐 순한 양처럼 순종의 삶을 살아야 한다. 이에 대비해 불교의 신앙적 출발은 존재의 생로병사의 괴로움에서 어떻게 벗어날 것인가, 나아가 생로병사를 반복하는 생사윤회의 굴레에서 어떻게 벗어날 것인가에 대한 화두에서 출발한다. 붓다가 얻은 연기에 대한 깨달음 또한 바로 이러한 문제에 대한 해답이라 할 수 있다. 붓다는 이러한 연기법을 기준하여 인간의 생로병사의 과정을 크게 12가지 카테고리(category)로 정리하여 설법하신다. 이른바 '12지 연기(十二支

緣起)'가 바로 그것이다. 곧 12지 연기는 '생로병사의 괴로움, 윤회의 괴로움의 발생 구조와 소멸 구조'를 설명하는 붓다의 가르침이라고 정의할 수 있다.

"비구들이여, 어떤 것이 괴로움의 일어남의 성스러운 진리(集聖諦)인가? ① 무명을 조건으로 ② 의도적 행위들이(行), ③ 의도적 행위들을 조건으로 알음알이(識)가, ④ 알음알이를 조건으로 정신·물질(名色)이, ⑤ 정신·물질을 조건으로 여섯 감각 장소가(六入), ⑥ 여섯 감각 장소를 조건으로 감각 접촉(觸)이, ⑦ 감각 접촉을 조건으로 느낌(受)이, ⑧ 느낌을 조건으로 갈애(愛)가, ⑨ 갈애를 조건으로 취착(取)이, ⑩ 취착을 조건으로 존재(有)가, ⑪ 존재를 조건으로 태어남(生)이, ⑫ 태어남을 조건으로 늙음·죽음(老死)과 근심·탄식·육체적 고통·정신적 고통·절망(憂悲苦惱)이 있다. 이와 같이 전체 괴로움의 무더기(苦蘊)가 발생한다. 비구들이여, 이를 일러 괴로움의 일어남의 성스러운 진리라고 한다."

— 『외도의 주장 경(Titthāyatanādisuttaṃ, A3:61)』

위에 적은 붓다의 가르침은 모든 중생이 경험하는 생로병사를 비롯한 모든 괴로움(苦, 둑카 dukkha)의 발생에 대한 연기적 순관의 설법이다. 이른바 중생이 경험하는 생로병사를 비롯한 모든 삶의 괴로움이 어떤 원인과 조건, 어떤 과정으로 생성되는가에 대한 역학 조사인 것이다. 이를 단순화하면 무명연행(無明緣行) ☞ 행연식(行緣識) ☞ 식연명색(識緣名色) ☞ 명색연육입(名色緣六入) ☞ 육입연촉(六入緣觸) ☞ 촉연수(觸緣受) ☞ 수연애(受緣愛) ☞ 애연취(愛緣取) ☞ 취연유(取緣有) ☞ 유연생(有緣生) ☞

생연노사(生緣老死)로 정리된다. 12연기의 첫 번째 항목인 무명이 생로병사를 있게 한 근원이고 시발점이라고 한다면, 마지막 12번째 항목인 늙음과 죽음, 그리고 모든 정신적 육체적 괴로움은 그로 인해 중생이 경험해야 하는 결과이고 종착점이다. 12단계의 과정을 거쳐 모든 중생이 경험하는 생로병사의 고가 발생하는 것이다. 순관을 통한 12연기의 이러한 이해는 모든 중생이 벗어나지 못하는 생로병사의 윤회가 처음 어떻게 시작되는가 하는 그 원인과 조건을 바르게 이해시키고 깨닫게 하는 가르침이라 할 수 있다. 그 내용 하나하나를 보다 자세히 설명하면 다음과 같다.

1) 무명(無明, 아윗자 Avijjā)

글자 그대로 '명(明: 智慧)이 없다'는 의미이다. 생로병사의 생성과 소멸에 대한 무지, 곧 생사윤회에 대한 무지를 가리키고 구체적으로는 사성제(四聖諦)의 진리에 대한 무지를 말한다. 사성제의 네 가지 진리는 존재의 괴로움(苦諦)과 그러한 괴로움의 발생 원인(集諦), 그리고 괴로움의 소멸(滅諦)과 그러한 소멸에 이르는 길(道諦 팔정도)을 가리킨다. 결국 모든 존재는 이러한 네 가지 진리를 모르는 무지로 인해 생로병사의 윤회를 시작하고 반복하게 된다는 것이다. 사람들은 누구나가 즐겁고 행복하기를 바란다. 그럼에도 사람들은 그다지 만족스러운 즐거움과 행복을 얻지 못하고 산다. 왜 그럴까? 바로 진리에 대한 무지, 어떻게 사는 것이 진정 즐거움과 행복을 가져오는 삶인지, 그 길을 바르게 알지 못하기 때문이다. 자신의 행위가 어떠한 길흉의 결과로 자신에게 되돌아올지, 그 인과가 어떤지를 미처 알지 못하고, 탐욕과 성냄과 어리석음에 빠져 살면서도 그러한 삶이 바른 삶이고 즐거움과 행복을 가져다주는 삶으로 착각하고 산다. 무상한 것을 영원한 것으로, 괴로운 것을 즐거운 것으로, 실체가 없는 몸과 마음을 불변한 자아로 착각하고 사는 것이다. 이른바 『반야심경』에서 말하는 전도된 망상(顚倒夢想)에 사로잡혀 어리석은 삶을 사는 것이다. 이러한 삶의 근원에는 바로 인간의 근원적인 무지가 굳건히 자리하고 있다고 보는 것이다.

2) 행(行, 상카라 Sankhāra)

행은 무명을 조건으로 해서 일으키는 의도적 행위(無明緣行), 즉 선악의 업(業)을 가리킨다. 이러한 의도적 행위에는 몸으로 짓는 행위(身業), 언어로 짓는 행위(口業), 마음으로 짓는 행위(意業) 등 세 가지 행위(三業)가 있다. 이러한 행(行, 業)은 진리에 대한 무명 때문에 짓게 되고, 그것을 지은 존재의 내부(마음)에 반드시 잠재적인 힘(業力)의 형태로 남아 내생에까지 그 영향을 이어간다.

불교에서는 우리가 일으키는 마음과 행(業)을 열반에 이로운 마음과 행인지 아닌지를 기준하여 선심(善心)과 선행(善行), 불선심(不善心)과 불선행(不善行)으로 나눠 구별한다. 즉 불교 수행의 궁극적인 목적지인 열반에 도달하는 데 이로운 마음인 지혜, 자비, 이해, 포용, 인욕 등의 마음을 선심이라 보고, 보시, 지계, 선정 수행(사마타), 지혜 수행(위빠사나) 등을 대표적인 선행으로 꼽는다. 반대로 탐욕, 성냄, 어리석음, 인색, 시기, 질투, 후회, 들뜸 등의 마음을 불선심이라 보고, 살생, 도둑질, 사음, 거짓말, 이간질, 거친 말, 잡담, 탐욕, 적의, 사견 등을 대표적인 불선행으로 규정한다.

3) 식(識: 윈냐나 Viññāna)

무명으로 인해 일생 동안 무량한 선악의 행, 즉 업이 일어난다. 그 중에서 가장 뚜렷하고 무거운 업이 생산업으로 작용하여 내생이 결정된다. 12연기에서 식은 바로 내생에서 최초로 일으키는 알음알이, 즉 내생의 부모에 입태(入胎)해서 처음으로 일어나는 재생연결식(再生連結識)을 가리킨다. 이러한 재생연결식은 혼자 저절로 일어나는 것이 아니라 반드시 전생의 생산업을 의지해서 일어난다(行緣識). 그런데 전생에 지은 업의 잠재력은 이렇듯 재생연결식으로도 나타나지만, 한 생을 사는 과정에서 일으키는 인식 작용, 즉 안식(眼識), 이식(耳識), 비식(鼻識), 설식(舌識), 신식(身識) 등 전오식(前五識)에까지 그 영향력을 끼쳐 과보의 마음을 일으키기도 한다. 예컨대 전생에 선업(善業, 善行)을 많이 쌓은 사람은 현생에서 대체적으로 좋은 대상이 많이 보이게 되고, 좋은 소리가 많이 들리게 되며, 좋은 향기를 많이 맡게 되고, 맛있는 음식을 많이 접하게 되며, 몸에 좋은 느낌을 많이 일어나게 하는 것이다. 반대로 전생에 악업(惡業, 惡行)을 많이 지은 사람은 현생에서 보기 싫은 대상을 많이 보게 되고, 귀에 거슬리는 소리가 많이 들리게 되며, 싫어하는 냄새를 많이 맡게 되고, 맛없는 음식을 주로 만나게 되며, 몸에 괴로운 느낌이 많이 일어나게 되는 것이다. 선업은 선한 과보의 마음을 일으키고, 악업은 악한 과보의 마음을 일으키기 때문인 것이다. 과거의 행은 이렇듯 삶의 전 과정에서도 작용하게 되는데, 선행은 삶을 즐겁고 행복한 방향으로 작용하여 선한 과보를 드러나게 하고, 불선행은 삶을 괴롭고 불행한 방향으로 작용하여 불선한 과보를 생기게 하는 것이다.

4) 명색(名色, 라마루빠 nāma-rūpa)

무명을 조건으로 하여 행이 일어나고, 행을 조건으로 하여 식이 생겨나며, 식을 조건으로 하여 또한 정신과 물질이 생겨난다(識緣名色). '명(名 nāma)'은 수(受, 감수 작용), 상(想, 표상, 인식 작용), 행(行, 의지 작용), 식(識, 알음알이)의 네 가지 정신적인 요소를, '색(色, rūpa)'은 지수화풍(地水火風)의 네 가지 요소로 이루어진 물질적 요소를 뜻한다. 이를 좀 더 주체적으로 살펴보면, '명(名 nāma)'이라고 명명되는 정신적 요소 가운데 식은 주인 된 마음(心王, citta)이고, 나머지 수·상·행은 마음에 종속된 마음 부수(心所, cetasikā)들이다. 식의 주된 역할이 대상을 아는 것이라면, 나머지 마음 부수들은 식을 보좌하는 심리 작용들이다. 초기불교에서는 식을 보좌하는 마음 부수를 52가지로 분류하는데, 느낌, 표상, 의도, 탐욕, 성냄, 어리석음, 알아차림, 지혜, 집중 등을 대표적인 마음 부수로 본다.

그렇다면 식을 조건으로 어떻게 물질과 정신 요소가 생성되는가? 초기 불교에서는 우리의 육체를 이루고 있는 물질은 지수화풍의 네 가지 근본 물질과 그 밖의 파생 물질로 구성되어 있다고 본다. 그런데 이러한 물질을 명상 수행을 통해 깊이 관찰해 보면 물질의 기본 단위인 깔라빠(kalāpa)로 이루어져 있음을 발견할 수 있다. 또한 이러한 깔라빠는 하나의 물질이 아니라, 더 이상 분류할 수 없는 단위(아위닙보가, avinibbhoga)인 흙(地, Paṭhavī)·물(水, āpo)·불(火, tejo)·바람(風, vāyo)·형상(色, rūpa)·냄새(香, gandha)·맛(味, rasa)·영양소(慈養素, ojā) 등의 여덟 가지 기본 요소(suddhaṭṭhaka, 순수 8원소)로 결합되어 있다. 결국 우리 육체라는 물질은 이러한 깔라빠의 적절한 결합체라는 것이다. 한편 초기 불교에서는 이러한 깔라빠가 생기게 되는 네 가지 원인이 있다고 보는데, 바로 업, 마음, 음식, 온도 등이다. 앞에서 언급한 것처럼 전생에 지은 가장 강력하고 무거운 업은 내생을 결정하는 생산업으로 작용하게 된다. 이러한 생산업을 의지해서 새롭게 태어나는 내생에서 최초로 일으키는 마음을 재생연결식이라고 하고, 이러한 재생연결식이 생겨남과 동시에 이러한 식을 의지해 마음 부수(心所)인 정신작용인과 물질도 함께 생성된다고 보는 것이다. 이런 이유로 '식을 조건으로 정신 작용(名)과 물질(色)이 생겨난다(識緣名色)'고 하는 것이다. 초기 불교에서는 업을 조건으로 해서 생겨나는 물질을 분리할 수 없는 여덟 가지 물질(지·수·화·풍·형상·냄새·맛·영양소), 허공, 감성 물질(눈·귀·코·혀·몸)과 남성·여성·생명 기능·마음 토대 등 모두 18가지가 있음을 교설한다.

5) 6입(六入, 살라야따나 saḷāyatana)

앞에서 설명한 '명색'의 다른 이름이 바로 오온(五蘊= 色·受·想·行·識)이고, 이 오온은 우리가 '나'라고 알고 있는 우리의 몸과 마음이다. 6입이란 눈(眼), 귀(耳), 코(鼻), 혀(舌), 몸(身), 마음(意) 등의 여섯 가지 감각 기관이다. 또 다른 표현으로 육근(六根), 육문(六門), 육처(六處)라고도 하는데, 곧 우리의 인식 기관을 말한다. 그런데 이러한 육입에서 일어나는 마음은 항상 수·상·행인 명(名)을 통해서 대상을 알 수밖에 없다. 그러므로 대상을 알게 하는 육입은 명(名)인 수상행과 물질(色)인 지수화풍 사대를 조건으로 일어난다(名色緣六入)고 보는 것이다. 여기서 주의할 점은 식, 명색, 6입 등 3항목(三支)은, 시간적으로 선후의 관계로 보지 말고 동시적인 것으로 보아야 한다는 사실이다. 식이 발생하기 위해서는 그 대상인 명색과 그것을 인식할 수 있는 기관인 6입이 동시에 있어야 한다. 그러나 위에서 살펴본 것처럼, 식이 행과 밀접한 관계를 가지고 있기 때문에 식을 행 다음에 놓은 것이라 할 수 있다.

6) 촉(觸: 파쏘 phasso)

촉이란 눈(眼), 귀(耳), 코(鼻), 혀(舌), 몸(身), 마음(意) 등의 여섯 가지 감각 기관이 밖의 접촉 대상인 육경(六境, 六門), 즉 형상(色), 소리(耳), 맛(味), 감촉(觸), 마음의 대상(法)을 접촉하는 것을 말한다. 예컨대 눈은 형상을 접촉(眼觸)하고, 귀는 소리(耳觸), 혀는 맛(舌觸), 몸은 신체적 접촉(身觸), 마음은 마음의 대상을 접촉(意觸)하는 것이다. 이렇듯 육근이 육경을 만나면 반드시 그 접촉 대상에 대한 여섯 가지 알음알이(六識)가 생겨나는데, 불교에서는 이를 세 가지 요소(根·境·識)의 만남, 곧 '삼사화합(三事和合)'이라고 한다.

7) 수(受: 웨다나 Vedanā)

수란 즐거운 느낌(樂受), 괴로운 느낌(苦受), 즐거움도 괴로움도 아닌 느낌(不苦不樂受)과 그 감수 작용(感受作用)을 말한다. 여섯 가지 감각 기관(六根)이 여섯 가지 대상(六境)을 접촉하면, 여섯 가지 인식 작용(六識)이 일어남과 동시에 세 가지 느낌 중 하나가 일어나게 된다. 바로 촉을 조건으로 느낌이 생겨나는 것(觸緣受)이다. 만약에 접촉이 없다면 절대로 느낌도 발생할 수가 없다. 그런데 세 가지 느낌을 정신적 느낌과 육체적인 느낌으로 확대시키면, 육체적인 행복한 느낌, 정신적인 행복한 느낌, 육체적인 괴로운 느낌, 정신적인 괴로운 느낌, 행복하지도 괴롭지도 않은 평온한 느낌의 다섯 가지 느낌으로 정리할 수 있다. 예컨대 눈으로 보기 싫은 대상을 보게 되면 육체적으로 싫은 느낌이 일어나고, 보기 좋은 대상을 접촉하여 보게 되면 육체적으로 좋은 느낌을 받게 된다. 또한 마음(意, mano)에 사랑하는 사람이나 좋아하는 대상(法, dhamma)을 떠올리면 정신적으로 행복한 느낌이 일어나고, 반대로 마음(意, mano)에 미워하는 사람이나 싫어하는 대상(法, dhamma)을 떠올리면 정신적으로 괴로운 느낌이 일어난다. 만약 그냥 무심히 어떤 대상, 예를 들어 길을 가다가 지나가는 버스를 무심히 보았다면 즐겁지도 괴롭지도 않은 평온한 느낌이 일어나는 것이다.

8) 애(愛, 딴하 taṇhā)

애란 곧 갈애(渴愛)를 말하는데 탐욕(lobha)의 한 형태이다. 좋아하는 대상을 거머쥐고 매달리는 특징을 가지며, 아무리 많은 것을 가져도 만족하지 못하는 성질이 있다. 부처님은 『법구경(186)』에서 "참으로 금화의 비가 내려도 감각적 쾌락의 욕망에 만족은 없다"라는 말씀으로 사람들의 만족을 모르는 갈애를 일깨우셨다. 사람은 누구나가 좋아하는 느낌의 대상을 만나거나 싫어하는 느낌의 대상을 만나게 되면, 반드시 그에 대한 갈애의 마음이나 성냄의 마음을 일으키게 된다(受緣愛). 한편 불교에서는 성냄(嗔心) 역시 애(愛)의 일종으로 본다.

그런데 붓다는 왜 느낌을 조건으로 갈애가 일어나고, 성냄이 일어난다고 말씀하시지 않았을까? 그 이유는 성냄도 윤회의 한 원인이 되지만 그렇지 않은 존재도 있기 때문이다. 초기 불교에서는 수행을 통해 10가지 번뇌(十結)[1]를 제거하고 깨달음을 얻어 이루게 되는 성인의 단계를 크게

---

1. 십결(十結): 붓다의 가르침을 듣고 배우고 수행자가 수행을 통해 끊어야 할 열 종류의 번뇌를 가리킨다. 곧 '오하분결(五下分結)'로 지칭되는 ① 회의적 의심(疑心: 삼보와 수행법 등에 대한 회의적인

네 단계로 나눈다. 바로 수다원(성인의 흐름에 든 자: sotāpanna, 豫流者, 入流者), 사다함(단 한 번만 이 세상에 태어나는 자: sakadāgāmī, 一來者), 아나함(다시는 이 세상에 돌아오지 않는 자: anāgāmī, 不還者), 아라한(마땅히 공양 받을 만한 분: Arahan, 應供) 등의 성문사과(聲聞四果)이다. 이러한 네 성인 중에서 세 번째 단계의 성인인 아나함은 성냄에서 완전히 벗어난 분이기에 성냄이 윤회의 원인이 될 수 없다. 하지만 색계와 무색계와 같은 존재에 대한 갈애는 아직 남아있기에 윤회의 원인이 된다. 이러한 까닭에 12연기 중에서 모든 존재에게 적용되는 갈애만을 윤회의 원인으로 제시하고 있는 것이다. 이러한 갈애에는 접촉하여 느끼는 대상에 따라 여섯 가지 형태로 나타난다. 곧, 형상에 대한 갈애, 소리에 대한 갈애, 냄새에 대한 갈애, 맛에 대한 갈애, 촉감에 대한 갈애, 마음의 대상인 법에 대한 갈애가 그것이다. 또 다른 측면에서 감각적 욕망에 대한 갈애(慾愛, kāmā-taṇhā), 영원히 존재하고자 하는 존재에 대한 갈애(有愛, bhava-taṇhā), 죽은 뒤에는 아무것도 없다고 생각하고, 또한 그렇게 되기를 갈구하는 비존재에 대한 갈애(無有愛, vibhava-

---

의심) ② 유신견(有身見: 오온으로 이루어진 몸과 마음을 불변한 자아라고 집착하는 견해) ③ 계금취견(戒禁取見: 특정한 계율이나 종교적 의례와 의식에 대한 집착) ④ 애욕(愛慾: 감각적 욕망에 집착) ⑤ 진심(瞋心: 성내는 마음, 악의)과 '오상분결(五上分結)'로 지칭되는 ⑥ 색계에 대한 집착 ⑦ 무색계에 대한 집착 ⑧ 아만(我慢) ⑨ 도거(掉擧: 들뜸) ⑩ 무명(無明: 사성제에 대한 무지) 등이다. 이러한 열 가지 번뇌 중에서 수다원의 성인은 오하분결 가운데 ①~③의 번뇌에서 벗어난 분이고, 사다함의 성인은 ①~③의 번뇌 소멸과 동시에 ④~⑤의 번뇌가 약화된 분이며, 아나함의 성인은 오하분결의 다섯 가지 번뇌를 모두 끊은 분이고, 아라한의 성인은 오하분결과 오상분결의 열 가지 번뇌에서 모두 벗어난 분이다.

taṇhā) 등으로 분류하기도 한다.

9) 취(取, 우빠다나 upādāna)

취는 취착(取着)의 의미로서 갈애가 더욱 강화된 집착을 가리킨다. 결국 애(愛)를 조건으로 해서 취착이 발생하는 것(愛緣取)이다. 자신이 좋아하는 대상에 대한 집착뿐만 아니라, 싫어하는 대상에 취착하는 경우도 있다. 애증(愛憎)이 모두 취착의 대상이 되는 것이다. 예컨대 사람은 누구나가 자신이 사랑하는 사람에 대해서 취착의 감정을 드러낸다. 사랑은 좋은 느낌의 감정이고, 이러한 느낌의 감정이 더욱 강화되면 곧 취착에 빠진다. 좋아하고 사랑하는 상대를 마치 자신의 소유처럼 독점하려 들고, 관계를 맺으려 하고, 사랑과 관심을 독차지하려 들며, 상대를 자신의 의지대로 움직이고 관리하고자 한다. 다행히 서로의 사랑과 관심이 좋은 관계를 유지할 때에는 별 문제가 없지만, 만약 서로의 애정과 관심이 줄어들고 싸늘하게 식게 되면 사랑은 한순간 미움과 원망으로 변하여 상대를 증오하고 원망하며 분노의 마음을 드러낸다. 같은 대상임에도 불구하고 한때는 사랑(愛)하고, 한때는 미워(憎)하는 서로 다른 감정을 드러내는 것이다. 모두 애증의 느낌을 좇는 취착에서 비롯되는 감정이라 할 수 있다. 붓다께서 『법구경(210)』에서 "사랑하는 사람도 사귀지 말고, 미워하는 사람도 사귀지 말라"고 하신 말씀은 바로 이러한 애증에 대한 취착을 경계하신 가르침이라 할 수 있다.

불교에서는 이러한 취착을 크게 네 가지로 분류한다. 감각적 욕망에 대한 취착(慾取), 견해에 대한 취착(見取), 의례의식에 대한 취착(戒禁取), 자의의 교리에 대한 취착(我語取, 身見)이 그것이다. 감각적 욕망에 대한 취착은 육근이 육경을 접촉함으로써 얻어지는 좋은 느낌에 대한 취착이고, 견해에 대한 집착은 어떠한 특정한 이념이나 종교적 교리, 혹은 진리만이 바르고 옳다고 생각하는 맹목적인 믿음과 신념을 가리킨다. 의례 의식에 대한 취착은 어떠한 종교적, 관습적 의례 의식에 집착하여 그러한 의식을 따르지 않고 실행하지 않으면 안 된다고 생각하고 믿는 취착을 말하고, 자아 교리에 대한 집착은 오온(五蘊: 色受想行識)으로 이루어진 자신의 몸과 마음에 집착하여 불변한 나(自我)가 있고, 나의 영혼이 있고, 나의 소유가 있다고 하는 등 자아에 대한 그릇된 믿음과 관념의 취착을 말한다.

10) 유(有, 바오 bhavo)

유(有)란 존재(bhavo)를 말하며, 업유(業有, kamma-bhava)와 생유(生有, upapatti-bhava)의 두 가지 의미를 담고 있다. 업유는 업이 가진 업력(業力), 또는 업의 잠재력(潛在力)이라 할 수 있다. 우리가 매 순간 짓는 업은 그냥 사라지는 것이 아니라 잠재적인 힘으로 남게 되고, 이러한 업력은 일정한 조건이 성숙되면 존재로 생겨나게 된다. 업력은 그 자체가 존재인 것은 아니지만, 다음 생에 새로운 존재로 재탄생(rebirth producing)하게끔 원인으로 작용하기 때문에 업력을 업유라고 표현하는 것이다. 예컨대 어떤 사람이 현생에서 선한 마음으로 선행과 수행을 실천하여 큰 선업의 공덕을 쌓았다면, 그 선한 업력은 그 사람이 사후에 선처에 태어나게 하는 원인으로 작용하여 실제로 내생에 선처에 태어나게끔 하는 것이다. 12연기의 두 번째인 행(行, Sankhāra)이 전생에 지은 업이라고 한다면, 업유는 현생에서 지은 업을 가리킨다.

또한 생유는 재생으로서의 존재, 즉 업유를 원인으로 실제로 욕계, 색계, 무색계 등 삼계의 존재로 태어나는 것을 말한다. 12연기로 보면, 육근이 육경을 접촉해서 느낌(受)이 생겨나고, 느낌에 의해 취착(取)이 생겨난다. 이러한 취착 때문에 어떠한 의도적인 행위(業)가 일어나고, 그러한 선악의 업은 유(有), 즉 업유를 만들어 다음 생의 원인과 조건을 형성하는 것이다. 곧 취를 조건으로 해서 유가 생겨나는 것(取緣有)이다.

11) 생(生, 쟈띠 jāti)

'유(有)를 조건으로 생이 일어난다(有緣生)'고 했을 때, 여기서 유는 업유(業有)만을 가리킨다. 업유를 조건으로 죽어서 다음 생에 삼계로 일컬어지는 욕계, 색계, 무색계 가운데 어느 한 세계의 존재로 새롭게 태어나는 것이다. 여기서 말하는 생은 재생으로서의 존재, 즉 생유(生有)의 존재를 말한다.

12) 노사(老死, 자라마라나 jarāmaraṇa)와 근심, 슬픔, 고통, 번뇌, 번민(憂悲苦愁惱, sokaparidevadukkhadomanassupāyāsā)

우리는 왜 늙고 병들고 죽는가? 왜 근심과 슬픔, 고통과 번민을 경험해야만 하는가? 당연히 정신적, 물질적 존재(五蘊)로 태어났기 때문이다. 만약 애초에 태어남이 없었다면 우리가 존재로서 겪어야 할 노병사와 우비고뇌의 괴로움은 경험하지 않았을 것이다. 태어남을 조건으로 해서 노병사와 우비고뇌가 생겨나게 된 것(生緣老死)이다. 태어남으로 인해 모든 생로병사와 우비고뇌와 같은 모든 괴로움을 경험하고 살 수밖에 없는 존재임을 잘 알면서도 왜 우리들은 태어남을 축복하고, 죽어서 다시 태어나 영생의 삶을 희망하고 간구하는가? 이에 대한 붓다의 해답, 바로 생로병사의 원인과 조건을 바르게 알지 못하는 존재의 무명과 그러한 무명을 의지해서 일으키는 존재(삶)에 대한 맹목적인 갈애 때문이라는 것이다.

붓다가 가르치신 12연기의 설명을 통해서 생로병사가 어떠한 원인과 조건에 의해 생겨나는지를 살펴보았다. 이른바 생로병사라는 병(病, 苦)에 대한 역학 조사를 실시하여 그러한 병이 어떠한 원인과 과정으로 발병하게 되었는지 그 해답을 찾아낸 것이다. 병인(病因)을 알게 되면 그 병을 치유할 수 있는 처방 또한 내릴 수 있다. 생로병사의 병을 치유하고 생사윤회에서 벗어날 수 있는 처방을 붓다께서는 또한 다음과 같이 설법하신다.

"비구들이여, 어떤 것이 괴로움의 소멸의 성스러운 진리(滅聖諦)인가? ① 무명이 남김없이 빛바래어 소멸하기 때문에 ② 의도적 행위(行)들이 소멸하고 의도적 행위들이 소멸하기 때문에 ③ 알음알이가 소멸하고, ④ 알음알이가 소멸하기 때문에 정신·물질이 소멸하고, ⑤ 정신·물질이 소멸하기 때문에 여섯 감각 장소가 소멸하고, ⑥ 여섯 감각 장소가 소멸하기 때문에 감각 접촉이 소멸하고, ⑦ 감각 접촉이 소멸하기 때문에 느낌이 소멸하고, ⑧ 느낌이 소멸하기 때문에 갈애가 소멸하고, ⑨ 갈애가 소멸하기 때문에 취착이 소멸하고, ⑩ 취착이 소멸하기 때문에 존재가 소멸하고, ⑪ 존재가 소멸하기 때문에 태어남이 소멸하고, ⑫ 태어남이 소멸하기 때문에 늙음·죽음과 근심·탄식·고통·정신적 고통·절망이 소멸한다. 이와 같이 전체 괴로움의 무더기(苦蘊)가 소멸한다. 비구들이여, 이를 일러 괴로움의 소멸의 성스러운 진리라고 말한다."

— 「외도의 주장 경(Titthāyatanādisuttaṃ, A3:61)」

무명을 시점으로 해서 시작된 12연기의 카테고리는 열두 번째 생로병사에서 끝나게 된다. 시작의 관점에서 끝나는 지점까지의 12연기의 과정을 살펴보는 것을 우리는 이른바 연기의 순관(順觀, 流轉門, anuloma)이라 한다. 붓다의 가르침의 표현은 "이것이 있을 때 저것이 있고(此有故彼有), 이것이 일어날 때 저것이 일어난다(此生故彼生)"이다. 이와는 반대로 종점의 관점에서 역으로 시점까지의 12연기 과정을 살펴보는 것을 이른바 연기의 역관(逆觀, 還滅門, paṭiloma)이라 한다. 붓다의 가르침의 표현은 "이것이 없을 때 저것도 없고(此無故彼無), 이것이 멸할 때 저것도 멸한다(此滅故滅無)"이다. 연기의 순관이 생로병사를 경험하는 존재의 근원적인 병이 어떻게 생기게 되었는가에 대한 역학 조사라고 한다면, 연기의 역관은 그러한 존재의 병을 역으로 어떻게 치유할 것인가에 대한 역학 조사라고 할 만하다. 병(病, 苦)이 발병하게 되는 원인을 처음부터 없애면 병도 발생하지 않는다는 논리이다. 위에 적은 붓다의 12연기의 역관에 대한 가르침은 바로 이러한 내용을 설법하고 있다.

먼저 붓다는 무명이 소멸하면 행이 소멸한다고 가르치신다. 생로병사를 가져오는 근본 원인인 무명을 제거함으로써 새로운 존재의 탄생을 가져오는 선악의 업도 짓지 않게 된다는 말씀이다. 원인을 제거하면 결과가 생겨나지 않음을 가르치시는 것이다. 붓다는 이런 식으로 앞의 조건이 소멸하면 뒤의 결과도 없어지게 됨을 12연기의 마지막 생로병사까지 단계적으로 설법하신다. 이를 단순화해서 정리하면 무명멸즉행멸(無明滅即行滅) ☞ 행멸즉식멸(行滅即識滅) ☞ 식멸즉명색멸(識滅即名色滅) ☞ 명색멸즉육입멸(名色滅即六入滅) ☞ 육입멸즉촉멸(六處滅即觸滅) ☞ 촉멸즉수멸(觸滅即受滅) ☞ 수멸즉애멸(受滅即愛滅) ☞ 애멸즉취멸(愛滅即取滅) ☞ 취멸즉유멸(取滅即有滅) ☞ 유멸즉생멸(有滅即生滅) ☞ 생멸즉노사우비고뇌멸(生滅即老死憂悲苦惱滅)로 정리할 수 있다.

결론적으로 12연기는 육도 중생의 생로병사의 순환 고리를 연기법의 관점에서 12가지로 정리해서 설법하신 내용이다. 과거(전생)에서 일어난 무명과 행(行, 業)을 조건으로 현재의 생이 일어나는데, 현생에서 최초의 마음(識 재생연결식)이 일어남과 동시에 전생의 업에서 정신과 물질이 일어나서 존재의 여섯 가지 감각 기관(六入, 六處, 六門)이 갖춰진다. 이러한 여섯 가지 감각 기관을 의지해서 밖의 여섯 가지 경계 대상

(六境)을 접촉하게 되고, 접촉으로 인해 좋고 나쁨의 느낌이 일어나게 된다. 그러한 느낌(좋은 느낌)에 대해 갈애가 생기게 되고, 갈애는 더욱 강화되어 취착이 되며, 취착으로 인해 또 다시 새로운 업(業, 有)을 짓게 된다. 당연히 새로운 업은 또 다른 내생의 생산업으로 작용하여 사후에 또 다른 탄생을 가져오는 조건이 된다. 이러한 12연기의 순환 과정을 과거, 현재, 미래라는 삼세의 관점에서 정리하면 무명과 행은 과거 생에 일어난 과거 원인이라 할 수 있고, 식·명색·육입·촉·수는 과거의 원인으로 인해 생겨나는 현재의 결과라 할 수 있으며, 애·취·유는 내생을 가져오는 현재의 원인, 생·노사우비고뇌는 내생에 받게 될 미래의 결과라고 할 수 있다. 이러한 12연기는 과거생의 원인에 의해 현생의 결과가 있게 되고, 현생에 짓는 원인으로 인해 내생의 결과가 생겨나는 윤회의 순환 구조를 설명하고 있는 것이다.

우리가 이렇듯 연기법을 기준하여 12가지로 존재의 생사윤회 과정을 살펴보는 것은 어떻게 하면 존재의 생로병사, 간단없이 계속 이어지는 윤회의 굴레에서 벗어날 것인가 하는 질문에 대한 해답을 얻기 위함이다. 문제를 바르게 이해하고 알아야 그러한 문제에서 벗어날 수 있는 방법을 찾아내고 행동을 취할 수 있기 때문이다.

시차를 두고 나타나는 과보

여기 아주 착한 사람이 있다. 흔히들 말하는 법 없이도 살 사람이다. 나쁜 짓도 안하고 남에게 피해를 줄 일도 전혀 하지 않는다. 주어진 일에 최선을 다하며 성실히 노력하며 살아간다. 가진 것이 많지 않아도 선한 마음으로 남에게 나누기를 좋아하고, 능력 닿는 대로 남을 위한 봉사도 게을리 하지 않는다. 그런데 이상하게도 슬프고 괴롭고 불행한 일들이 쉴 새 없이 찾아온다. 하던 사업이 뜻하지 않은 계기로 망하기도 하고, 잘 다니던 직장에서 본의 아니게 쫓겨나 졸지에 실업자가 되기도 한다. 본인 자신이나 사랑하는 가족 중에 한 사람이 갑작스럽게 사고를 당해 불구가 되거나 죽기도 하고, 건강하던 몸에 일순간 중병이 들어 생사를 헤매기도 한다. 이와는 전혀 다른 경우의 사람도 있다. 타고난 성품이 인색하고 잔인하다. 자신의 것은 좁쌀만큼이라도 남에게 주기를 싫어하면서도 남의 것은 수단과 방법을 가리지 않고 빼앗고자 애쓴다. 자신의 이익을 위해서라면 온갖 불법을 자행하는 것도 아랑곳하지 않으며, 남을 위한 사랑의 나눔과 봉사는 자신과는 전혀 상관없는 남의 일일 뿐이다. 많은 사람들이 "세상에 저런 못된 놈이 어디 있을까?"라며 험한 욕을 하고 손가락질을 하지만 양심에 가책을 느끼거나 얼굴색 하나 변하지 않고 그저 당당하기만 하다. 그런데도 이상하리만큼 모든 것이 술술 잘 풀리고 평탄하고 무고하게 잘 먹고 잘 사는 것처럼 보인다. 이러한 두 가지 경우를 목도함에 있어 사람들은 흔히 말한다. 세상에 무슨 신이 있고, 인과가 있으며, 하늘의 권선징악이 있느냐고….

불교에서는 자신이 지은 바대로 그 결과를 받게 된다는 이른바 인과법을 가르친다. 누구나 자신이 심은 대로 거두고, 하는 짓대로 되돌려 받는다는 일종의 자연 법칙이다. 그런데 앞서 예를 든 두 사람의 경우를 보면 이러한 인과법이 전혀 작동하지 않는 것 같다는 생각을 하지 않을 수 없다. 왜냐하면 그 사람의 현재 쓰는 마음과 하는 행위에 반해서 전혀 다른 반대의 결과가 나타나는 것처럼 보이기 때문이다. 그렇다면 불교는 이에 대해 어떠한 설명을 할까? 해답은 이렇다. 누구나가 행위한 대로, 심은 대로 거둠이 분명하지만 그 결과가 나타남은 시차를 두고 달리 난다는 것이다. 행위(業, 因)의 결과(報, 果)가 바로 나타날 수도 있고, 시차를 두고 다음에 나타날 수도 있으며, 아니면 멀리는 생을 바꿔 다음 생에, 그도 아니면 다음다음 생에 반드시 행위에 대한 결과가 분명히 나타난다는 것이다. 이를 불교에서는 '삼시업(三時業)'이라고도 한다. 즉 현재 짓는 행위에 대한 과보를 바로 받거나 늦더라도 현생에서 받게 되는 경우를 '순현보(順現報)', 죽어서 다음 생에 받게 되는 것을 '순생보(順生報)', 특정하게 시기가 정해지지는 않았지만 다음다음 생 그 어느 때인가 받게 되는 것을 '순후보(順後報)'라고 한다. 예컨대 누군가가 도둑질을 하거나, 사기를 치거나, 폭력을 휘두르거나, 뇌물을 받거나, 살상을 하거나 하는 범죄를 저질러서 그 범죄로 인해 현생에서 사람들로부터 비난과 지탄을 받거나 교도소에 갇혀 수형 생활을 하는 처지가 되었다면 이러한 경우가 바로 순현보에 해당한다. 또 현생에서 살생을 비롯한 많은 악업을 자행한 큰 죄업으로 인해 죽어서 곧바로 축생, 지옥, 아귀, 아수라와 같은 악처에 태어나는 과보를 받거나, 반대로 수행, 보시, 봉사 등과 같은 선업을 많이 쌓은 큰 공덕으로 인해 죽어서 곧바로 인간, 천상 세계와 같은 선처에 태어나는 과보를 받았다면 이러한 경우가 곧 순생보라 할 수 있다. 마지막으로 어떤 한 수행자가 상구보리 하화중생을 발원하여 몇몇 생에 걸쳐서 보살행의 삶을 꾸준히 실천한 결과로 마침내 현생에서 깨달음을 성취하였다면, 이러한 경우가 바로 순후보라 할 수 있다. 붓다는 이러한 삼시업에 대한 다음과 같이 설법하셨다.

"비구들이여!
업의 과보는 세 가지라고 나는 말하나니,
그것은 금생에 일어나거나,
혹은 다음 생에 일어나거나,
혹은 일어나는 시기가 확정되지 않은 것이다.
비구들이여, 이를 일러 업의 과보라 한다."

- 『꿰뚫음 경(Nibbedhika-sutta, A6:63)』

"어떤 이가 현생에서 악한 행위를 하고, 삿된 견해를 갖고 죽은 뒤에 악처에 태어난다면, 그 사람은 ① 이전의 악한 행위로 인해 괴로운 결과를 가져온 것이거나 ② 나중의 악한 행위로 인해 괴로운 결과를 가져온 것이거나 ③ 죽음 직전에 삿된 견해를 가졌던 결과이다.

어떤 이가 현생에 악한 행위를 하고, 삿된 견해를 갖더라도, 죽은 뒤에 선처에 태어난다면, 그 사람은 ① 이전의 선한 행위로 인해 행복한 결과를 가져온 것이거나 ② 나중의 선한 행위로 인해 행복한 결과를 가져온 것이거나 ③ 죽음 직전에 바른 견해를 가졌던 결과이다.

어떤 이가 현생에 선한 행위를 하고, 바른 견해를 갖고, 죽은 뒤에 선처에 태어난다면, 그 사람은 ① 이전의 선한 행위로 인해 행복한 결과를 가져온 것이거나 ② 나중의 선한 행위로 인해 행복한 결과를 가져온 것이거나 ③ 죽음 직전에 바른 견해를 가졌던 결과이다.

어떤 이가 현생에 선한 행위를 하고, 바른 견해를 갖더라도, 죽은 뒤에 악처에 태어난다면, 그 사람은 ① 이전의 악한 행위로 인해 괴로운 결과를 가져온 것이거나 ② 나중의 악한 행위로 인해 괴로운 결과를 가져온 것이거나 ③ 죽음 직전에 삿된 견해를 가졌던 결과이다."

— 『업 분석 큰 경(Mahakammavibhanga sutta, MN 136)』

우리 모두는 자신이 일으킨 마음과 행위에 대한 과보는 언제인가 반드시 되돌려 받게 된다는 인과법의 이치를 바르게 이해하고 믿어야만 한다. 단지 그 결과가 바로 나타날 수도 있고, 생을 바꿔 다음 생에 늦게 나타날 수도 있으며, 아니면 아주 멀고 먼 다음다음 생에 나타날 수도 있을 뿐이다. 현생에서 악행을 수없이 자행했음에도 불구하고 아무 일 없는 듯이 잘 먹고 잘 사는 사람이 있다면 그는 전생에 지은 선업의 공덕이 아직 남아있거나, 아니면 악업이 미처 무르익지 않았을 뿐이다. 언제인가 남아있던 선업의 공덕이 다 소진되고 현생에 지은 악업이 무르익어 때를 만나게 되면 반드시 그 악업에 대한 과보를 받게 될 것이다. 현생에서 선업을 많이 쌓았음에도 불구하고 여전히 많은 불행과 고통을 받고 있는 사람이 있다면, 이 역시 전생에 지은 악업의 장애가 아직 남아있거나, 아니면 현생에서 쌓은 선업의 공덕이 아직 무르익지 않아 드러나지 않았을 뿐이다. 언제인가 악업의 장애가 다 소진되고, 현생에서 쌓은 선업이 무르익게 되면 반드시 그 선업에 대한 과보를 받게 될 것이다. 우리는 당장 눈앞의 결과만을 보고 선업과 악업에 대한 인과의 이치를 무시하고 불신해서는 안 된다. 또한 인과법은 그 누구도 바꾸고 없앨 수 없는 자연의 법칙이고 질서임을 한시도 잊어서도 안 된다. 우리는 자신이 심은 대로 거둔다는 인과법을 바르게 이해하고 믿는 것만으로도 어떠한 종교를 믿는 것보다도 훨씬 더 윤리 도덕적인 청정한 삶을 살 수 있다. 나아가 행위에 대한 인과의 결과를 알기에 악한 마음과 악한 행위를 멀리 벗어나 보다 선한 마음과 선한 행위를 실천하려고 노력하게 될 것이다. 우리 모두 인과의 이치에 어둡지 않아야(因果不昧)만 마침내 중생의 불행과 고통에서 벗어날 수 있다.

기능에 따른 네 종류의 업

우리는 일상적으로 세 가지 수단으로 선악의 업을 짓는다. 바로 몸으로 짓는 업(身業), 입으로 짓는 업(口業), 생각으로 짓는 업(意業)이 그것이다. 그런데 어떠한 선악의 업을 지으면 그에 따라 필연적인 결과가 나타난다. 이른바 선인선과 악인악과의 인과응보, 곧 선을 행하면 선한 결과를 얻게 되고, 악을 행하면 악한 결과를 얻게 된다는 가르침이다. 그런데 문제는 행하는 선악의 업과 그에 따라 나타나는 과보가 그리 단순하지만은 않다는 데 있다. 왜냐하면 우리가 짓는 선악의 업이 자로 재고 저울로 달듯 그렇게 딱딱 구별되어 분명하게 과보로 나타나는 것이 아니기 때문이다. 예컨대 먼저 큰 선업을 지었더라도 나중에 어떤 악업을 지으면, 뒤에 지은 악업의 방해를 받아 먼저 지은 선업의 과보는 감소될 수밖에 없다. 반대로 먼저 큰 악업을 짓고 난 이후에 어떤 선업을 다시 지었다면 뒤에 지은 선업의 방해로 인해 악업에 따른 과보 또한 약화될 수밖에 없다. 또는 먼저 큰 선업을 쌓고 나서 후에 또 다시 작은 선업을 지었다면, 앞에 쌓은 선업에 뒤에 지은 선업까지 보태져 더 큰 선업의 과보를 받게 되고, 반대의 경우도 마찬가지이다. 이렇듯 선악의 업에 따른 과보는 서로를 견제하기도 하고, 서로를 약화시키거나 강화시키기도 하면서 다양하게 업의 과보를 낳게 되는 것이다. 불교에서는 이렇듯 업이 낳는 다양한 과보를 기준하여 업을 그 기능에 따라 크게 네 가지로 설명한다. ① 생산업(janaka) ② 돕는 업(upatthambhaka) ③ 방해업(upapīḷaka) ④ 파괴업(upaghātaka)이 바로 그것이다. 5세기경 스리랑카에서 붓다고사(Buddhaghosa: 5세기 전반에 활동한 인도의 불교 학자가 쓴 상좌부 불교의 대표적인 논서인 『청정도론(清淨道論, Visudhi-magga)』에서는 이러한 기능을 달리하는 네 가지 업에 대해 다음과 같이 설명하고 있다.

"다른 네 가지 업이 있으니 생산하는 업, 돕는 업, 방해하는 업, 파괴하는 업이다. 생산하는 업은 유익한 것이든 해로운 것이든 재생 연결과 삶의 과정에서 물질과 정신의 과보의 무더기를 생기게 한다. 돕는 업은 과보를 생기게 할 수 없다. 다른 업에 의해서 재생 연결이 주어지고 과보가 생길 때 즐거움과 고통이 생기면 그것을 지지하고, 지속되게 한다. 방해하는 업은 다른 업에 의해서 재생 연결이 주어지고 과보가 생길 때 즐거움과 괴로움이 생기면 그것을 방해하고 막으며 지속되지 못하게 한다. 파괴하는 업은 그 스스로 유익한 것이기도 하고, 해로운 것이기도 하며, 힘이 약한 다른 업을 파괴하고 그 업이 그것의 과보를 낼 수 있는 기회를 빼앗아 버리고 자기의 과보를 낼 기회를 만든다. 이와 같이 (파괴하는) 업에 의해서 기회가 주어질 때 (파괴하는) 업의 과보가 일어났다고 한다."

- 『청정도론(ⅩⅠⅩ.16)』

첫 번째, '생산업'은 여러 업 중에서 가장 강력하고 무거운 업으로 직접적으로 결과를 생산해내는 업을 말한다. 생산업은 말 그대로 내생의 정신적이거나 물질적인 과보(vipāka)를 낳는 업이다. 구체적으로 말하면 ① 재생연결식 ② 과보의 마음 ③ 업을 원인으로 한 물질을 생산해내는 업이다.

① 재생연결식(再生連結識 paṭisandhi viññāṇa)은 이생에서 죽은 이후에 다음 생으로 윤회할 때 일어나는 최초의 식(識, 윈냐나 viññāṇa)을 말한다. 금생과 내생을 연결하는 마음이라는 의미에서 재생연결식이라 부르는 것이다. 초기 경전의 가르침에 의하면 중생의 몸이 무너져 죽음이 찾아오게 될 때에 의식도 함께 끝나게 되는데, 이때 금생에서 마지막으로 일으키는 의식을 이른바 사몰심(死沒心, 죽음의 마음, cuti-citta)이라고 한다. 그런데 이 사몰심은 죽는 순간에 나타나는 '업', '업의 표상', '태어날 곳의 표상' 중에서 하나를 대상으로 취해서 일어나는 이생에서의 마지막 마음이다. 이 사몰심을 끝으로 이생에서의 몸과 마음은 완전히 소멸되고, 내생에서 다시 입태(入胎)하는 순간 생산업을 의지해 내생의 최초의 마음인 재생연결식이 일어나는 것이다.

② 과보의 마음은 재생연결식이 일어난 이후 내생의 삶의 과정에서 일어나는 마음 중에서 전생의 생산업을 의지해 일어나는 마음을 가리킨다. 과보의 마음 가운데 대표적인 마음이 바로 안식(眼識)·이식(耳識)·비식(鼻識)·설식(舌識)·신식(身識)과 같은 전오식(前五識)이다. 예컨대 전생에서 선업을 많이 지은 사람은 현생에서 전오식을 통해 자신이 바라고 원하는 것을 많이 접촉하고 경험하게 된다. 안식을 통해서 좋은 것

을 많이 경험하게 되고, 이식을 통해서 듣기 좋은 소리를 많이 경험하게 되며, 설식을 통해 자신이 원하는 음식을 많이 접촉하고 경험하게 되는 것 등이 바로 그것이다. 반대로 전생에 악업을 많이 쌓은 사람은 전오식을 통해 싫어하고 미워하는 대상을 많이 접촉하고 경험하게 된다. 안식으로 보기 싫은 대상을 많이 경험하게 되고, 이식을 통해 듣기 싫은 소리를 많이 경험하게 되며, 설식을 통해 먹기 싫어하는 음식을 많이 경험하게 되는 것 등이 바로 그것이다. 여기 같은 조건하에서 성장하고 비슷한 여건과 환경에서 살아가는 두 사람이 있다. 한 사람은 매사에 불평불만을 드러내고 원망과 짜증을 많이 내거나 세상에 대해 부정적이며, 삶을 비관하고 주위 사람들과 잘 어울리지 못하고 미워하고 다투기를 좋아하며, 인색한 마음으로 남에게 나누고 베풀기를 싫어한다. 이와는 반대로 다른 한 사람은 매사에 감사해하고 기뻐하며, 세상에 대해 긍정적이며, 삶의 희망을 잃지 않고 주위 사람들과 화목하게 잘 어울리며, 자비심으로 나눔과 베풂을 열심히 실천하며 산다. 전자의 사람은 같은 세상을 살아감에도 많은 불행과 괴로움 속에 살아갈 것이고, 후자의 사람은 좀 더 많은 행복과 기쁨 속에서 세상을 살아갈 것이다. 한 사람은 전생에 쌓은 악업이 생산업으로 작용하여 현생에서 불선한 과보의 마음을 많이 일으키는 경우이고, 또 한 사람은 전생에 쌓은 선업이 생산업으로 작용하여 현생에서 선한 과보의 마음을 많이 일으키는 경우가 될 것이다. 과보의 마음은 이렇듯 전생에 지은 업이 생산업으로 현생의 마음에까지 그 작용력을 드러내어 우리의 삶에 큰 영향을 끼치는 마음이라 할 수 있다.

마지막으로 생산업은 ③ 죽은 이후에 다음 생의 물질을 생성해 낸다. 즉 생산업을 의지해서 생긴 물질들은 우리의 감성물질(pasāda-rūpa: 안이비설신 등의 감각 기능)과 성의 물질(bhāva-rūpa: 남성 혹은 여성), 심장토대(hadaya-vatthu)을 형성하고 상속하게 한다. 생산업이 작용하기 때문에 이런 물질들이 생겼다가 사라지고 사라졌다가 생기는 작용을 거듭하면서 그런 기능을 계속 유지하도록 하는 것이다. 만약에 어떤 사람이 현생에서 병약한 몸을 갖고 태어났다면, 이 사람은 비록 전생에 선업을 의지해 사람의 몸으로 태어났더라도 또 다른 불선업이 생산업으로 작용하여 병약한 물질의 몸으로 태어난 것이라 할 수 있다.

두 번째, 돕는 업은 말 그대로 스스로는 과보를 생산해내는 기회를 가지지 못하지만, 생산업이 선악의 과보를 생산할 때 일정 부분 도와주는 역할을 하는 업을 가리킨다. 일반적으로 선업은 선업을 돕고, 악업은 악업을 돕는 기능을 한다. 구체적으로 설명하면, 선업을 많이 지으면 선업 중에서 가장 강한 선업이 생산업으로 작용하고 나머지 선업들은 개인의 삶을 행복하고 풍요롭게 살 수 있게끔 도와주는 보조적 역할을 담당하는 것이다. 악업의 경우에 있어서도 마찬가지이다. 예를 들어 강력한 선업을 생산업으로 의지해 사람으로 태어났는데 더불어 훌륭한 부모, 우애 있는 형제자매, 부유한 가정 환경, 살기 좋은 국토, 선한 인연들을 만나고, 나아가 건강한 몸과 마음으로 평생을 무고 무탈하게, 유복하고 행복하게 살아간다면 이는 돕는 업의 작용이라 할 수 있다. 반대로 만약 악업의 생산업을 의지해 개로 태어났는데, 더불어 못된 인간을 만나 온갖 학대를 당하고 음식도 제대로 얻어먹지 못해 굶주리는 등의 열악한 축생의 삶을 산다면 이는 전생의 다른 불선업이 돕는 업으로 작용하기 때문이다. 이러한 이치에서 보면 당연히 선업은 다다익선으로 많이 쌓으면 쌓을수록 좋고, 악업은 가능하면 하나라도 짓지 않는 것이 이로움을 알 수 있다.

　세 번째, 방해업 역시 자신은 과보를 생산해내는 기회를 가지지 못하지만 다른 업이 과보를 산출하는 기능을 할 때 그것을 억누르고 방해하는 역할을 한다. 돕는 업과는 달리 일반적으로 선업은 악업의 작용을 방해하고 악업은 선업의 작용을 방해한다. 예를 들면 선업이 생산업으로 작용하여 더 높은 세계에 재생하게 하려 하는데, 방해하는 업이 끼어들어 방해함으로 인해 더 낮은 세계에 태어나게 되는 경우도 있을 수 있고, 생산업이 좋은 가문에 태어나는 작용을 하려 할 때 방해업이 끼어들어 낮은 가문에 태어나게 되는 경우도 있을 수 있다. 물론 이와 반대로 불선업이 대지옥에 재생하게 하려 하지만 유익한 방해업이 끼어들어 소지옥이나 아귀 등의 세계에 태어나게 할 수도 있다. 또 다른 예를 든다면, 전생의 선업을 생산업으로 의지해 사람으로 태어났더라도 전생에 지은 여타의 악업의 방해를 받아 현생에서 가난한 삶을 살거나 뜻하지 않은 사고를 많이 당하거나 악연을 만나 정신적, 물질적 괴로움 등을 당한다거나 하는 것 등등은 바로 악업이 방해업으로 작용한 경우라 할 수 있다. 반대의 경우 비록 전생의 악업을 생산업으로 의지해 개로 태어났지만, 좋은 주인을 만나 인간의 반려견으로 사람과 다름없는 사랑과 부족함 없는 보살핌을 받고 산다면 이는 전생의 선업이 방해업으로 작용한 경우라 할 수 있다.

 네 번째, 파괴업은 다른 업이 결과를 생산하는 것을 눌러 없애버리는 역할을 하는 업을 가리킨다. 당연히 선업은 악업의 생산을 파괴하고 악업은 선업의 생산을 파괴하는 역할을 한다. 예를 들면 어떤 사람이 선업을 생산업으로 의지해 인간에 태어났으나 천명을 다하지 못한 나이에 불의의 사고로 죽었다면, 이는 파괴업이 생산업을 파괴한 결과의 경우라 할 수 있다. 불교적 관점에서 보면 천명을 다하지 못하고 중간에 어떠한 사고나 질병을 급작스럽게 죽는 경우의 대부분은 이러한 파괴업의 작용에 의한 것으로 이해할 수 있다.

 부처님 당시 부처님의 사촌인 데와닷따(Devadatta)는 출가하여 나름대로 열심히 수행하여 색계 선정을 얻어 한때 '신통력과 위력이 뛰어난 비구'라는 칭송까지 들었다. 그런데 명성을 얻어 자신을 따르는 무리들이 점차 많아지자 부처님의 권위를 찬탈하고자 하는 불선한 권력욕으로 궁수를 동원하고, 언덕에서 바위를 굴리며, 술 먹인 사나운 코끼리를 풀어 놓는 등 부처님을 여러 차례 시해하려는 악행을 자행하였다. 비록 부처님을 시해하려는 시도는 모두 실패하였으나 부처님은 발등에 큰 상처를 입어 육체적인 고통을 겪어야만 했다. 불교에서는 지옥 중에서 가장 고통이 극심한 지옥인 무간지옥(無間地獄)에 태어나게 되는 다섯 가지 큰 죄(五逆罪)가 있음을 가르친다. 바로 아버지를 죽인 죄(殺父), 어머니를 죽인 죄(殺母), 수행자를 죽인 죄(殺阿羅漢), 부처님의 신체를 손상시킨 죄(佛身出血), 교단의 불화를 조장하는 죄(破和合衆) 등이 그것이다. 데와닷따는 바로 이 가운데 부처님의 몸을 손상시키고 교단의 불화를 조장하는 등의 오역죄를 범했던 것이다. 이러한 무거운 죄업으로 인해 데와닷따는 결국 땅이 갈라져서 산 채로 무간지옥에 떨어졌다고 한다. 비록 수행하여 색계 선정을 얻는 등 선업을 쌓았으나 그보다 강력한 악업이 파괴업으로 작용하여 살아서 지옥에 떨어지는 과보를 받게 된 대표적인 예라 할 수 있다.

이와는 달리 반대의 경우도 있다. 바로 앙굴리마라(Angulimāla)의 죽음에 관한 이야기다. 앙굴리마라의 본래 이름은 아힘사(Ahinnsa)였다. 아힘사는 당시에 이름 있던 한 브라만을 스승으로 모시고 4종의 베다(리그베다·야주르베다·사마베다·아타르바베다)를 배웠다. 이 브라만 스승은 당시에 500명의 제자들을 거느리고 있었는데 아힘사는 그 가운데서도 특별히 지혜가 뛰어났으며 용모도 수려하였다. 어느 날 스승이 왕에게 불려가 그곳에서 머무르고 있던 사이에 스승의 아내가 아힘사에게 음란한 마음을 품어 그를 유혹하였으나 그가 이에 응하지 않고 거절하자 그 아내는 궁에서 돌아온 남편에게 자신의 옷을 찢고 슬픈 표정으로 아힘사에게 성폭행을 당했다고 거짓으로 무고하였다. 요즘 표현으로는 거짓 미투를 했던 것이다. 이에 스승은 격노해서 아힘사에게 칼을 넘겨주면서 "내일부터 거리를 오가는 사람들을 순서대로 죽여 그 손가락을 잘라 꿰어 목걸이를 만들어라. 100명의 손가락을 모으게 되면 너의 수행은 완성될 것이다"라고 거짓으로 삿된 가르침을 주었다. 평소 스승을 깊이 존경하고 마음이 순수했던 아함사는 고심 끝에 거리로 나가서 스승의 명령대로 사람들을 죽이고 그 손가락을 잘라 모으기 시작하였는데, 이때부터 아함사는 '앙굴리마라(손가락 목걸이)'라고 불리며 공포의 대상이 되었다. 모든 사람들은 이러한 아함사를 두려워했는데, 그는 마침내 99명의 손가락을 모아 딱 한 사람만 더 죽이면 그 자신의 수행이 완성될 것으로 믿었다. 부처님은 앙굴라마라의 잔인함을 듣고 그가 죽일 마지막 대상이 앙굴리마라의 친모임을 혜안으로 통찰하시고 그를 제도하기 위해 제자들의 만류에서 불구하고 앙굴리마라를 찾아 나섰다. 앙굴리마라가 멀리서 부처님이 가시는 것을 보고 "사문이여 멈추어라"라고 외치며 쫓았지만, 평소 달리는 코끼리나 말도 따라 잡을 수 있을 정도의 체력을 가진 앙굴리마라가 아무리 달려도 차분하게 걷고 계신 부처님을 따라잡지 못하였다. 앙굴리마라의 소리를 듣고 멈춰 선 부처님은 가까이 달려온 앙굴리마라에게 다음과 같이 말씀하셨다.

> "앙굴리말라여,
> 나는 언제나 일체의 살아 있는 존재에 폭력(daṇḍa)을 멈추고 있다.
> 그러나 그대는 살아 있는 생명에 자제함(asaññato)이 없다.
> 그러므로 나는 멈추었으나, 그대는 멈추지 못하는구나."

붓다의 이 같은 말씀에 앙굴리마라는 정신이 번쩍 들어 자신의 어리석음과 죄업을 크게 뉘우치고 붓다의 발아래 엎드려 다음과 같이 참회의 말씀을 올렸다.

"오! 드디어 이 수행자가 위대한 선인으로
나를 위해 이 커다란 숲에 나타나셨네.
나에게 진리를 가르쳐준 그대의 시를 듣고
나는 참으로 영원히 악함을 버렸습니다."

- 『앙굴리마라경(Aṅgulimāla suttaṃ, M86)』

붓다의 가르침에 큰 뉘우침과 깨침을 얻은 앙굴리마라는 붓다를 따라 기원정사(祇園精舍, Jetavanā-anāthapiṇḍasyārāma)로 가서 마침내 붓다의 제자로 새롭게 출가하였고, 이후 열심히 수행하여 아라한의 경지에까지 이르렀다. 아라한이 되자마자 살생한 악업으로 악처에 태어나게 할 불선한 생산업의 과보는 곧바로 파괴되었다. 아라한은 더 이상 재생하지 않기 때문에 살생의 악업이 자기 결과를 생산할 기회를 잃게 되었기 때문이다. 물론 앙굴리마라는 살아서 살생에 대한 과보를 받아 탁발을 나갈 때마다 사람들에게 돌팔매질을 당하였고, 그로 인해 결국 죽음을 맞게 되는 과보를 받았다. 아라한의 경지를 얻었기에 죽어서 악처에 태어나지 않고, 현생에서 그 살생의 불선한 과보를 이렇듯 받고 죽게 된 것이다. 이러한 앙굴리마라의 예화는 나중에 지은 선업이 먼저 지은 큰 악업이 그 결과를 생산해내지 못하도록 파괴업으로 작용한 예라 할 수 있다.

모든 것을 자신이 짓고, 자신이 그 행위에 대한 흉화의 결과를 받게 된다는 인과법에 대한 불교의 가르침은 이렇듯 불교의 또 다른 교설인 업에 대한 가르침과 깊이 연관되어 있음을 알 수 있다. 인과에 대한 가르침과 업에 대한 가르침은 마치 손바닥과 손등처럼 둘이면서 하나이고, 하나이면서 둘인 불가분의 연관성을 가지고 있는 것이다. 우리가 이렇듯 업의 네 가지 기능을 보다 자세히 살펴보는 것은 업과 인과에 대한 가르침을 보다 깊이 있고 바르게 이해함으로써 보다 선한 마음과 선한 행위를 실천하기 위함이고, 반대로 불선한 마음과 악한 행위에서 멀리 벗어나기 위함이다. 무조건 선업을 쌓고 악업을 멀리하라는 것이 아니라, 우리의 참된 행복과 안락을 위해 왜 그렇게 하지 않으면 안 되는가에 대한 깊이 있는 이해와 바른 깨침을 얻기 위해서 이렇듯 장황하게 업의 네 가지 기능을 살펴본 것이다.

죽음에 이르는 네 가지 원인

"죽음을 가져오는 네 가지가 있으니,

수명이 다하고,

생산업이 다하고,

둘 모두 다하고,

파괴하는 업이 끼어들기 때문이다."

– 『아비담마 길라잡이(abhidhammattha sangaha, 89.)』

  태어난 모든 생명체는 다 죽는다. 이 세상에 죽지 않고 영원히 존속하는 존재는 있을 수 없다. 불교의 세계관으로 보면 설사 천상 세계에 사는 천인들도 비록 인간 세계와는 비교할 수 없을 정도로 긴 수명을 살지만, 그들도 역시 영원히 살지 못하고 천상의 업이 다하면 죽어 다른 존재의 몸을 받게 된다. 공동묘지나 유골을 안치해 놓은 납골당에 가보면 무수한 죽음의 자취를 보게 된다. 그런데 그 모든 사람들은 왜 죽었을까? 당연히 사람마다 죽게 된 각기 다른 어떠한 원인이 있었겠지만, 농담 삼아 하는 말이 있다. 바로 "숨을 쉬지 못해 죽었다"라는 말이다. 많은 죽음의 원인이 있을 수 있지만, 공통적으로 한 번 들이쉰 숨을 다시 내뱉지 못했기 때문이라는 것이다. 결국 인간의 삶과 죽음은 이렇듯 숨을

들이쉬고 내쉬는 호흡지간(呼吸之間)에 놓여 있을 뿐이다.

불교에서는 사람이 죽게 되는 이유를 크게 네 가지로 분류한다. 바로 ① 타고난 수명이 다해서 죽는 경우 ② 생산업이 다해서 죽는 경우 ③ 수명과 생산업 두 가지가 다해서 죽는 경우 ④ 파괴업에 의해 죽게 되는 경우이다. 지금과 같이 전기가 없던 시절에는 어두운 밤이 되면 방 안에 기름을 담은 호롱불을 밝혔다. 죽음의 네 가지 원인을 이러한 호롱불이 꺼지게 되는 이유에 대비해 설명할 수 있다.

첫 번째, 심지가 다해서 꺼지는 경우이다. 이는 인간이 수명이 다해서 죽는 경우에 대비할 수 있다. 인간의 타고난 수명은 길어야 100년 안팎이다. 물론 그 이상을 산 사람들도 없지 않으나 평균적으로 보면 인간의 타고난 천명은 길어야 100년 안팎인 것이다. 호롱불이 심지가 다하면 저절로 꺼지듯이, 인간 또한 타고난 천명이 다하면 죽을 수밖에 없는 것이다.

두 번째, 심지를 적시는 기름이 다한 경우이다. 이는 현생을 있게 한 생산업의 힘이 다해서 죽는 경우에 대비될 수 있다. 당연히 생산업이 강하면 오래 살고, 약하면 오래 살지 못한다. 그런데 심지에 비유되는 정해진 수명과 생산업 두 가지가 같은 경우가 있을 수 있고, 그렇지 않을 수도 있다. 당연히 정해진 수명과 생산업이 일치하는 경우가 더 오래 살 수 있다. 예컨대 심지가 남아 있어도 기름이 떨어지면 호롱불이 꺼지듯이, 인간의 수명이 100년 안팎을 산다고 해도 생산업의 힘이 약하면 천수를 다 누리지 못하고 중도에 죽을 수 있다. 심지가 다해서 죽을 수도 있지만, 기름이 다해서도 죽을 수도 있는 것이다.

세 번째, 심지도 다하고 기름도 다해서 꺼지게 되는 경우이다. 이는 수명도 다하고 생산업도 다해서 죽게 되는 경우에 대비된다.

네 번째, 심지도 다하지 않고 기름도 아직 남아 있는데 갑자기 불어온 바람에 의해 호롱불이 꺼지는 경우이다. 이는 파괴업에 의해 죽는 경우에 대비될 수 있다. 길을 가다가 공사하는 건물에서 떨어진 어떤 건축 폐기물에 맞아 죽게 되는 경우, 뜻하지 않은 교통사고로 죽게 되는 경우, 갑작스럽게 심장마비 등으로 죽게 되는 경우가 바로 이러한 경우가 될 것이다. 불현듯 강력한 파괴업이 끼어들어 한순간에 목숨을 빼앗아 가는 것이다. 불교에서는 이렇듯 타고난 천수를 다하지 못하고 갑작스럽게 각종 사건 사고나 질병 등으로 죽음을 맞게 되는 경우를 파괴업이 작용한 것으로 이해한다.

우리가 죽음을 맞이하게 되는 이유가 어떠한 경우가 되었든, 우리 모두는 언제인가 반드시 죽을 수밖에 없다. 단지 그 시기가 오늘일지, 내일일지, 십 년 후일지, 아니면 몇십 년 후일지 아무도 알지 못할 뿐이다. 한 때 '웰빙(well-being)'라는 말이 유행한 적이 있었다. 정신적, 육체적인 건강과 행복, 복지와 안녕을 위해 물질적 부를 벗어나 마음의 풍요와 좀 더 참된 삶의 질을 강조하는 생활 방식과 그러한 삶을 말한다. 이에 대비되는 말이 '웰다잉(well-dying)'이다. 잘 사는 것 못지않게 어떻게 하면 살아온 지난날의 삶을 잘 정리하고 편안히 죽음을 잘 맞이할 것인가 하는 관심사이다. 삶의 마지막 종착지이자 또 다른 삶의 출발점이 되는 죽음을 스스로 미리 준비하는 것은 자신의 생을 뜻깊게 보낼 뿐 아니라 남아 있는 가족들에게도 도움이 되는 것이라는 인식이 확산되면서 나타난 현상이라 할 수 있다. 고령화에 따른 각종 질병의 증가, 가족의 해체와 1인 가구의 확산으로 급증하고 있는 고독사 등이 현대인들을 웰다잉 트렌드로 이끄는 중요한 요인이라 할 수 있다. 결론적으로 웰빙과 웰다잉은 간단히 말해 잘 살고 잘 죽자는 관심사다. 문제는 어떻게 살고 어떻게 죽는 것이 잘 살고 잘 죽는 것인가 하는 점이다. 이에 대한 정답은 정해져 있지 않다. 단지 우리 모두가 그 해답을 찾기 위해 각자 자신의 삶을 깊이 성찰하고 심사숙고하며, 그러한 삶을 살기 위해 성실히 노력할 뿐이다.

불교적인 관점에서 보면 잘 살고 잘 죽는 것은 수행을 통해 몸과 마음을 청정히 닦고, 선한 마음으로 선한 업을 쌓으며, 나와 남을 이롭게 하는 보살의 삶을 살다가 죽는 것이라 정의할 수 있다. 수행은 번뇌를 다스리고 지혜를 계발하는 행위이다. 지혜의 마음이 있을 때 선악을 바르게 구별하여 선한 마음을 일으킬 수 있고, 선한 행위의 업도 지을 수 있다. 또한 선한 업은 현생도 이롭게 하고 죽은 이후의 내생도 이롭게 한다. 뿐만 아니라 수행을 통한 선한 마음과 선한 행위는 자신도 이롭게 하지만 더불어 살아가는 다른 존재들에게도 이로움을 준다. 이른바 자리

이타(自利利他)의 공덕을 낳기 때문이다. 한편으로 선한 마음으로 선업을 쌓은 사람만이 잘 죽을 수도 있다. 인과의 이치로 보면, 선업의 자량(資糧)이 있어야만 고종명(考終命)할 수 있고, 편안한 죽음을 맞이할 수 있기 때문이다. 어제가 있기에 오늘이 있고, 오늘이 있기에 내일이 있을 수 있다. 과거와 현재와 미래는 이렇듯 하나로 이어져 굴러간다. 우리가 비록 어리석어 전생의 삶을 기억하지 못하지만, 현생의 삶을 비춰보면 전생의 행업을 유추할 수 있다. 같은 이치로 우리가 죽어서 새롭게 재생하는 내생의 삶을 알 수는 없지만, 현생에서 자신이 짓는 행업을 살펴보면 내생에 자신이 받게 될 미래의 삶을 유추할 수 있다. 아래의 게송은 이러한 이치를 가르치고 있다. 어떻게 죽느냐가 문제가 아니라 현재 어떻게 사느냐가 더 큰 문제요, 과제인 것이다.

"만약 전생의 행위를 알고자 한다면(欲知前生因),
금생에 받는 것이 바로 이것이요(今生受者是),
만약 다음 내생의 과보를 알고자 한다면(欲知來生果),
금생에 짓는 행위를 보면 알 수 있네(今生作者是)."

- 『삼세인과경(三世因果經)』

귀천은 행위에 의해서

"날 때부터 천한 사람이 되는 것이 아니며,
날 때부터 바라문이 되는 것도 아니다.
행위에 의해 천한 사람도 되고,
행위에 의해 바라문도 된다."

— 『숫타니파아타(사품7. 천한 사람)』

이러한 붓다의 말씀은 요즘의 시각으로 보면 지극히 당연한 말씀이지만, 2500여 년 전 인도의 차별적 신분 계급 제도에 비춰보면 매우 혁명적인 선언이라 할 수 있다. 부처님 당시에는 종교 계급인 바라문교가 정치와 문화를 비롯하여 사회의 모든 제도와 관습을 지배하던 정교일치의 사회라 할 수 있다. 그 대표적인 예가 바로 바라문교의 관점에서 받아들여지고 있던 사람은 태어날 때부터 차별적인 신분으로 태어난다고 하는 사성(四姓)의 신분 제도, 곧 카스트(caste) 제도이다. 카스트 제도는 사람은 태어날 때부터 네 가지 신분 계급, 곧 브라만(Brahman), 크샤트리아(Kshatrya: 왕족·귀족·무사계급), 바이샤(Vaisya: 상인·서민계급), 수드라(Sudra: 노예·노동자계급)로 태어남을 굳게 믿는 제도이다.

부처님 당시에 있어 이러한 신분 제도는 어떠한 경우에 있어서도 훼손되거나 거부될 수 없는 신성한 제도였다. 당연히 이러한 신분 제도 하에 태어난 사람들은 그 차별적 신분에 따라 자신에 주어진 직업과 삶을 숙명으로 받아들이는 것을 당연시하였다. 어느 누구도 이러한 신분 제도에 대해 저항하거나 부정하는 일은 있을 수 없었다. 이 같은 시대적 상황에서 오직 부처님만이 위에 적은 말씀과 같이 사람의 귀천, 곧 사람의 사회적 신분과 가치는 태어날 때부터 정해지는 것이 아니라, 그 사람의 행위에 의해 이루어진다는 사실을 공개적으로 천명한 것이다. 이는 곧 그 당시의 종교적, 정치적 기본 질서와 가치를 뒤흔들고 부정하는 혁명적인 선언이었다. 특히 이러한 선언은 바라문을 비롯한 왕족과 귀족 같은 정치 사회적으로 선택받은 신분으로 태어난 사람들의 기득권과 특권을 부정하는 것이었기에 더욱 혁명적이었다.

인간의 귀천은 소유와 타고난 신분에 의해 결정되는 것이 아니라는 부처님의 가르침에 비춰보면, 많은 배움과 재산의 축적, 높은 사회적 명망과 무소불위의 권력을 소유했다고 해서 그러한 사람이 모두 다 존귀한 사람은 아니다. 또한 배움과 가진 것이 적고 사회적 명망이 미약하며 권력이 없다고 해서 사람들이 모두 천한 사람들이 되는 것은 더욱 아니다.

일반인들이 꿈꾸고 희망하는 사회적 성공의 그 모든 요소를 다 소유했다고 하더라도 만약 그 사람의 마음이 자비롭거나 인자하지 못해 욕심 많고, 비열하고, 화를 잘 내고, 이기적이며, 언행 또한 거칠고 야비하고, 포악하고 폭력적이라면, 그러한 사람이야말로 미천한 사람일 것이다. 비록 배움이 적고 가진 것이 많지 않고, 사회적 명성이나 권력 또한 보잘 것 없어 남들이 알아주지 않는 그저 평범한 삶을 사는 보통 사람이라고 하더라도, 만약 그 사람의 마음이 자비롭고 인자하며, 욕심이 적고 이타적이며, 언행 또한 부드럽고, 정직하고, 겸손하고, 나눔의 실천을 좋아하고 청정하다면, 이러한 사람이야말로 존귀한 사람이라 할만하다.

21세의 문명 시대를 사는 인도에는 아직도 수드라, 불가촉천민 등과 같은 카스트 제도의 잔재가 여전히 남아있다. 우리 사회에 있어서도 개인적인 소유와 권력과 명망에 따라 은연중에 사회적 신분이 나눠지고 차별적 대우가 정해지는 것은 변함이 없다. 행위에 의해서만이 인간의 귀천이 정해진다는 붓다의 혁명적 선언은 그래서 여전히 유효한 가르침이다.

세 가지 굴레

　불교는 윤회를 가르친다. 인과와 윤회, 연기와 공, 무아와 무상의 교설을 믿지 않는 사람은 결코 부처님 제자가 아니다. 인과, 윤회, 연기, 공성, 무아, 무상을 부정하면 불교의 모든 교리와 수행 체계는 부정되고, 불교는 더 이상 불교일 수 없다. 간혹 일부 부처님 제자임을 내세우는 사람들 중에 이 같은 인과와 윤회를 부정하고 왜곡하는 경우가 종종 있다. 윤회는 인도의 고대 종교인 힌두교(Hinduism)의 주장일 뿐이고, 부처님은 중생 제도를 위한 방편으로 윤회설을 받아들여 불교에 수용했을 뿐이라는 주장이다. 인과와 윤회를 부정하면 불교는 부처님이 사견으로 경계하셨던 단멸론(斷滅論)에 빠지고 만다. 영원히 불변한 주체와 실체적 자아를 부정하지만, 불교는 업에 따른 무아의 윤회를 분명히 가르친다. 석가세존이 붓다가 되기 위해서 무량겁의 세월 동안 보살행을 실천한 결과로 붓다가 되었고, 대승 보살들이 중생의 구원을 위해 무수한 세월 동안 생사윤회에서 벗어나지 않고 큰 자비와 원력으로 일부러 육도에 원생(願生)하여 보살행을 실천한다는 보살 사상은 바로 윤회설에 입각한 불교 사상인 것이다. 아무튼 업에 따라 육도를 돌고 돌며 생사를 반복하는 윤회의 삶, 이는 결과적으로 세 가지 굴레에서 벗어나지 못함을 의미한다.

첫 번째, 번뇌의 굴레이다.

탐욕과 성냄과 어리석음이라는 세 가지 큰 독성의 번뇌와 여기에서 비롯되는 헤아릴 수 없는 무량한 번뇌는 중생의 마음에서 한순간도 단절되거나 멈춤 없이 생성과 소멸을 반복해가며 윤회의 수레바퀴를 굴린다.

두 번째, 업의 굴레이다.

번뇌는 몸과 말과 마음으로 업(三業: 身口意)의 굴레를 일으킨다. 업의 굴레는 번뇌의 굴레에 의지해 맞물려 굴러가는 윤회의 굴레이다. 번뇌가 소멸되지 않는 한, 업의 굴레도 영원히 멈출 수 없다.

세 번째, 업의 과보 굴레이다.

번뇌는 선악의 업을 일으키고, 업은 또다시 반드시 그에 상응하는 선악의 과보를 가져온다. 선업 선과, 악업 악과의 과보를 낳는 것이다. 번뇌는 업으로 드러나고 업은 다시 과보를 생성하는 연결 구조로 윤회의 수레바퀴를 굴리는 것이다.

그 시작과 끝을 알 수 없는 무시무종(無始無終)의 윤회는 이렇듯 번뇌, 업, 업의 과보라고 하는 세 종류의 수레바퀴를 중심축으로 굴러감을 알 수 있다. 당연히 윤회에서 벗어나려면 윤회의 첫 번째 굴레를 이루고 있는 번뇌(삼독심)에서 벗어나야만 하는 것이 첫 과제이다. 그렇다면 윤회의 첫 출발점인 번뇌의 굴레에서 벗어나는 가장 바르고 빠른 무엇일까? 붓다는 세 가지 학습과 수행을 통해서 성취됨을 가르치셨다. 계 수행(持戒, 청정한 삶), 선정 수행(定, 사마타), 지혜 수행(觀, 위빠사나), 곧 팔정도의 학습과 수행이 바로 그것이다.

윤회, 그 믿음과 불신에 대한 손익

여기 윤회도 없고 저세상도 없다고 믿는 사람이 있다. 그는 죽음 이후에 이어지는 또 다른 삶을 믿지 않기에 현생에서 감각적 욕망에 빠져 악행을 일삼으며 제멋대로 살다가 죽었다고 하자. 그런데 만약 그가 믿지 않던 윤회와 저세상이 실제로 존재한다면, 이 사람은 결국 두 가지를 모두 잃어버리게 된다. 첫째, 지옥과 같은 악도가 있다면 악행의 업으로 인해 반드시 지옥에 떨어져 괴로움의 삶을 이어가게 될 것이요, 둘째, 지옥이 없다고 하더라도 현생에서 지은 불선한 행위로 인해 많은 사람들로부터 손가락질과 비난을 받게 될 것이다.

여기 윤회도 있고 저세상도 있다고 믿는 사람이 있다. 그는 죽음 이후에 이어지는 또 다른 삶을 믿기에 감각적 욕망의 삶에서 벗어나 몸과 마음을 청정히 닦고 선한 마음으로 선한 공덕행을 열심히 실천하다 죽었다고 하자. 그런데 만약 윤회와 저세상이 실제로 존재한다고 한다면, 이 사람은 당연히 두 가지를 모두 얻게 된다. 첫째, 전생에 닦은 수행의 인과와 선한 공덕으로 인해 반드시 천상 세계와 같은 좋은 곳에 태어날 것이요, 둘째, 설령 저세상이 없다고 하더라도 현생에서 쌓은 선행으로 인해 반드시 많은 사람들로부터 칭송을 듣고 존경을 받게 될 것이다.

죽음 이후의 윤회와 저세상이 있음을 믿는 자와 믿지 않는 불신자의 이익과 해악이 이와 같다고 한다면, 과연 어떤 마음 자세가 자신도 이롭고 남도 이롭게 하는 것인지를 우리는 분명히 바르게 헤아릴 수 있을 것이다.

천상으로 가는 길

 불교에서는 중생들이 윤회하는 세계를 크게 여섯 가지로 분류한다. 지옥, 축생, 아귀, 아수라, 인간, 천상이 바로 그러한 세계이다. 이중에서 지옥, 아귀, 축생의 세계를 괴로움이 많은 나쁜 환경의 세계라 하여 악처(惡處), 혹은 악취(惡趣)라고 부르며, 인간, 천상, 아수라의 세계를 악처보다는 비교적 기쁨과 행복이 더 많은 세계라 하여 선처(善處), 혹은 선취(善趣)라고 부른다.

 그렇다면 이러한 세계에 태어나게 되는 원인은 무엇인가? 바로 자신이 살아생전에 지은 선악의 행위에 따른 업(業, karma)이다. 자신이 지은 선악의 업에 따라 그 과보의 결과로 이러한 육도의 세계에 차별적으로 태어나게 된다는 것이다. 그런데 중요한 것은 이러한 육도의 특징은 육도 중에 어느 한 세계에 태어났다고 해도 영원히 그 한 세상에 머물러 존재하지 않는다는 사실이다. 즉 그러한 세계에 태어나게 된 과보가 다 소멸되고, 또다시 그 세계에서 새롭게 지은 업인(業因)에 따라 죽어서 또 다른 세계로 생사의 윤회를 거듭 이어가는 것이다. 마치 다람쥐가 쳇바퀴를 돌고 돌듯이 육도를 업에 따라 생사를 반복하며 돌고 돈다는 말이다.

그렇다면 이러한 육도의 생사윤회를 벗어나는 길은 무엇일까? 바로 탐진치 삼독심의 소멸을 통한 열반을 이루는 것이다. 하지만 삼독심의 뿌리는 깊고도 질기다. 왜냐하면 그 시작을 알 수 없는 무량한 윤회의 세월 동안 중생들의 마음을 지배해온 가장 독성이 강한 근원적인 번뇌이기 때문이다. 그래서 부처님은 재가 불자들에게 먼저 오계를 지켜 청정한 삶을 살고, 보시를 실천하여 선업의 공덕을 쌓아 죽어서는 그 인과로 악처를 벗어나 괴로움보다는 즐거움이 더 많은 천상 세계에 태어날 것을 가르치셨다. 이른바 '시계생천(施戒生天)'의 가르침이 바로 그것이다.

부처님의 가르침의 핵심은 중생들로 하여금 고(苦, 둑카 dukkha)로부터의 해방이다. 둑카는 삶의 괴로움, 불행, 불만족, 슬픔, 아픔 등의 복합적 의미를 나타낸다. 붓다의 가르침은 바로 이러한 고에서 벗어나 어떻게 복락의 행복한 삶을 성취할 것인가에 대한 가르침이고 어떻게 물질적, 정신적 존재에 대한 탐욕과 구속에서 벗어날 수 있을 것인가에 대한 가르침이다. 부처님은 중생이 고로부터 해방되기 위해서는 성스러운 네 가지 진리(四聖諦: 苦集滅道)를 깨닫고, 여덟 가지 바른 중도의 수행(八正道)을 실천하라고 가르치셨다.

불교는 결코 관념적이고 형이상학적인 가르침이 아니다. 더군다나 지혜가 깊고 식견 있는 사람만이 알아들을 수 있는 난해한 가르침도 아니다. 부처님이 말씀하셨듯이, 누구나 와서 듣고 이해하고 받아들이고 실천할 수 있는 보편적인 진리의 가르침이다. 그러나 생사윤회를 벗어나는 길인 이러한 사성제를 깨닫고 팔정도의 실천이 어렵다면, 우리는 부처님이 가르치신 시계생천의 가르침이라도 먼저 실천해야 된다. 그래야 죽어서 고통스러운 악처에 태어나는 것에서 벗어나 비교적 괴로움이 덜한 선처에 다시 태어날 수 있는 기회를 얻을 수 있기 때문이다.

다섯 가지 공덕행

　수행의 일차적 목적은 불선한 번뇌의 마음을 버리고 선한 마음을 드러내고 향상시키기 위한 자기 정화와 닦음이라 할 수 있다. 선한 마음과 선한 행업이 전제되지 않는 한 결코 인생의 괴로움과 악도에서 벗어날 수 없고, 궁극적으로는 해탈과 열반에 도달할 수 있기 때문이다. 불교에서는 '공덕(功德)'이라는 말을 자주 사용한다. 공덕이라는 말은 신체적(身), 언어적(口), 정신적(意)으로 짓는 모든 착한 행위, 곧 선업(善業)이라는 말과 의미가 같다. 선업의 행위를 통해서 결과적으로 얻어지는 것이 곧 선과(善果)의 공덕인 것이다. 이렇듯 선한 마음으로 선업을 닦아 얻게 되는 공덕행에 다섯 가지가 있다.

　첫 번째, 마음으로 짓는 심공덕행(心功德行)이다.

　항상 자비롭고 평등한 마음으로 모든 중생들이 즐거움과 행복을 얻고 괴로움과 불행에서 벗어나기를 축원하고 발원하는 공덕행이다. 아픈 사람을 보면 자비로운 마음으로 속히 쾌차하기를 축원하고, 가난한 사람을 보면 또한 자비로운 마음으로 그러한 가난에서 벗어나기를 축원한다. 불행한 사람을 마주하면 그러한 불행에서 한순간 풀려나기를 축원하고, 불선한 행위를 하는 사람들을 보면 그들이 속히 불선한 행위에서 벗어나 선한 마음과 선한 행위를 실천하기를 축원한다. 죽어가는 축생을 보면 다음 생에 고통받지 않는 선처에 태어나기를 축원하고, 묶여있거나 갇혀 있으면서 고통받는 생명을 보면 그들이 한순간 풀려나 자유롭고 안녕하기를 축원해 주는 것 등이 그것이다. 언제 어디서나 자비롭고 평등한 마음으로 중생의 희락(喜樂)과 이고(離苦)를 축원하고 발원하는 이 같은 심공덕행은 특별한 노력과 투자 없이도 누구나 손쉽게 실천할 수 있는 최상의 공덕행이라 할 수 있다.

두 번째, 몸으로 짓는 신공덕행(身功德行)이다.

글자 그대로 육체적인 노력과 봉사를 통해 선업의 공덕을 쌓는 공덕행이다. 가난하고 소외된 이웃을 찾아 이발, 세탁, 간병, 청소, 집 수리 등의 봉사를 실천하고, 복지 시설을 찾아 자신만의 재능을 기부하며, 혹은 자신이 다니는 종교시설에서 이런저런 잡다한 일에 봉사하는 등의 육체적 봉사와 헌신 등이 이에 해당한다. 또한 참회의 절을 하고, 입으로 소리 내어 경전을 독송하고, 손으로 부처님 말씀을 사경(寫經)하고, 가만히 정좌하여 선정이나 참선하는 것 등도 신공덕행에 해당된다. 이러한 신공덕행 또한 선한 의지의 마음과 노력만 있으면 누구나가 쉽게 실천할 수 있는 공덕행이라 할 수 있다.

세 번째, 계율을 지켜 짓는 지계공덕행(持戒功德行)이다.

불교에서 계율을 지킨다는 의미의 '지계(持戒)'는 불법승 삼보에 대한 믿음을 바탕으로 부처님의 가르침에 의지하여 윤리 도덕적으로 비난받지 않는 떳떳한 생활과 청정한 삶을 사는 것을 말한다. 지계공덕행은 바로 이러한 계율을 의지해 사는 삶 자체가 곧 공덕을 쌓는 선한 행위가 됨을 가리킨다. 불살생계를 지켜 살생을 하지 않음과 동시에 생명을 살리는 방생을 적극적으로 실천한다. 불투도계를 지켜 타인에게 손해를 끼치는 불선한 행위를 금하는 동시에 남을 위해 적극적으로 보시를 실천한다. 불사음계를 지켜 문란한 이성 관계를 멀리하고 몸과 마음을 정결하게 한다. 불망어계를 지켜 남을 속여 진실을 가리고 자신의 이익을 취하지 않고, 나아가 바른 말을 통하여 진실을 밝히고 불의를 지적하여 정의를 주장한다. 불음주계를 지켜 정신을 흐리게 하고 마음을 혼탁하게 만드는 모든 중독성 물질과 음식을 멀리하여 몸과 마음을 청정히 맑힌다. 이와 같은 오계를 수행하여 지키는 것이 바로 지계공덕행의 예이다.

네 번째, 물질로 짓는 재화공덕행(財貨功德行)이다.

재화공덕행은 글자 의미 그대로 자신이 소유한 물질적인 재화를 불우한 이웃을 위해 자비심으로 나누고 베푸는 공덕행을 말한다. 물질적 재화의 축적은 재화의 축적 그 자체가 목적이 되어서는 안 된다. 노력해서 축적한 재화를 어떻게 가치 있게 쓰고 보람 있게 활용하느냐가 그 무엇보다 재화축적의 중요한 가치가 되어야 한다. 한정된 재화를 어느 한 사람이나 집단이 소유하면 상대적으로 그만큼 부족한 사람과 집단이 생겨날 수밖에 없는 것이 세상이치이다. 이러한 이치를 떠나서도 불자는 자신의 재화를 나누고 베풂으로써 선업의 공덕을 쌓아야 하고, 나아가 보시행을 통해 자신의 무한한 욕망을 절제하고 다스리는 의지적인 수행을 실천해야 한다.

다섯 번째, 진리의 나눔으로 짓는 진리공덕행(眞理功德行)이다.

진리공덕행은 붓다의 수승한 담마(Dhamma, 佛法)의 가르침을 널리 이웃과 중생들에게 전법하는 공덕행을 가리킨다. 붓다께서 가르치신 담마의 가르침은 세상에서 가장 수승하고 합리적인 그 어떤 가르침과도 비교할 수 없는 위없는 진리의 가르침임을 굳게 믿어야 한다. 담마야말로 괴로움의 바다인 이 사바세계에서 중생들이 의지해야 할 뗏목이며, 어둠을 밝히는 밝은 지혜의 등불이며, 고해에 떠다니는 모든 중생이 안주하여 쉴 수 있는 안락한 섬이다. 중생들을 참된 진리의 세계로 인도하고, 우리들로 하여금 보다 가치 있고 의미 있는 인생을 살게끔 하며, 삶의 괴로움에서 벗어나 온전한 행복을 누리게 하는 성스러운 가르침이다. 이러한 붓다의 담마를 자신만 알고 이해하고 받아들이고 믿고 수행하는 것은 이기적인 소승에 지나지 않는다. 이웃의 구제와 행복을 위해 보다 적극적으로 다른 사람들에게 설법하여 알리고 이해시켜, 그들 또한 붓다의 담마를 배우게 하고 믿음을 일으켜 귀의하게끔 인도하는 전법의 행위가 바로 진리공덕행이다.

공덕을 쌓는 세 가지 실천

화를 내지 않고 인욕하는 것,
잔인하지 않고 자비심을 내는 것,
인색하지 않고 보시를 실천하는 것,
어리석지 않고 지혜롭게 사는 것,
오염되지 않고 청정한 삶을 이어가는 것,
아상을 드러내지 않고 자신을 비우고 낮추는 것,
악담, 거짓말, 이간질하는 말 등을 하지 않는 것,
욕심을 내려놓고 마음을 비우고 지족하는 것.

쉬운 것 같으면서도 참으로 실행하기 어려운 내용들이다. 매일 이런 마음으로 이렇게 살아야지 하고 스스로 다짐하고 약속하지만, 그 한순간의 다짐과 약속에 지나지 않는 경우가 더 많다. 내 마음이라고 하지만, 내 마음을 자기 의지대로 움직이는 것이 참으로 어려운 까닭이다. 만약 자기 의지대로 마음을 비우고 욕심을 내려놓고 마음을 자유자재로 쓸 수 있을 정도의 경지에 이르렀다면, 그는 이미 상당한 경지의 깨달음에 도달한 사람이기에 모든 사람들로부터 존경받을 만한 수행자라 불려도 무방하다. 머리를 깎고 회색의 염의(染衣)와 가사를 입은 출가자이건, 머리를 기르고 가정생활을 하는 재가자이건 붓다의 가르침대로 사는 것은 결코 쉽지 않다. 왜냐하면 우리 중생들은 현생에 태어나기 이전 과거 전생부터 탐진치 삼독심에 의지하여 그 무엇이든지 간에 그저 소유하여 채우고 쌓아 놓는 중생의 업습(業習)에 익숙하게 길들여져 있기 때문이다.

출가하여 오랫동안 수행 정진했던 수행자, 혹은 재가 불자로 역시 오랫동안 기도와 정진을 부지런히 실천했던 사람들이 한순간 탐진치 삼독심에 휘둘려 붓다께서 금하신 계율을 범하고 작은 일에도 화를 참지 못해 후회할 분심(忿心)을 일으키고, 세상 사람들의 지탄과 비난을 받을 만한 어리석은 짓을 하는 것은 그만큼 전생부터 익혀왔던 불선한 업습이 마음 깊이 내재해 있기 때문이다. 처음부터 큰 깨달음의 경지에 이르고자 성급한 마음을 내는 것은 부처님이 경계하신 또 다른 탐욕의 욕심에 지나지 않는다. 무시이래로 중생으로 살면서 익혔던 그릇된 업습의 작은 것부터 하나씩 하나씩 버리고 맑히려는 의지적인 노력과 수행이 그래서 더욱 필요하다. 부처님은 불자가 행복한 삶을 살기 위해서는 기본적으로 세 가지 내용의 공덕행을 실천할 것을 말씀하셨다. 바로 **지계, 보시, 수행**이 그것이다.

지계(持戒)는 불살생, 불투도, 불사음, 불망어, 불음주 등의 다섯 가지 계율(五戒)을 자신의 기본적인 생활 윤리로 받아들여 일상적인 삶 속에서 철저히 지키는 것을 의미한다. 우리는 몸과 말과 마음이라는 세 가지 형태로 행위를 드러낸다. 바로 신구의(身口意) 삼업(三業)이다. 그런데 이런 세 가지 행위는 반드시 '의도(思)'라고 하는 마음을 뿌리로 하고 있다.

그래서 불교에서는 의도적인 행위를 업이라고 부르는 것이다. 그리고 이런 업은 의도(思)가 마음의 범위 안에서 행위로 드러날 때 '사업(思業)'이라 하고, 몸과 말의 행위로 드러날 때는 '사이업(思已業)'이라고 한다. 사업은 의업에 해당하고, 사이업은 신업과 구업에 해당한다. 오계로 대표되는 지계(持戒: 계율을 지킴)는 사이업에 의한 괴로움의 초래를 방어하는 공덕행이다. 몸과 말의 행위를 바르게 단속하고 제어하여 괴로움의 소멸(苦滅)의 결과를 가져오게 하는 것이다.

보시(布施)는 자신의 무형·유형의 소유를 다른 존재의 이익과 안락을 위해 기꺼이 나누고 베푸는 종교적 실천이다. 불교에서는 대표적인 보시의 내용으로 재물의 나눔(재시 財施)·진리의 나눔(법시 法施)·평안의 나눔(무외시 無畏施: 두려움을 없애 평안을 베풂)을 가르친다. 이 세 가지로 설명되는 보시는 사업(思業)에 의한 괴로움의 초래를 방어하는 공덕행이다. 마음의 행위를 제어하여 고멸의 결과를 가져오게 하는 것이다.

수행(修行)은 계와 선정과 지혜(三學)의 배움과 닦음이고, 구체적으로는 팔정도와 육바라밀의 배움과 실천이다. 궁극적으로는 몸과 마음을 청정히 정화하여 탐진치의 삼독심에서 벗어나고 진리를 깨달아 해탈과 열반에 이르고자 하는 모든 선한 행위이다.

이러한 세 가지 공덕행은 우리의 일반적인 삶의 경향과 방향을 달리하기 때문에 실천하기가 결코 쉽지 않다. 까닭에 이러한 가르침을 주신 부처님(佛)과 붓다의 가르침(法), 그리고 그 가르침을 부처님으로부터 우리에게까지 변형 없이 전해준 청정한 삶을 실천하는 제자들(僧)에 대한 믿음과 의지를 절실히 필요로 한다. 더불어 계율 역시 우리를 이익되게 하고 행복하게 해준다는 믿음 또한 필요로 한다. 이런 믿음을 의지하여 세 가지 공덕행을 실천하려는 의지와 노력(수행)을 통해 우리의 삶이 고멸을 향하게 되는 것이다.

비록 『화엄경』 등에서 "마음과 부처와 중생, 이 셋은 차별이 없다(心佛及衆生, 是三無差別)"라는 가르침이 있지만, 이는 어디까지나 이치적인 측면에서 그렇다는 선언일 뿐이다. 현상적인 측면에서 보면 이 셋은 엄연히 차별적일 수밖에 없다. 본질적인 측면에서 부처님과 우리의 성품이 차별 없이 동등하다고는 하지만, 우리의 현상적인 마음은 언제나 탐진치 삼독심으로 오염되어 있기 때문이다. 부처님과는 비교할 수 없는 어리석고 무지한 중생에 지나지 않는 것이다. 그렇기 때문에 우리가 이렇듯 괴로움을 초래하는 불선한 마음과 불선한 행위에서 벗어나지 못하고 어리석은 중생의 삶을 반복하고 있는 것이 아니겠는가?

우리는 처음부터 부처님과 같이 지혜와 자비를 원만하게 구족한 성인이 될 수 없다. 하지만 우리가 비록 부처님과 같은 수승한 성인이 되는 것이 요원한 일이라고 하더라도, 우리는 부처님께서 일깨워주시고 보여주신 부처님의 마음과 행을 작은 것 하나부터 착실히 배우고 실천하려는 의지적인 노력을 쉬지 말아야 한다. 매일매일 쉼 없이 계율을 배우고 실천하여 청정한 삶을 살고자 노력하고, 자비로운 마음으로 보시를 실천하여 다른 존재들을 이롭게 하며, 부처님께서 가르쳐주신 수행법을 열심히 닦아 진리의 깨침을 위해 한 걸음 한 걸음 나아가다 보면 어느 순간 마침내 괴로운 삶에서 벗어나 참된 행복과 평안을 얻게 되는 것이다.

쉽게 실천할 수 있는 일곱 가지 나눔

붓다의 제자인 수행자나 불자는 반드시 두 가지 광명을 갖춰야 한다. 바로 지혜와 자비의 광명이다. 지혜가 제법(諸法)에 대한 바른 이해와 견해라고 한다면, 자비는 그러한 지혜를 바탕으로 밖으로 드러나는 모든 중생을 향한 선한 마음의 작용이다. 수행자는 언제 어디서나 지혜로 성성하게 깨어 있어 매사에 어둡지 않아야 하고, 자비의 따뜻한 가슴으로 모든 중생에게 무량한 사랑을 베풀고 품을 수도 있어야 한다.

자비심을 밖으로 표출하여 대사회적으로 실천하는 것이 바로 보시의 행위이다. 보시는 자비심을 바탕으로 나의 것을 남에게 베푸는 종교적 실천임과 동시에 선업의 공덕을 쌓는 적극적인 선행이다. 까닭에 불교에서는 이러한 보시의 행위를 중요시하여 깨달음의 성취를 위한 적극적인 수행의 한 덕목으로 강조하고 있다. 불교에서는 이러한 보시의 내용을 크게 세 가지로 제시한다. 하나는 물질적인 나눔인 재보시(財布施)이고, 둘은 진리의 나눔인 법보시(法布施)이며, 셋은 상대를 두려움과 불안감에서 해방시켜 평안을 주는 무외시(無畏施)이다. 불교에서 이렇듯 보시의 내용을 크게 세 가지로 정리하여 그 실천을 적극 강조하고 있지만, 세밀하게 살펴보면 보시는 이러한 내용 이외에도 몸과 입과 마음이라고 하는 삼업의 행위를 통해서 얼마든지 다양한 내용으로 실천할 수 있다. 그 구체적 내용이 바로 아래에 적은 '무재칠시(無財七施)'이다.

1) 표정의 나눔(和顔施)

언제나 맑고 온유한 표정과 정다운 얼굴로 사람들에게 기쁨과 편안함을 주는 것.

2) 언어의 나눔(言施)

부드럽고 온화하며 진실한 말, 칭찬, 격려, 희망을 주는 말로 사람들을 유익하고 즐겁게 해주는 것.

3) 마음의 나눔(心施)

모든 존재에게 마음의 문을 활짝 열어 네 가지 무량한 마음(四無量心: 慈心, 悲心, 喜心, 捨心)으로 사람들에게 힘과 용기와 위안과 평안을 주는 것.

4) 시선의 나눔(眼施)

호의를 담은 부드럽고 편안하고 청정한 눈빛으로 사람에게 평안을 주고 스스로도 상대의 장점만 보려는 노력을 하는 것.

5) 몸으로 나눔(身施)

몸으로써 힘든 일을 대신 해주거나 불우한 사람들을 위해 봉사를 실천하며, 예의바르고 청정한 몸가짐을 갖는 것.

6) 자리의 나눔(床座施)

지치고 힘든 이에게 자리를 양보하여 노약자들을 편안하게 해주는 것.

7) 이해와 배려의 나눔(察施)

상대방이 말하기 전에 상대의 마음을 헤아리고 이해해주며, 나를 드러내지 않는 따뜻한 배려의 마음으로 상대에게 이로움을 주는 것.

이러한 무재칠시의 내용으로만 살펴보면, 보시는 비록 물질적인 소유가 아니더라도 상대에 대한 관심과 자비심만 있으면 얼마든지 몸과 입과 마음으로 쉽게 실천할 수 있는 평범한 일상적 행위라고 할 만하다. 수행자나 불자에게 있어 조건 없는 보시야말로 나와 남을 동시에 이롭게 하는 가장 훌륭한 공덕행이고 수행이 아닐 수 없다.

복과 지혜

　여름날, 수많은 날벌레들이 등불을 찾아 날아든다. 그 등불에 자신의 몸이 불타서 하나뿐인 목숨을 잃게 되는 줄도 모른 채, 어리석게 그저 밝은 불빛에 유혹되어 죽음의 불지옥으로 날아드는 것이다. 사람들의 어리석음도 저 여름날의 날벌레들과 하등 차별이 없는 것처럼 보일 때가 있다. 자신이 일으킨 한순간의 어리석은 생각이, 말이, 행위가 자신의 삶을 어떻게 파괴하고 불행하게 만들고 타락으로 이끌어 가는 것인지도 모른 채, 그저 탐욕의 욕심과 감각적인 쾌락의 느낌을 좇아 불나방처럼 악업을 일삼는 것이다. 당연히 그 결과는 지옥과 같은 괴로움이고 불행한 삶이 될 수밖에 없다. 한순간의 잘못된 생각이, 말이, 행위가 사람의 일생을 망치는 것을 우리는 매일매일 주위에서 수없이 목격할 수 있다. 한순간만 참았더라면, 현명했더라면, 깨어있었다면 후회하지도, 불행하지도, 세상을 원망하고 탓하지도, 지옥과 같은 괴로운 삶을 살지도 않았을 것이다.

　마치 사람이 두 발로 걷는 것과 같이, 새가 두 날개로 나는 것과 같이, 수레의 두 바퀴와 같이 복과 지혜는 함께 동행하고 함께 성취되어야만 한다. 지금 내가 복을 받고자 원한다면 그 무엇보다 먼저 지혜로워져야 한다. 지혜가 있을 때 어떤 생각, 어떤 말, 어떤 행위가 복을 짓는 것인지를 알 수 있고, 그러한 지혜의 앎이 있을 때 우리는 괴로움과 불행의 원인이 되는 흉화를 피해 복을 짓는 생각, 말, 행위를 실천할 수 있는 것이다. 무엇이 흉화를 가져오는 악업의 행위인지, 무엇이 복락을 얻을 수 있는 선업의 행위인지를 분명히 인식하고 분간할 수 있는 것이 바로 눈 밝은 안목의 지혜이기 때문이다.

복과 지혜를 함께 닦아야

붓다는 무량한 지혜와 복덕을 원만히 구족하신 인천의 스승(天人師)이시다. 붓다는 이러한 원만히 구족한 지혜와 복덕이라는 두 손과 두 발로 모든 중생의 제도를 위해 일평생 거룩한 보살의 삶을 사셨다. 부처님은 모든 진리(一切種智)를 밝게 깨달아 위아래 비교할 수 없는 수승한 지혜를 갖추셨기에 육도 중생의 스승으로서 중생들의 제도를 위해 무량한 법문을 설하실 수 있었다. 붓다께서 설하셨던 이러한 진리의 가르침(法, Dhamma)은 이천오백여 년 전 세존께서 열반하신 이후에도 꺼지지 않는 영원한 생명의 등불(法燈)로써 지금까지 중생들의 무명한 어둠을 밝게 비춰주고 있다. 또한 세존은 그 무엇과도 비교할 수 없는 무량한 복덕(福德)을 구족하셨기에 모든 중생들의 귀의처가 되어 믿음을 바탕으로 한 지극한 존경의 경배와 공양을 받으셨다. 이러한 세존에 대한 지극한 믿음과 경배와 공양은 세존께서 살아계셨던 당시뿐만 아니라, 현재에 있어서도 영원히 계속 이어지고 있다.

부처님이 이렇듯 무량한 지혜와 복덕을 구족하셨기에 부처님께 귀의하여 불자의 삶을 살고자 노력하는 모든 중생들 또한 당연히 부처님의 무량한 지혜와 복덕의 가피를 함께 나누고, 함께 성취할 수 있는 것이다.

부처님께 귀의하여 열심히 불법을 배우고 수행하는 사람은 세상의 이치를 바르게 깨달아 밝은 지혜를 얻을 수 있다. 더불어 몸과 마음을 청정히 닦고 선한 마음으로 선업을 실천하고자 노력하기에 큰 복덕을 성취할 수 있다. 비록 부처님과 같은 무량한 복혜(福慧)를 온전히 다 구족하지는 못할지라도 현생에서는 복락을 누릴 수 있고, 내생에서는 선처에 다시 태어날 수 있는 큰 복덕을 쌓게 되는 것이다.

우리가 인생을 행복하고 귀하게 살기 위해서는 지혜와 복덕이라는 두 자산(資産)이 필요하다. 지혜는 우리가 인생을 사는 데 고통과 불행을 가져오는 삿된 길, 타락의 길에 빠지지 않고 보다 바르고 선하게 살 수 있는 삶의 밝은 등불의 역할을 한다. 복덕은 우리가 보다 풍족하고, 존귀한 삶을 살 수 있는 자량(資糧)의 역할을 한다. 까닭에 지혜와 복덕은 마치 새의 두 날개, 사람의 두 손과 발처럼 그 어느 하나도 결여되어서는 안 되는 중요한 자산인 것이다. 지혜는 있지만 복덕을 쌓지 못한 사람은 비교적 곤궁한 삶을 살게 된다. 비록 현명하고 똑똑해도 복덕이 없는 까닭에 궁핍한 처지로 남에게 신세를 지는 경우가 많고, 마음은 있어도 베풀 것이 없어 뜻하지 않게 청빈함을 핑계 삼아 혼자만의 안락한 삶에 주저앉고 만다. 이와는 반대로 복덕은 있지만 지혜가 부족한 사람은 비교적 어리석은 삶을 살게 된다. 비록 물질적으로는 풍족하여도 지혜가 없는 까닭에 세상 이치를 바르게 헤아리지 못하고 어떻게 사는 것이 현세와 내생을 함께 이롭게 하는 바른 삶인지 알지 못한다. 당연히 오직 현생에서의 감각적 욕망과 눈앞의 이익만을 추종해 불선한 마음으로 불선한 업을 짓는 경우가 많다. 나와 남을 이롭게 하는 선업의 공덕을 쌓지 못하고, 오직 자신만을 위해 이기적이고 소승적인 삶을 살게 되는 경우가 많다.

　지혜를 얻기 위해서는 계와 선정과 통찰의 지혜를 닦는 쉼 없는 수행정진을 통하여 탐진치 삼독심에 물든 자신의 마음을 먼저 청정하게 맑혀야 한다. 또한 존재의 실상과 세상의 이치를 바르게 깨달아 궁극적인 진리(열반)를 몸소 체득하고자 노력해야 한다. 또한 복덕을 쌓기 위해서는 무엇보다 계를 철저히 지켜 선한 마음으로 남을 이롭게 하는 선업을 실천하고 남을 해롭게 하는 악업을 짓지 않도록 노력해야 한다. 복덕을 쌓는 가장 좋은 방법은 바로 남을 이롭게 하는 선업을 실천하는 보시와 자비행, 그리고 진리를 닦는 수행이다.

　옛날 수행자들은 지혜를 닦기 위해 수행하는 것 못지않게 복덕을 쌓기 위해 노력하였다. 그것은 수행하는 대중들을 위해 자신을 낮춰 봉사와 헌신하는 실천이었다. 예컨대 대중들의 공양을 준비하는 힘든 공양간(供養間) 후원의 일을 일부러 자원하여 공양주 소임을 오랫동안 살거나, 남들이 꺼려하는 악취가 풍기는 뒷간(화장실) 청소의 일을 도맡아 하거나, 산에서 힘들게 땔나무를 해오는 부목 일을 자청하고, 멀리서 물을 길어 오고, 십 리 길을 마다않고 먼 거리를 찾아 시장을 봐오고, 아픈 스님들의 병을 간호하고, 도량 청소를 하는 등의 일이 그것이었다. 옛 스님들이 보여주셨던 이러한 자신을 낮춘 봉사와 헌신, 그리고 하심의 자세야말로 지금 우리들이 본받아야 될 숭고한 살아 있는 수행자의 작복정신이라 할 수 있다.

복혜쌍수(福慧雙修)다. 공덕행을 실천하여 복을 쌓아야 하고, 마음을 맑혀 지혜도 함께 향상시켜야 한다. 불법을 닦는 모든 사람은 부처님을 본받아 항상 지혜와 복덕을 닦기 위해 노력해야 한다. 지혜와 복덕을 온전히 갖추는 것이야말로 우리가 현생에서는 물론, 내생에 있어서도 즐겁고 행복하게 살 수 있는 귀중한 자산이 되기 때문이다.

작복의 때를 놓치지 말아야

"기회가 왔을 때 잡아야 한다"는 말이 있다. 복을 짓는 것도 마찬가지이다. 복을 지을 수 있는 기회와 인연이 닿았을 때, 그 기회와 인연을 놓치지 말아야 한다. 누군가가 그 무엇인가를 부탁하거나 어려움을 호소해 올 때, 그것에 대해 무조건 거부하거나 쉽게 외면하지 말아야 한다. 어찌 보면 지금 나에게 도움을 요청하는 사람은 나에게 복을 지을 수 있는 소중한 기회를 주는 고마운 사람일 수도 있다. 상대로 인해 내가 선업의 복을 지을 수 있는 기회를 갖게 되기 때문이다. 자신의 능력과 처지에 따라 그의 부탁을 들어주고, 어려움을 함께 나누고자 하는 자비심을 일으키는 것만으로도 큰 공덕이 되고 복의 씨앗을 심는 계기가 된다.

무엇이든지 다 오고 감의 때가 있는 법이다. 불교적으로 표현한다면 '시절인연(時節因緣)'이다. 봄의 계절이 찾아오면 농부는 논밭을 일구고 씨앗을 뿌리고 모종을 심어야 한다. 봄여름의 심음과 가꿈의 노력 없이는 추수의 계절인 가을이 찾아와도 아무 것도 수확할 수 없기 때문이다. 복덕을 쌓을 수 있는 계기와 인연이 찾아왔을 때, 지혜롭게 살피고 헤아려 그 계기와 인연과 때를 놓치지 말아야 한다. 복을 심고 가꾸는 행위 없이 어찌 앉아서 천행으로 복이 찾아오기를 바라고 기대할 수 있겠는가!

복을 지을 때를 아는 것도 지혜이고, 복을 지을 기회와 인연을 놓치거나 지나치지 않는 것도 또한 지혜이다. 더욱더 인과의 이치를 깨우쳐 선행을 통해 복을 짓도록 인도해 주는 스승과 선연을 만나는 것도 크나큰 행운이고 행복이다. 붓다는 어떻게 살면 복락을 얻고 흉화를 피할 수 있는지를 큰 자비심으로 우리들에게 친절히 가르쳐주셨다. 단지 우리는 붓다의 가르침을 믿고 배우고 닦아 복락의 삶을 살면 될 일이다.

작복과 수복

우리는 새해 인사로 흔히 "새해 복 많이 받으세요"라고 덕담을 주고받는다. 그런데 붓다의 가르침에 비추어 가만히 숙고해 보면, 복은 누가 공짜로 시혜를 베풀듯 거저 주는 것이 아니라 스스로의 행위에 의해서 얻어지는 것임을 알 수 있다. 그렇다. 어떠한 전지전능한 신이 있어 은혜를 베풀어 주듯이 내려주는 것도 아니고, 우연히 그냥 찾아와서 얻어지는 것도 아니다. 콩은 심은 대로 거두는 것처럼(種豆得豆), 자신이 짓고 자신이 받는 것(自作自受)이 바로 인간의 길흉사이다. 우리가 복을 받기 위해서는 삼업(三業)이라고 하는 몸과 입과 마음의 선한 행위를 통해 반드시 복을 받을 수 있는 작복(作福)의 행위를 먼저 실천해야만 하는 것이다. 불교는 바로 이러한 인과의 이치를 철저히 가르치고 일깨우고 있다.

"하늘은 스스로를 돕는 자를 돕는다(天助自助者)"는 격언 또한 이러한 이치를 말하고 있다. 만약 우리가 만족을 모르는 탐진치 삼독심을 좇아 몸으로, 입으로, 마음으로 온갖 불선한 행위를 일삼으면서 복을 받고자 욕심을 일으킨다면, 이것이야말로 도둑놈 같은 못된 심보요, 인과의 이치를 모르는 어리석은 사람이다. 복을 받기 위해서는 우리 스스로가 먼저 복을 짓는 작복의 행위, 공덕을 쌓는 선한 행위(善業)를 실천해야만 하는 것이다. 그런 다음에 복을 받는 수복(受福)의 은혜를 겸허히 기다려야 하는 것이다.

불교에서는 복을 받기 위해 세 가지 실천을 강조한다. 바로 계율을 지켜 청정한 삶을 사는 지계(持戒)행, 자신의 소유를 남에게 기꺼이 베풀고 나누는 보시(布施)행, 선정과 위빠사나, 팔정도와 육바라밀 등을 닦는 수행이 바로 그것이다. 불교에서는 지계와 보시와 수행이야말로 가장 기본적이고 훌륭한 작복의 행위임을 가르치고 있는 것이다.

복도 아껴 써야 한다

　모든 사람은 저마다 타고난 복이 있다. 그 복은 결국 자기 자신이 전생에 지은 업에 따른 차별일 것이다. 선인선과(善因善果), 악인악과(惡因惡果)라는 인과법에 비춰보면, 복은 스스로가 선한 마음으로 선업의 행위를 통해서 짓는다. 이러한 이치에서 보면, 복을 받기 위해서는 당연히 복을 받을 만한 선한 행위를 쌓아야만 한다. 먼저 복을 짓는 작복(作福)의 행위가 선행되어야 뒤따라 복을 받는 수복(受福)을 기대할 수 있는 것이다. 작복 못지않게 중요한 것은 이미 소유한 복을 아끼는 석복(惜福)의 행위이다. 복을 짓는 것도 중요하지만, 자신이 이미 소유한 복을 불선한 행위(惡業)로 인해 낭비하고 까먹지 말아야 한다는 의미이다. 복은 마치 통장에 넣어둔 현금과 같다. 통장의 돈은 유한한 것이다. 넣어둔 잔고만큼 찾아서 다 쓰고 나면 빈 통장이 되어 더 이상 찾아 쓸 수 없다. 복도 마찬가지이다. 자신이 선업으로 쌓은 복은 그 한계가 정해져 있을 수밖에 없다. 지은 복을 다 소비하고 나면 더 이상 쓸 복이 없어지고 마는 것이다. 그러하기에 복은 아끼고 아껴 써야 하는 소중한 자산이다.

　불교에서는 '복진타락(福盡墮落)'이라는 말을 자주 쓴다. 만약 누군가가 선업(善業, 복, 공덕)을 많이 쌓아 천상 세계에 태어났다고 하더라도 천상에서 살면서 더 이상의 선업을 쌓지 못한 채 자신의 복을 다 소진하고 나면, 다시 낮은 세계로 떨어지게 된다는 의미이다. 우리는 주위에서 복진타락하는 경우를 쉽게 목격할 수 있다. 남부러울 것 없이 떵떵거리고 살던 부유한 사람이 한순간 망해 곤궁한 처지가 되는 경우도 있고, 최고의 권력과 지위를 누리던 사람이 졸지에 죄인이 되어 교도소에 갇히거나 지위와 명예를 잃고 뭇 사람들의 지탄의 대상이 되는 경우도 있다. 모두가 자신의 지은 복이 다해 낮은 곳으로 떨어지는 복진타락의 예라 할 수 있을 것이다.

자신이 소유한 복을 낭비하고 까먹는 세 가지 행위가 있다. 바로 폭력, 도둑질, 살생, 도박, 음행, 사치, 과소비와 낭비, 감각적 쾌락에의 탐닉 같은 나쁜 신체적 행위(身惡業), 타인을 향해 비방, 욕설, 이간질, 험담, 악담과 같은 언어적 행위(口惡業), 타인을 향해 성냄, 인색, 원망, 질투, 시기, 불신, 증오 등과 같은 불선한 마음을 일으키는 심적 행위(意惡業) 등이 그것이다. 선업을 실천하여 복을 받는 것도 중요하지만, 이미 소유한 복을 불선한 행위를 통해 헛되이 낭비하고 까먹지 않도록 복을 절약하고 아껴 쓰고자 하는 현명한 지혜도 필요한 것이다.

타고난 복을 아는 것

사람은 저마다 타고난 고유한 복이 있다. 불교의 관점에서 보면, 아마도 그러한 복은 자신이 전생에 지은 업에 따른 과보일 것이다. 태어날 때부터 살기 좋은 국토, 부유한 가정, 학식과 명예와 사회적 지위를 갖춘 훌륭한 부모, 건강한 심신과 준수한 외모를 갖추고 태어난 사람은 그만큼 선천적으로 타고난 복이 많은 사람이라 할 수 있다. 선천적으로 타고난 복이 많은 사람은 그렇지 못한 사람들보다 이 세상을 살아가기가 한결 수월하고 행복하겠지만, 상대적으로 그렇지 못한 사람은 세상살이가 그만큼 고달프고 불편할 것이다.

그 어떤 이유이든 간에 태어날 때부터 차별적인 복을 갖고 태어남은 그 누구도 어쩔 수 없는 숙명이라 할 만하다. 자신의 의지와 무관하게 그러한 복으로 이 세상에 태어날 수밖에 없었기 때문이다. 이렇듯 태어날 때부터 차별적으로 갖고 태어난 복, 그러한 자신의 복을 바르게 아는 것이 바로 지복(知福)이다. 다른 표현으로는 자신의 타고난 업을 아는 것이기도 하다. 유교적인 표현을 빈다면 곧 타고난 천명(天命)을 아는 것이라 할 수 있다. 공자는 "사람의 나이가 50쯤 되어야 천명을 알 수 있다(五十而知天命)"고 하였으니, 세상의 이치와 자신이 타고난 운명과 복을 안다는 것이 그리 쉬운 일이 아님을 알 수 있다. 어느 정도 세상을 살면서 희로애락의 인생사를 경험하고 청·장년기를 넘긴 나이가 되어야 비로소 알 수 있고 체험할 수 있기 때문이다.

　자신의 타고난 복을 아는 것, 이는 자신의 타고난 선천적인 역량과 자질을 아는 것이고, 자신의 처지와 분수를 아는 것이며, 앞으로 자신이 어떻게 분수에 맞게 살아야 할지를 아는 것이기도 하다. "내가 타고난 복이 이 정도구나!"라는 것을 알고 받아들이는 것에서부터 우리는 분수를 벗어난 지나친 욕심을 버릴 수 있다. 또한 자신에게 주어진 환경과 처지와 인연을 긍정적으로 수용하여 감사하는 마음과 지족하는 마음을 갖게 된다. 나아가 보다 나은 미래의 복된 삶을 위해 현재의 삶에 정성을 다하고, 선근(善根)의 공덕을 심고 가꾸는 작복(作福)의 삶을 살려는 의지도 갖게 된다.